성공대화론

Public Speaking and Influencing Men in Business
데일카네기 성공대화론

차례

1장

용기와 자신감
기르기

용기와 자신감 기르기

나는 1912년부터 대중연설 강의를 해왔는데, 그 강의를 수강한 사람이 1만 8천명이 넘는다. 수강생들에게 강좌를 듣는 이유와 강좌를 통해 얻고 싶은 것이 무엇인지를 적게 하는데 표현 방식은 달라도 수강생들이 원하는 것은 놀라울 정도로 같았다. "연단에 서서 말을 해야 할 때마다 너무 부끄럽고, 두려워서 머릿속이 멍해져서 말하고자 했던 것을 기억할 수 가 없습니다. 자신감을 얻고 싶고, 순발력 있게 대답하고 싶습니다." 수천 명의 사람들이 이렇게 고백했다. 좀더 구체적인 예를 들어보자. 몇 년 전에 겐트라는 사람이 필라델피아에서 열린 대중연설 강의를 들었다. 강의가 시작되고 얼마 지나지 않아 그는 나를 점심식사에 초대했다. 그는 중년의 활동적인 사업가였다. 사업체의 사장이고 교회와 지역사회에서 주도적으로 활동하고 있었다. 점심식사를 하며 그는 내게 몸을 기울이더니 이렇게 말했다.

"연설 요청을 받은 적이 많은 데 한 번도 연설을 하지 못했습니다. 사람들 앞에서 말을 하려고 하면 얼어버려서 지금까지 연설을 사양해왔습니다. 하지만 지금은 대학 이사회장을 맡게 되어서 회의를 진행해야 하는데……. 지금 제 나이에 연설을 배우는 게 가능할까요?"

"당연히 하실 수 있습니다. 몇 가지 원칙과 지시사항만 잘 따르시고 연습만 하시면 충분히 하실 수 있습니다."

그는 내 말을 믿고 싶었지만, 그에게 내 말이 너무 장밋빛이고 낙관적으로 들리는 듯 했다.

"제게 용기를 주시려고 하시는 말씀 같습니다."

그가 교육과정을 끝낸 후 우리는 한동안 서로 연락을 하지 못했다. 1921년에 우리는 다시 만나 점심식사를 함께 했다. 우리는 예전과 같은 자리에 앉았다. 예전 대화를 떠올리며 내가 그 당시 너무 낙관적이었는지 그에게 물었다. 그는 주머니에서 붉은 표지의 작은 수첩을 꺼내서 강연 스케줄을 보여주며 뿌듯해했다.

겐트 씨와의 점심식사가 있기 얼마 전에 워싱턴에서 군비제한을 위한 국제회의가 열렸다. 로이드 조지가 그 회의에 참가한다는 소식이 알려지자 필라델피아 침례교회에서 연설을 해달라는 요청을 했다. 겐트 씨는 자신이 청중에게 영국의 총리를 소개하는 사람으로 뽑혔다고 내게 말해주었다.

이 사람이 바로 3년 전에 자신이 사람들 앞에서 말을 할 수 있겠느냐고 진지하게 물어왔던 바로 그 사람이었다.

이 사람만 특별한 능력이 있어서 이렇게 빠른 발전을 보인 것 같은가? 전혀 그렇지 않다. 비슷한 사례가 수백 건이다. 몇 년 전에 브루클린에 사는 의사가(편의상 커티스 박사라고 부르겠다.) 플로리다에 있는 자이언츠 훈련장 근처에서 겨울을 보냈다. 그는 야구 광팬으로 선수들이 훈련하는 것을 자주 보러갔다. 그는 곧 선수들과 친해져서 선수들을 위해 열린 만찬에 초대받았다.

후식이 나온 뒤 갑자기 사회자가 이렇게 말했다.

"저명한 내과의를 모시고 야구 선수의 건강에 대한 말씀을 들어보겠습니다."

그가 말할 준비가 되어있었을까? 당연하다. 그는 의학을 공부했고 30년 이상 진료를 해왔다. 자리에 앉아서라면 옆 사람에게 그 주제에 대해 밤새 이야기 할 수 있었을 것이다. 하지만 자리에서 일어나서 청중 앞에서 똑같은 이야기를 하는 것은 전혀 다른 문제였다. 그의 심장은 빠르게 뛰었다. 그는 사람들 앞에서 연설을 해본 적이 없었다. 머릿속이 하얘지더니 아무 말도 할 수 없었다.

그는 어떻게 해야 할까? 이제 청중들은 박수를 치고 있다. 모든 사람들이 그를 보고 있었다. 그는 머리를 세차게 흔들었지만 사람들은 더 환호하고 연설하라고 재촉했다. "연설! 연설!" 하고 외치는 소리는 점점 커졌다.

최악이었다. 그는 한 마디도 못할 것을 알고 있었다. 그래서 그는 일어나서 한 마디 말도 없이 그 방을 빠져나갔다. 너무나 치욕스러운 순간이었다.

그가 브루클린으로 돌아와서 대중연설 강좌에 등록한 것은 당연한 일이었다. 얼굴을 붉히며 한 마디도 못하는 상황을 다시는 맞고 싶지 않았다.

그는 강사에게 기쁨을 주는 학생이었다. 그는 연설하기를 원했고 그 바람이 너무나 간절했다. 그는 수업 준비를 철저히 하고 단 한 번도 수업에 빠진 적이 없었다.

성실한 학생에게 일어나는 변화가 당연히 그에게도 일어났다. 그는 놀랄 만큼 빠른 속도로 발전을 거듭했다. 강좌를 몇 번 듣고 나자 긴장은 사라지고 자신감을 갖기 시작했다. 두 달이 지나자 그는 그룹에서 가장 뛰어난 연설가가 되었다. 그는 강연 요청을 받기 시작했다.

커티스의 강연을 듣고 뉴욕시 공화당 지부에서 공화당 선거연설을 해달라는 부탁을 했다. 커티스가 바로 일 년 전 청중에 대한 공포로 만찬장에서 도망쳐버린 사람이라는 것을 알면 얼마나 놀라겠는가!

사람들 앞에서 침착하고 명확하게 이야기하는 것은 보통사람들이 생각하는 것의 10분의 1만큼도 어렵지 않다. 그것은 신이 특별한 소수에게만 주는 특별한 능력이 아니다. 그것은 골프를 치는 것과 같다. 의지만 충분하면 누구나 잠재력을 개발할 수 있다.

청중 앞에 서면 그냥 앉아있을 때처럼 생각하지 못 할 이유가 있는가? 물론 그럴 이유가 전혀 없다. 사실 사람들 앞에 서면 더 잘 생각할 수 있어야 한다. 청중이 있다는 자체가 더 자극이 되어야 한다. 수많은 위대한 연설가들이 청중이 영감을 주고, 두뇌회전을 더 빠르게 해준다는 말을 할 것이다. 청중 앞에 서면 생각이 헨리 워드 비처의 말대로 담배연기처럼 스쳐지나간다. 그저 손을 뻗어 따끈한 연기를 잡아채기만 하면 된다. 연습을 꾸준히 하면 당신도 이렇게 할 수 있을 것이다.

연습을 하면 청중에 대한 두려움이 사라지고 자신감과 용기를 가질 수 있다.

당신이 특별히 어려운 케이스라고 생각하지 마라. 최고의 연설가들도 처음에는 두려움에 시달렸다.

역전의 용사 윌리엄 제닝스 브라이언도 처음에는 무릎이 후들거렸다고 털어놓았다.

마크 트웨인도 처음에 강연하려고 일어섰을 때 입은 솜으로 틀어막은 듯하고 맥박은 정신없이 뛰었다고 고백했다.

그랜트 장군은 빅스버그를 점령하며 전쟁을 승리로 이끌었지만 대중 앞에서 연설을 하려고 섰을 때 다리가 후들거렸다고 고백했다.

프랑스가 배출한 당대 최고의 선동가 장 조레스는 하원에서 1년 동안 입을 꾹 다물고 있은 후에야 첫 연설을 할 수 있는 용기를 낼 수 있었다고 한다.

"처음 연설을 하려 했을 때 말 그대로 혀가 입천장에 달라붙어 처음에는 말 한마디 할 수 없었습니다."라고 로이드 조지는 고백했다.

남북전쟁 당시 북군과 노예해방을 지지했던 영국인 존 브라이트가 처음 대중연설을 한 것은 지역 주민들 앞에서였다. 그는 연설을 망칠까 봐 자신이 불안해하는 징조가 보일 때마다 박수를 쳐서 응원해 달라고 동료에게 부탁했다.

아일랜드의 위대한 지도자 찰스 스튜어트 파넬은 연설 초보 시절에 너무 긴장해서 손바닥에 피가 맺힐 정도로 주먹을 꼭 쥐었다고 한다.

디즈레일리는 처음 하원의원들 앞에 섰을 때 차라리 기병대의 선발대가 되는 것이 낫겠다는 생각을 했다고 고백했다. 그의 개막연설은 끔찍한 실패였다.

사실 영국에서 말 잘하기로 소문난 사람은 첫 연설에서는 형편없는 실패를 맛보았다. 하원에서 젊은 의원이 첫 연설을 성공적으로 하면 이를 불길한 징조로 볼 정도이니 안심해라.

나는 내 수강생들이 처음에 어느 정도 긴장된 모습을 보이면 항상 기분이 좋다.

20명 정도 되는 비즈니스 회의를 한다고 해도 사람들 앞에서 이야기하는 것은 어느 정도의 긴장과 흥분이 따른다. 발표자는 언제든지 튀어나갈 수 있는 경주마처럼 긴장해야 한다. 키케로가 2천 년 전에 말한 것처럼 모든 대중연설의 진정한 매력은 긴장감이다.

연설가들은 라디오를 통해 이야기할 때도 이런 감정을 경험한다. 이런 상태를 '마이크 공포증'이라고 한다. 찰리 채플린은 방송을 할 때 해야 할 말을 종이에 적어놓았다. 그는 누구보다도 대중 앞에 많이 섰다. 하지만 마이크 앞에 서기만 하면 2월에 대서양을 건널 때 느끼는 두려움을 느꼈다.

유명한 영화배우이자 감독인 제임스 커크우드도 비슷한 경험을 겪었다. 그는 무대에서는 스타였지만 라디오 연설을 하고 방송실을 나설 때면 이마에서 연신 땀을 닦아냈다. "브로드웨이에서 개막 공연을 하는 것이 더 쉽습니다."

아무리 훌륭한 연설자라도 연설을 하기 전에는 누구나 두려움을 느끼지만 일단 연설을 시작하면 두려움은 사라진다.

링컨조차도 초기에는 힘들어했다. 그의 법률사무소 동료 헌든은 다음과 같이 말했다.

"처음에는 무척 서툴렀습니다. 자신감도 없고 예민해서 힘들어했습니다. 그 당시에 그를 찾아가 위로를 많이 해주었습니다. 초창기에 링컨은 목소리가 가늘었고 듣기에 거북했습니다. 그의 검고 누르스름하며 주름진 얼굴, 어정쩡한 태도 등 모든 것이 그에게 불리해 보였지만 그것도 잠시였습니다. 곧 그는 냉정을 되찾고 특유의 따뜻함과 진실함으로 감동적인 연설을 시작할 수 있었습니다."

당신도 이와 비슷한 경험을 할 것이다. 이 훈련에서 효과를 거두기 위해서 다음의 네 가지는 필수적이다.

첫째, 강하고 끈질긴 욕망으로 시작하라.

이것은 당신이 생각하는 것보다 훨씬 중요하다. 의지가 약하면 당신의 성취도 흐리고 약하다. 하지만 당신이 고양이를 쫓는 불독처럼 집요하게 물고 늘어진다면 세상의 어떤 것도 당신을 막을 수 없다.

열정을 불러 일으켜라. 설득력 있게 말하는 능력이 사업에서 어떤 결과를 가져올 지 생각해라. 그 능력은 당신의 수입에 영향을 미칠 수 있고 아니 반드시 영향을 미칠 것이다. 당신의 사회적 지위가 달라지고, 친구가 달라지고 리더십이 생길 것이다.

"설득력 있게 말하는 것만큼 빨리 성공하고 확실한 명성을 얻게 하는 방법은 없다."라고 촌시 데퓨는 말했다.

필립 아머는 수백만 달러를 벌고 나서 이렇게 말했다. "나는 자본가가 되는 것보다 훌륭한 연사가 되는 것을 택하겠다."

이것은 제대로 교육 받은 사람이라면 누구나 바라는 능력이다. 사후에 발견된 앤드류 카네기의 문서 중에서 그가 33세에 작성한 인생계획표가 있다. 당시 그는 향후 2년 동안 사업체를 잘 일구어 매년 5만 달러의 수입을 얻고 35세에 은퇴할 계획을 세웠다. 은퇴 후 옥스퍼드에 가서 대중 연설 공부를 할 계획이었다.

이 새로운 능력에서 얻게 되는 만족감과 즐거움에 대해 생각해라. 나는 이 지구의 적지 않은 부분을 여행하며 다양한 경험을 했다. 하지만 청중 앞에 서서 사람들이 당신의 생각을 따라오게 만드는 것만큼 내적인 만족감을 주는 것은 아직 찾지 못했다. 그것은 당신에게 힘을 느끼게 해줄 것이다. 자부심을 느끼게 해주고 당신을 동료보다 돋보이게 해줄 것이다. 연설에는 결코 잊을 수 없는 짜릿함이 있다. 어떤 연사는 이렇게 고백했다.

"연설이 시작하기 2분전에는 차라리 매를 맞고 싶은 심정인데 연설을 끝내기 2분전에는 연설을 멈추느니 차라리 총을 맞고 싶은 심정이 된다."

마음이 약해지면서 낙오하는 사람이 있다. 이 과정이 당신에게 어떤 의미를 지니는지 끊임없이 상기해라. 당신이 이 과정을 듣고 있음을 친구들에게 말해라. 이 책에 나온 내용을 읽고 연설을 준비할 시간을 떼어 놓아라. 즉 전진은 쉽게, 후퇴는 최대한 어렵도록 만들어라.

줄리어스 시저가 갈리아 지방에서 해협을 건너 지금의 영국에 도착했을 때 무엇을 했을까? 그는 자신의 군대를 도버 해협에 세웠다. 파도를 내려다보던 그의 군대는 자신이 타고 온 배가 불타는 것을 지켜보았다. 적지에서 후퇴할 수 있는 마지막 수단이 사라지는 것을 보며 군대가 할 수 있는 것은 오직 전진밖에 없었다.

둘째, 말하고자 하는 내용을 철저히 알고 있어야 한다.

말하고자 하는 내용을 확실하게 모르고 청중 앞에 서면 불안하다. 이것은 마치 맹인이 맹인을 안내하는 것과 같다.

루스벨트는 자서전에서 이렇게 말했다.

"나는 1881년 가을 국회의원으로 선출되었는데 가장 연소자였다. 젊고 경험이 없는 사람들 누구나 그렇듯이 나도 사람들 앞에서 말하는 것이 어려웠다. 그때 어느 시골 노인의 충고에서 큰 도움을 받았다.

'말하고자 하는 것을 확실히 알 때까지는 말하지 말라. 확실히 알게 되면 그때 말하고 앉아라.'"

그 사람은 루스벨트에게 긴장을 극복하는 방법도 알려주었으면 좋았을 것이다.

"청중 앞에서 칠판에 필기를 하거나 지도를 펼쳐놓고 한 부분을 가리키거나 탁자를 옮기거나 창문을 열거나 책 또는 보고서의 위치를 옮기는 등의 제스처를 개발하면 어색함을 떨쳐버리고 편안하게 말할 수 있을 것이다."

이런 방법이 있다고 제안한 것이지 항상 이런 행동들을 할 수는 없을 것이다. 내 제안대로 할 수 있으면 처음 몇 번은 그렇게 해라. 아기는 걷기 시작하면 더 이상 의자에 매달리지 않는다.

셋째, 자신감 있게 행동해라.

미국의 유명한 심리학자 윌리엄 제임스 교수는 다음과 같은 글을 썼다.

"행동이 감정을 따라오는 것 같지만 사실 행동과 감정은 함께 움직인다. 의지의 직접적인 통제 하에 있는 행동을 조절하면 감정을 조절할 수 있다. 유쾌함이 사라졌을 때 다시 기분이 좋아지려면 기분 좋은 것처럼 행동하고 말하는 것이 최고의 방법이다. 그렇게 행동했는 데도 기분이 좋아지지 않으면 달리 다른 수가 없다. 두려울수록 용기 있게 행동해라. 그렇게 행동하다보면 두려움이란 감정은 사라질 것이다."

제임스 교수의 충고를 적용해봐라. 청중 앞에 서면 자신감 있게 행동해라. 물론 준비가 되어있지 않다면 당신이 무슨 수를 써도 크게 도움이 되지 않을 것이다. 하지만 충분히 준비했다면 크게 숨을 들이마시고 자신감 있게 걸어 나가라. 대중 앞에 서도 30초간은 깊게 숨을 쉬어라. 충분한 산소공급은 당신의 기분도 좋게 해주고 용기도 복돋워 줄 것이다. 위대한 테너 장 드 레스케는 '깔고 앉을 수 있을 정도로' 깊게 숨을 쉬면 긴장이 사라진다고 말하곤 했다.

중앙아프리카의 풀라니 족의 청년은 결혼하고 싶으면 채찍질을 당하는 의식을 거쳐야 한다. 부족의 여인들이 북소리에 맞춰 박수치면서 노래한다. 허리까지 아무것도 걸치지 않은 청년이 앞으로 걸어 나온다. 갑자기 채찍을 든 남자가 나타나 청년에게 채찍질을 해댄다. 채찍 자국이 나고 살이 벗겨지고 피가 흐른다. 그 상처는 평생 남아있다. 부족의 원로가 청년의 발치에 앉아 이 과정을 지켜본다. 이 과정을 성공적으로 완수하려면 청년은 아픔을 견뎌야 할 뿐 아니라 노래도 불러야 한다.

어느 시대나 어느 지역에서나 인간은 용기를 찬양해왔다. 속에서는 심장이 얼마나 빨리 뛰고 있는지 모르나 용감하게 앞으로 걸어 나와 용감하게 청중 앞에 서라.

당당하게 서서 청중의 눈을 정면으로 들여다보아라. 청중들이 당신에게 빚이라도 지고 있는 것처럼 당당하게 이야기를 시작해라. 청중들이 당신에게 대출 기한을 연장해달라고 사정하기 위해 모인 것이라고 상상해라. 그렇게 생각하면 당신의 마음에 큰 위안이 될 것이다.

초조하게 외투의 단추를 만지작거리거나 손을 어디에 두어야 할지 몰라 허둥대지 마라. 너무 초조해서 어쩔 수 없이 몸을 움직여야 한다면 손을 등 뒤에 대고 아무도 볼 수 없도록 손가락을 비틀거나 발가락을 꼼지락거려라.

일반적으로 연사가 가구 뒤에 숨는 것은 좋은 것이 아니다. 하지만 처음 몇 번은 탁자나 의자 뒤에 서서 단단히 붙잡고 있거나 손바닥에 동전을 꼭 쥐고 있으면 어느 정도 용기가 생길수도 있다.

루스벨트는 어떻게 대담함과 자신감을 개발할 수 있었을까? 천성적으로 모험적이고 도전적일까? 전혀 그렇지 않다. 그는 자서전에서 이렇게 고백하고 있다. "나는 어렸을 때 몸이 약하고 수줍음이 많았다. 커서도 자신감이 없었다. 고통스럽게 열심히 훈련해서 내 몸 뿐만 아니라 정신도 단련해야 했다."

다행히 그는 우리에게 변화를 이끌어낸 과정을 이야기해주었다.

"어렸을 때 메리엇이 쓴 책을 읽었는데 나에게 큰 감동을 주었다. 영국의 작은 군함의 선장이 주인공에게 어떻게 용감해질 수 있는지 설명한다. 싸움이 일어나면 처음에는 겁을 먹는다. 하지만 겁을 먹지 않은 것처럼 행동하다보면 어느새 실제로 용감하게 된다.

내가 따른 원리는 바로 그것이었다. 처음에 나는 모든 것이 다 무서웠다. 하지만 무섭지 않은 것처럼 행동하자 점차 두려움이 사라졌다. 대부분의 사람들도 의지만 있다면 나와 같은 경험을 할 수 있을 것이다."

당신도 원하기만 하면 이 교육과정에서 그와 똑같은 경험을 할 수 있다. 마셜 포슈는 이렇게 말했다. "전쟁에서 최고의 방어는 공격이다." 당신의 두려움에 공격적인 태도를 취하라. 당당하게 두려움에 맞서서 두려움을 정복해라.

당신이 웨스턴 유니언의 배달부라고 생각하고 당신은 그저 메시지를 전달한다고 생각해라. 사람들은 배달하는 사람에게는 신경을 쓰지 않는다. 사람들이 원하는 것은 메시지이다. 전달하고자 하는 메시지에 집중해라. 마음을 담아라. 진심으로 메시지에 확신을 가져라. 그렇게 하면 당신은 곧 당신 자신을 지배하고 현실을 지배할 수 있게 될 것이다.

넷째, 연습해라! 연습해라! 연습해라!

지금 하려는 이야기가 제일 중요하다. 지금까지 읽은 것을 전부 잊어버려도 이것만은 기억해라. 연설을 할 때 자신감을 키우는 절대 실패하지 않는 방법은 실제로 말을 많이 해보는 것이다. 모든 문제의 핵심은 연습이다. 연습이야말로 필수요소이다.

루스벨트는 다음과 같이 경고한다. "모든 초심자는 사냥 초보자가 사냥감을 처음 봤을 때 느끼는 흥분을 느끼기 마련이다. 이 흥분은 소심함과는 구별된다. 대중 앞에서 처음 서거나, 처음 사냥감을 보거나, 처음 전쟁에 참가하는 사람에게 이런 흥분이 생긴다.

이런 사람에게 필요한 것은 용기가 아니라 마음을 안정시키고 침착하게 생각하는 능력이다. 이런 능력은 실제로 연습을 많이 해야지 얻어진다. 반복된 연습으로 마음을 진정시킬 수 있다. 재능이 있는 사람이면 연습을 하면 할수록 더 강해질 것이다. 그러니 포기하지 말고 꾸준히 연습해라. 수업을 충분히 준비하지 못했다는 이유로 수업을 빠질 생각은 하지 마라. 일단 참가해라.

대중에 대한 공포를 없애고 싶은가? 왜 그런 공포가 생기는지 살펴보자.

〈정신의 형성〉에서 로빈슨 교수는 이렇게 말한다. "두려움은 무지와 불확실성에서 생긴다." 이 말을 다른 말로 하면 두려움은 자신감의 부족에서 생긴다. 자신이 실제로 어떤 능력을 가지고 있는지 몰라서 두려움이 생긴다. 자신이 어떤 능력이 있는지 모르는 것은 경험부족 때문이다. 경험이 많이 쌓이면 두려움은 저절로 사라질 것이다.

한 가지 분명한 사실은 수영을 배우려면 물에 뛰어들어야 한다는 것이다. 당신은 이 책을 오랫동안 읽었다. 이제 책은 치우고 실천을 해보자. 잘 아는 주제를 하나 정해서 3분 연설문을 작성해라. 혼자서 여러 번 연습하고 수강생들 앞이나 원래 연설하고자 했던 사람들 앞에서 있는 힘을 다해 연설해라.

요약

1. 수천 명의 수강생들은 이 수업을 통해 사람들 앞에서 자신감 있게 말하는 능력을 키우기를 바란다.

2. 그런 능력을 키우는 것은 어려운 일이 아니다. 그런 능력은 선택받은 소수만이 가지는 것이 아니다. 연설을 잘 하는 것은 골프를 치는 것과 같다. 누구라도 하고자 하는 의지만 있으면 충분히 개발할 수 있다.

3. 경험이 많은 연사들은 일대일로 대화할 때보다 많은 사람들 앞에서 더 잘 생각하고 더 잘 말할 수 있다. 청중이 그들에게 자극이 되고 영감을 준다. 이 과정을 잘 이수하면 당신도 그런 경험을 할

수 있을 것이다.

4. 당신이 유별나다고 생각하지 말라. 처음에 청중 앞에서 두려움에 떨었지만 나중에 유명한 연사가 된 사람들이 많다. 브라이언, 장 조레스, 로이드 조지, 찰스 스튜어트 파넬, 존 브라이트, 디즈레 일리, 셰리든 등 많은 사람들이 그랬다.

5. 아무리 자주 연설을 해도 연설을 시작할 때는 긴장이 된다. 하지 만 일단 연설을 시작하면 긴장감은 완전히 사라질 것이다.

6. 이 수업에서 최대의 효과를 내려면 다음의 네 가지를 실천해라.

   a. 강하고 끈질긴 욕구를 가지고 이 수업을 시작해라. 이 수업이 당신에게 가져다줄 이점을 열거해봐라. 열정을 불살라라. 이 수업이 재정적으로, 사회적으로, 리더십 개발 차원에서 당신 에게 어떤 영향을 미칠지 잘 생각해봐라.

   b. 준비하라. 당신이 할 말을 잘 알지 못하면 자신감을 가질 수 없다.

   c. 자신감 있게 행동하라. 윌리엄 제임스 교수는 이렇게 충고한다. "용감하다고 느끼고 싶으면 당신이 용감한 사람인 것처럼 행 동해라. 그렇게 하면 용기가 생겨서 두려움은 곧 사라질 것이 다." 루스벨트는 이 방법을 사용해서 두려움을 극복했다고 고백했다. 청중에 대한 공포도 이런 식으로 없앨 수 있다.

   d. 연습해라. 이것이 가장 중요하다. 두려움은 자신감이 부족해 서 생긴다. 자신감의 부족은 경험이 부족해서 생긴다. 성공적 인 경험이 쌓이면 두려움은 저절로 없어질 것이다.

2장

준비를 통해
자신감 얻기

나는 1912년부터 매년 6천 건의 연설을 듣고 비평해왔다. 이를 통해 내가 느낀 것은 다음과 같다. 연설을 잘 하려면 분명한 메시지, 청중들에게 강한 인상을 줄 내용이 필요하다. 청중과 진심으로 교감하고 싶어 하는 마음이 느껴지는 연설을 들으면 나도 모르게 빨려 들어가는 느낌을 경험해 본 적이 없는가? 청중에게 이런 느낌을 준다면 연설의 반은 성공한 것이다.

연사가 이런 마음을 가지고 있으면 연설은 저절로 이루어진다. 잘 준비된 연설은 이미 10분의 9는 전달된 것이다.

1장에서 말한 것처럼 사람들이 이 과정을 듣는 가장 큰 이유는 자신감을 얻기 위해서이다. 그런데 많은 사람들이 저지르는 결정적인 실수는 준비를 소홀히 한다는 것이다. 젖은 화약이나 총알 없는 빈총을 가지고 전장에 나가면서 어떻게 두려움이라는 적을 물리칠 수 있겠는가? 이런 상황에서 청중 앞에서 긴장되는 것은 당연한 일이다. 링컨은 이렇게 말했다. "나는 아무리 나이가 들어도 완벽하게 준비하지 않은 상황에서는 침착하게 연설할 수 없을 것 같다."

자신감을 가지고 싶다면 충분히 준비를 해야 한다. 사도 요한은 이렇게 말했다. "완전한 사랑은 두려움을 물리친다." 완벽한 준비는 두려움을 물리친다. 웹스터는 준비가 덜 된 채 청중 앞에 서는 것은 옷을 안 입고 청중 앞에 서는 것과 같다고 말했다.

내 수업에 등록했으면 연설을 좀더 꼼꼼하게 준비해야 한다. 어떤 사람들은 준비를 어떻게 하는지 잘 모른다. 다른 사람들은 시간이 부족하다고 투덜댄다. 이번 장에서는 이런 문제를 좀더 명확하게 다뤄보겠다.

연설을 준비하는 방법

어떻게 준비하면 될까? 책을 읽어야 하나? 독서가 한 방법이기는 하지만 최고의 방법은 아니다. 독서가 도움이 될지도 모르지만 책에서 얻은 지식을 곧바로 연설에 쓰면 어딘가 부족하다. 청중은 무엇이 부족한지 잘 모르지만 당신의 연설에 공감할 수는 없을 것이다.

얼마 전에 뉴욕시의 은행 간부를 위한 연설 강의를 진행한 적이 있었다. 은행 간부들은 굉장히 바빠서 준비를 충분히 하지 못했다. 그들은 평생 자신만의 확고한 생각으로 살아온 사람들이어서 자신만의 시각으로 세상을 바라보았다. 그들은 숲은 보지 못하고 자잘한 관목들만 볼 수 있었다.

금요일 저녁 5시에서 7시에 모임이 있었다. 어느 금요일 오후 시내 은행에서 근무하는 한 임원이 (편의상 그를 잭슨 씨라고 부르겠다.) 시계가 4시 30분을 가리키는 것을 보고 사무실에서 나와 오늘은 뭘 얘기해야 하나 하고 생각하면서 신문가판대에서 포브스 지를 샀다. 강연이 있는 연방 은행으로 가는 지하철을 타고 가면서 "성공을 위해 10년 밖에 남지 않았다." 라는 글을 읽었다. 그 기사에 흥미가 있어서가 아니라 수업에서 뭔가는 이야기해야 했기에 읽었다.

한 시간 후에 그는 일어서서 자신이 읽은 기사에 대해 자신감 있게 이야기하려 했다.

결과는 어땠을까?

그는 자신이 말하려는 것을 정확히 이해하지 않았고 그저 말하려고 노력할 뿐이었다. 그의 말에는 메시지가 없었다. 자신도 감동받지 않았는데 어떻게 청중을 감동시킬 수 있겠는가? 그는 계속 포브스지의 기사만 전달할 뿐이었다. 잭슨씨의 이야기에는 자신은 없고 포브스지만 있을 뿐이었다.

그래서 나는 그에게 이렇게 이야기했다.

"잭슨 씨, 우리는 그 기사를 쓴 기자에게는 관심이 없습니다. 그 기자는 여기에 없어요. 우리는 그를 볼 수 없습니다. 우리가 관심이 있는 것은 당신과 당신의 생각이에요. 당신이 개인적으로 어떻게 생각하는지를 말해주십시오. 다른 사람이 한 말을 옮기지 말구요. 이야기에 잭슨 씨를 더 담아보세요. 다음 주에 같은 주제로 한 번 더 이야기 해보는 게 어떨까요? 같은 기사를 한 번 더 읽어보시고 그 기사의 내용에 동의하는지 자문해보십시오. 동의한다면 당신 자신의 경험을 입혀서 이야기를 구체적으로 해보세요. 동의하지 않는다면 그 이유를 우리에게 말해주세요. 읽은 기사는 연설을 시작하기 위한 재료로만 사용하십시오."

잭슨 씨는 내 제안에 동의하고 그 기사를 다시 읽어서 자신은 필자의 의견에 동의하지 않는다는 결론을 내렸다. 그 후로 그는 지하철에 앉아 급하게 연설을 준비하려 애쓰지 않았다. 연설은 그의 머릿속에서 구성되어 전개되고 발전되었다. 의식하지 않는 순간에 저절로 머릿속에서 연설문이 구성되었다. 신문에서 어떤 기사를 읽으면 생각이 머릿속에 떠올랐다. 친구와 한 가지 주제에 대해 토론할 때도 예상치 않게 또 다른 생각이 떠올랐다. 틈 날 때마다 생각하면서 생각의 깊이는 깊어졌다.

다음 시간에 잭슨 씨는 그 주제에 대한 자신의 생각을 완벽하게 발표했다. 그는 필자의 생각에 동의하지 않았기 때문에 더 나은 발표를 할 수 있었다.

같은 사람이 2주일 사이에 어떻게 이렇게 달라질 수 있는가? 제대로 된 준비가 이렇게 엄청난 차이를 만들어냈다!

그럼 어떻게 준비해야 하고, 어떻게 준비하지 말아야 하는지 실례를 들어보겠다. 워싱턴 D.C.에서 열린 수업에 한 신사가 참석했다. 편의상 그를 플린 씨라고 부르겠다. 플린 씨는 미국 수도를 찬양하는 발표를 했다. 그는 〈이브닝 스타〉지에서 관련 사실을 급조했다. 그의 발표는 재미없고, 연결이 잘 안되고, 이해하기가 힘이 들었다. 그 주제에 대해 충분히 생각하지 않은 결과였다. 발표는 재미가 없고 전혀 도움이 되지 않았다.

실패할 수 없는 연설

2주 후 플린 씨는 억울한 일을 당했다. 도둑이 주차장에서 그의 캐딜락을 훔쳐간 것이다. 그는 경찰서에 달려가서 현상금을 걸었지만 아무 소용이 없었다. 경찰은 차를 찾는 것이 불가능하다고 말했다. 하지만 바로 일주일 전에 경찰은 그에게 주차시간 15분을 초과했다며 딱지를 끊을 시간은 있었다. 모범적인 시민을 괴롭히느라 정작 범죄자를 잡을 시간은 없다는 이 경찰에 그는 화가 났다. 이제 그에게는 말할 거리가 생겼다. 〈이브닝 스타〉에서 읽은 것이 아니라 그가 실제로 경험한 것이었다. 워싱턴을 찬양하는 발표를 할 때 그는 힘겹게 한 문장 한 문장을 이어나갔지만 이제 그는 연단에 서서 경찰에 대한 성토를 늘어놓았다. 이런 식의 연설은 누구나 할 수 있다. 경험에서 우러난 연설은 실패하지 않는다.

무엇이 진정한 준비인가

연설을 준비하는 것이 좋은 문장을 써놓고 단순히 암기만 하면 되는 것일까? 아니다. 그렇다면 당신에게 와 닿지 않는 생각들을 모아놓으면 될까? 전혀 그렇지 않다. 연설을 준비한다는 것은 당신의 생각과 신념을 모아놓는 것을 의미한다. 누구나 매일 생각을 한다. 심지어 꿈을 꾸기도 한다. 당신이라는 존재는 감정과 경험으로 완성된다. 이런 것들이 당신의 마음에 무의식으로 존재한다. 준비는 잠재되어있는 생각들을 끄집어내고, 당신에게 가장 와 닿는 생각들을 선택해서 당신만의 고유한 문양으로 만들어내는 것을 의미한다. 그렇게 어려운 작업이 아니다. 그저 잠시 집중해서 생각할 시간이 필요할 뿐이다.

드와이트 무디 목사는 어떻게 설교를 준비했을까?

"주제를 선정하면, 나는 커다란 봉투에 주제를 써놓습니다. 나는 그런 봉투가 많아요. 글을 읽다가 설교하려는 주제에 맞는 글을 보면 그 글을 해당되는 봉투에 집어 넣습니다. 나는 항상 공책을 들고 다녀요.

설교를 듣다가 주제에 해당하는 말이 나오면 적어두고 다시 해당 봉투에 집어넣습니다. 아마 1년 이상 모아 둘 거예요. 새로운 설교를 준비할 때 그동안 모아둔 것들을 활용합니다. 봉투에 있는 소재와 내가 그동안 공부한 것을 모으면 소재는 충분해집니다. 설교를 할 때마다 뺄 것은 빼고, 더할 건 더해서 설교를 완성합니다. 내 설교가 지루해지지 않는 비결이 바로 여기에 있습니다."

예일대 브라운 학장의 현명한 충고

몇 년 전에 예일대 신학대는 설립 100주년 기념행사를 가졌다. 그 행사에서 찰스 레이놀드 브라운 학장은 설교의 기술에 대한 몇 가지 강좌를 열었다. 그 강좌의 내용은 같은 제목으로 맥밀란 출판사가 책으로 출간했다. 브라운 학장은 30년 이상 매주 설교 준비를 했을 뿐 아니라 설교법을 지도했다. 연설에 대한 그의 충고는 시편 91편을 설교해야 하는 성직자에게 뿐 아니라 노동조합에서 연설을 준비하는 신발 제조업자에게도 큰 도움이 될 것이다. 브라운 학장의 허락을 받아 그 내용을 여기에 싣는다.

당신의 주제에 대해 깊이 생각하십시오. 작은 생각일지라도 골몰하다보면 확대되어 멋진 생각으로 발전할 것입니다.

주제에 대해 오래 생각할수록 좋습니다. 일요일 설교준비를 토요일 오후까지 미루지 마십시오. 설교자가 어떤 생각을 한 달 아니면 6개월 동안 어쩌면 일 년 동안 계속한다면 새로운 생각들이 꼬리를 물고 이어질 것입니다. 길을 걸으며 생각할 수도 있고, 달리는 기차에서 눈이 너무 피곤해 책을 읽을 수 없을 때도 생각할 수 있습니다.

한밤중에도 생각할 수 있습니다. 설교자가 습관적으로 설교 주제를 잠자리까지 가지고 가는 것은 좋은 일이 아니지만, 나는 한밤중에도 생각이 불현듯 나면 잊어버릴까 두려워 얼른 일어나 생각들을 적어 놓습니다.

당신이 실제로 설교 준비를 위해 자료를 모으고 있다면 주제에 관련되어 떠오르는 모든 생각들을 적어 놓으십시오.

모든 생각들을 글로 적어 놓으십시오. 알아볼 수만 있다면 몇 단어라도 좋습니다. 그런 후에 적어 놓은 것에 대해 계속 생각을 확장해 나가십시오. 이렇게 하면 당신의 생각은 독창적이게 될 것입니다. 당신 스스로 생각한 아이디어들을 적어놓으십시오. 이것들은 루비와 다이아몬드 금보다 더 소중합니다. 종이에 적는 것이 가장 좋고 상황이 여의치 않으면 오래된 편지의 뒷면, 편지봉투의 귀퉁이, 휴지 아니면 손에 닿는 어디든 적어 놓으십시오. 이것은 단순히 경제적 문제가 아닙니다. 작은 종잇조각들이 생각을 정리하고 배열하는 데 더 효과적입니다.

떠오르는 생각은 모조리 적어 놓는 습관을 기르십시오. 서두를 필요는 없습니다. 이런 방법을 쓰면 당신의 생각의 폭은 엄청나게 확대될 것입니다.

듣는 사람들에게 가장 큰 교훈을 줄 수 있는 설교는 당신 자신에게서 나온 내용이라는 것을 기억하십시오. 이는 당신의 뼈 중의 뼈이고, 살 중에 살이고, 당신의 지적 노동의 산물이며, 창조적인 에너지의 산물입니다.

여기저기서 떼어오고 합친 설교는 진부하며 재탕한 느낌이 납니다. 살아 움직이는 설교, 하나님을 찬양하는 설교, 듣는 사람의 마음속에 들어가 그들의 마음을 독수리처럼 날아오르게 하고, 무거운 의무에도 지치지 않게 하는 설교는 설교자의 내면에서 우러난 설교입니다.

링컨은 어떻게 연설을 준비했는가?

링컨은 어떻게 연설을 준비했을까? 다행히 우리는 사실을 알고 있다. 이 책을 읽다보면 브라운 학장의 70년 전 링컨이 사용한 방법 몇 가지를 추천하고 있다는 것을 알게 될 것이다. 링컨의 가장 유명한 연설 중의 하나는 다음의 연설이다.

"서로 갈라져 싸우는 집안은 무너집니다. 나는 반은 노예로, 반은 주인으로 나뉜 이 정부가 계속 될 수 없다고 믿습니다."

그는 일을 할 때도, 식사를 할 때도, 길을 걸을 때도, 헛간에서 소젖을 짤 때도, 끊임없이 재잘대는 아들을 옆에 데리고 장을 보러 갈 때도 연설에 대해 생각했다. 링컨은 아들이 옆에 있다는 것을 잊은 듯 생각에만 몰두해서 성큼성큼 걸어갔다.

생각에 몰두해서 생각을 정리하면서 봉투, 종이 쪼가리에 떠오르는 생각들을 적어 놓았다. 이 메모들을 모자에 넣고 다니다가 시간이 나면 자리에 앉아 메모를 재배열하고 다듬었다.

1858년 합동 토론회에서 더글러스 상원의원은 어디에서나 같은 연설을 되풀이했다. 하지만 링컨은 쉬지 않고 연구하고 생각해서 어제와는 다른 새로운 연설을 매일매일 만들었다. 그의 머릿속에는 같은 주제가 계속해서 확대되고 있었던 것이다.

그가 백악관으로 들어가기 직전에 그는 법전과 연설문 세 개만 가지고 스프링필드의 허름한 가게 뒷방으로 들어갔다. 그는 거기에서 어떤 방해도 받지 않고 취임 연설문을 작성했다.

게티즈버그 연설문은 어떻게 준비했을까? 불행히도 여기에 대해서는 잘못된 사실이 알려져 있다. 실제 이야기는 정말 놀랍다.

게티즈버그 묘지위원회는 봉헌식을 하기로 결정하고 에드워드 에버렛에게 연설을 부탁했다. 에버렛은 보스턴 교회의 목사, 하버드대학 총장, 매사추세츠 주지사, 상원의원, 영국 대사, 국무장관을 역임하고 미국에서 가장 연설을 잘하는 사람으로 알려져 있었다. 봉헌식은 1863년 10월 23일에 열릴 예정이었다. 에버렛은 날짜가 너무 촉박해서 충분히 준비할 수가 없다고 알려왔다. 그래서 봉헌식은 11월 19일로 연기되었다. 연설을 준비하는 마지막 3일 동안 그는 게티즈버그로 가서 전장을 살펴보며 전투를 생생히 느끼려고 애썼다.

초대장이 의회의 의원들과, 대통령과 각료들에게 발송되었다. 대부분은 참석을 거부했다. 링컨이 참석하겠다고 했을 때 위원회는 깜짝 놀랐다. 링컨에게도 연설 요청을 해야 하나? 그들은 그럴 생각이 없었다. 그가 연설을 준비할 시간이 없으니 반대해야 한다는 의견이 제기되었다. 게다가 설사 링컨이 연설을 준비할 시간이 있다고 해도 그가 연설을 할 능력이 있을까? 사실 노예제에 대한 토론이나 쿠퍼 유니언에서 한 연설도 아주 훌륭했다. 하지만 그가 봉헌 기념사를 한 적은 없었다. 봉헌 연설은 장중하고 준엄해야 했다. 링컨에게 연설을 요청해야 하나? 그들은 고민을 거듭했다.

마침내 행사 보름 전 그들은 링컨에게 짧은 인사말 정도를 부탁하며 초청장을 보냈다.

링컨은 즉시 연설 준비를 시작했다. 그는 에드워드 에버렛에게 요청하여 그의 연설문 사본을 받았다. 그리고 이틀 후 스튜디오에서 사진을 찍는 중간 중간 에버렛의 원고를 읽었다. 그는 자신의 연설에 대해 며칠간 생각했다. 백악관과 전시 사무실을 오가면서도 생각을 하고, 전시 사무실에서 밤늦게 오는 전보를 기다리며 연설 생각을 했다. 그는 연설 초고를 종이에 적어서 모자에 넣고 다녔다. 계속해서 연설에 대해 생각하고 수정해 나갔다. 연설을 하기 전 그는 노아 브룩스에게 다음과 같은 말을 했다. "연설문을 완벽하게 쓰지 못했어. 완성하려면 아직 멀었어. 연설문을 쓰기는 했는데 만족하려면 몇 번 더 손을 봐야할 것 같아."

그는 봉헌식 전날 게티즈버그에 도착했다. 그 작은 마을은 인파로 넘쳤다. 인구 천삼백 명의 도시에 만 오천 명의 사람들이 도착했다. 길은 꽉 막혀서 지나다닐 수 없었고, 사람들은 더러운 거리에 익숙해졌다. 밴드들이 음악을 연주하고 있었고, 사람들은 노래를 불렀다. 사람들은 링컨의 숙소에 모여들었다. 그들은 링컨을 소리쳐 부르며 연설을 요청했다. 링컨은 군중들에게 내일까지는 연설할 생각이 없음을 분명하게 말했다. 그때까지도 링컨은 그의 연설문을 계속해서 손보고 있었던 것이다. 심지어 그는 옆집에 묵고 있던 시워드 국무장관을 찾아가서 연설문을 읽고 그의 의견을 물었다. 다음날 아침 식사 후에도 여전히 링컨은 연설문을 수정하고 있었다. "행렬이 시작되자 대통령은 말위에서 꼿꼿이 앉아 군대를 바라보았지만 행렬이 지나가면 몸을 앞으로 숙이고 머리를 수그렸다. 그는 생각에 깊이 잠긴 듯이 보였다." 대통령 바로 뒤에서 수행하던 카 대령은 이렇게 회고했다.

우리는 그 순간에도 링컨이 10문장 밖에 안 되는 짧은 연설에 대해 생각하고 있었다고 추측할 뿐이다.

링컨이 크게 관심을 가지지 않은 연설은 의심할 여지가 없는 실패작이었다. 하지만 그가 노예제도와 연방에 대해 연설할 때 그의 연설은 놀라운 힘을 가지고 있었다. 왜일까? 링컨이 그 문제에 대해 끊임없이 생각하고 있었기 때문이다. 일리노이의 여관에서 그와 함께 방을 썼던 동료에 따르면 아침에 잠자리에서 일어났더니 링컨이 침대에 앉아 벽을 뚫어져라 보고 있었다고 한다. 링컨이 그에게 한 말은 바로 "반은 노예로, 반은 자유인으로 나뉜 정부는 영원히 지속될 수 없다." 였다.

예수는 어떻게 설교를 준비했을까? 혼자 황야에 나가 40일 밤낮을 단식하며 싶은 생각에 빠졌다. 마태복음에는 "그때부터 예수는 설교를 시작했다." 라고 적혀있다. 그 얼마 후에 예수는 가장 유명한 연설 중 하나인 산상수훈을 말했다.

당신은 이렇게 항변할지도 모른다. "아주 흥미로운 이야기입니다. 하지만 나는 불멸의 연설가가 되고 싶은 생각은 없습니다. 그저 모임에서 몇 마디 멋지게 하고 싶을 뿐입니다."

맞다. 당신이 무엇을 원하는 지 잘 알고 있다. 이 과정은 당신과 같은 사업가들이 말을 잘 할 수 있도록 도와주기 위해 개설되었다. 하지만 아무리 사소한 것이라 하더라도 유명한 연사가 사용한 방법에서 도움을 받을 수 있고 실제 써먹을 수도 있을 것이다.

연설을 어떻게 준비할 것인가?

어떤 주제로 연설해야 할까? 당신이 관심분야면 무엇이든지 괜찮다. 가능하면 당신만의 주제를 골라라.

짧은 발표문에 너무나 많은 내용을 담는 실수를 범하지 마라.

연설 주제는 일주일 전에 결정해서 충분한 시간을 가지고 주제에 대해 생각해라. 7일 동안 주제에 대해 생각해라. 잠자리에 들면서, 아침에 일어나서 면도를 하면서, 샤워를 하면서, 운전을 하면서, 엘리베이터를 기다리며, 식사를 하며, 약속 시간을 기다리면서 주제에 대해 생각해라. 친구와 주제에 대해 토론해라.

그 주제에 대해 가능한 모든 질문을 해봐라. 예를 들어 이혼에 대해 발표하기로 했다면 이혼의 원인이 무엇인지, 이혼의 경제적인, 사회적인 효과는 무엇인지 생각해 보아라. 이혼을 어떻게 하면 막을 수 있을까? 이혼 법을 만들면 될까? 이혼을 불가능하게 만들어야 할까? 이혼을 더 어렵게 만들어야 하나? 이혼을 더 쉽게 만들어야 하나?

왜 이 수업을 수강하는지 말할 기회가 주어졌다고 가정해보자. 이 경우 이런 질문을 던져야 한다. 내 문제는 무엇인가? 이 수업에서 무엇을 얻기를 바라는가? 대중 앞에서 연설을 해본 적이 있는가? 있다면, 언제? 어디에서? 무슨 일이 일어났는가? 이 수업이 사업가에게 효과적일까? 지인 중에 자신감 있는 말솜씨로 성공한 사람이 있는가? 자신감이 없어서 성공을 거두지 못한 지인이 있는가? 가능하면 상세하게 대답해보려고 노력해라.

사람들 앞에 서서 2~3분 명확하게 이야기 할 수 있다면 첫 고비는 넘긴 셈이다. 이 수업을 왜 듣는지와 같은 주제는 아주 쉽다. 당신 자신의 경험을 말하는 것이기에 내용을 잊어버릴 염려는 없을 것이다.

당신의 직업에 대해 이야기하기로 했다고 가정해보자. 그런 발표는 어떻게 준비해야 할까? 그 주제에 대해 할 말이 많을 것이다. 당신이 해야 할 일은 이야기 거리를 취사선택해서 올바르게 배열하는 일이다. 3분 안에 모든 것을 말하려고 하지 마라. 절대로 3분 안에 모든 것을 말할 수 없다. 그렇게 되면 너무 피상적이고 단편적인 이야기에 그칠 것이다. 한 가지 핵심을 잡아서 이야기를 확대해 나가라. 예를 들어 당신이 이 직업을 선택한 이유에 대해서만 말하는 것이 어떤가? 우연의 결과인가 아니면 선택의 결과인가? 초반에 힘들었던 점을 이야기하고, 당신의 바램, 당신이 성취한 일 등을 말해라. 직접 겪은 경험을 이야기해라. 그것은 아주 좋은 이야기 거리가 된다.

아니면 당신 사업의 다른 측면을 살펴보자. 어떤 문제가 있는가? 당신이 하고 있는 일을 하고 싶어 하는 청년에게 어떤 조언을 해줄 수 있겠는가?

아니면 당신이 만난 사람 중에 정직한 사람과 그렇지 않은 사람들의 이야기를 해봐라. 일하면서 힘든 점을 이야기해라. 사업을 하면서 인간 본성에 대해 깨달은 바가 있는가? 사업의 기술적인 측면에 대해서만 이야기 한다면 다른 사람들은 흥미를 잃기 십상이다. 하지만 다른 사람 사는 이야기는 흥미 있는 이야기 거리가 된다.

다른 어떤 것보다도 당신의 이야기를 추상적인 설교로 만들지 마라. 그렇게 되면 이야기가 지겨워 진다. 구체적인 예시를 적절히 섞어서 이야기를 해라. 직접 겪은 경험을 이야기 속에 집어넣어라. 그렇게 하면 기억하기도 쉽고, 말하기도 훨씬 쉬워진다.

아주 흥미로운 연설을 소개하고자 한다.

"요즘 대기업 중 많은 기업이 한때 일인 기업이었다. 하지만 대부분의 기업은 크게 성장했다. 사업이 대규모로 이뤄지기 때문에 아무리 유능한 총수라도 자신을 도와줄 유능한 파트너가 필요하다.

울워스는 예전에 자신의 기업은 오랫동안 일인 기업이었다고 말한 적이 있다. 그러다 그는 건강을 잃게 되었다. 병원에 누워있으면서 그는 자신의 사업이 확장되려면 책임을 분산해야 한다는 생각을 했다.

베들레헴 스틸은 오랫동안 일인 기업의 형태를 유지하고 있었다. 찰스 슈왑이 기업의 전부였다. 점차 유진 그레이스가 힘을 키워 나갔고 그보다 더 유능한 철강맨으로 성장했다. 베들레헴 스틸은 더 이상 슈왑의 것이 아니다.

이스트만 코닥도 초기에는 일인 기업이었지만 이스트만은 효율적인 조직을 만들었다. 시카고의 대형 통조림 공장들도 이와 비슷한 단계를 밟았다. 하지만 스탠더드 오일은 어느 정도 성장한 뒤부터 한 번도 일인 기업인 적이 없었다.

모건은 자신도 유능했지만 능력 있는 파트너를 골라 책임을 분담했다.

기업가들 중에는 아직도 일인 기업을 유지하고 싶어 하는 사람이 있지만 현대 기업은 엄청난 규모 때문에 책임이 분산될 수밖에 없다.

사람들이 자신의 사업에 대해 이야기 할 때 자기가 흥미 있는 분야만 이야기하는 실수를 저지를 때가 있다. 자신이 아니라 청중의 관심을 끌만한 이야기를 해야 하지 않을까? 화재 보험을 팔려면 화재 예방하는 법에 대해 이야기해야 하지 않을까? 은행가라면 투자에 대한 조언을 해주어야 하지 않을까?

준비하면서 청중을 연구해라. 청중이 듣고 싶은 이야기가 무엇인지 생각해라. 그러면 반은 이긴 것이다.

발표를 준비할 때 시간이 허락한다면 독서를 해서 다른 사람들의 의견은 무엇인지 살펴보아라. 하지만 그 전에 당신만의 확고한 생각이 세워져야 한다. 이것이 아주 중요하다. 그런 다음 도서관에 가서 사서에게 당신의 관심분야에 대해 말해라. 당신이 어떤 주제에 대해 발표를 준비하고 있다고 말하고 도움을 구해라. 자료 조사에 익숙하지가 않다면 사서가 준비해주는 자료에 놀랄 것이다. 사서는 당신의 주제에 정확히 부합하는 한권의 책을 찾아줄 수도 있고, 주제에 대한 찬반 양측의 주장에 대한 보고서를 가져다 줄 수도 있다. 백과사전 또는 다양한 종류의 참고 서적을 가져다 줄 수 있을 것이다. 이 자료들이 당신의 무기가 된다. 이 자료를 잘 활용해라.

자료준비의 중요성

루터 루서 버뱅크는 죽기 전에 이렇게 말했다. "나는 지금까지 식물 표본 수백만 개를 만들고 아주 뛰어난 한두 개를 빼고는 나머지는 모두 버렸다." 연설도 이렇게 준비해야 한다. 백 개의 생각을 모아놓고 필요 없는 90개는 버려라.

실제로 사용할 것 보다 더 많은 자료를 모아라. 그렇게 하면 충분히 준비했다는 자신감이 생기고 주제에 대해 확실히 알고 있다는 느낌을 받을 것이다. 이것이 준비의 기본적이고 중요한 요소이다. 하지만 연설하는 사람들은 이 점을 간과하기 일쑤다.

아서 던은 다음과 같이 말했다.

"나는 수많은 세일즈맨을 훈련해왔습니다. 그들의 가장 큰 약점은 자신이 파는 물건에 대해 잘 모른다는 것입니다.

많은 세일즈맨들이 내 사무실에 와서 제품에 대한 몇 가지 설명만 듣고는 곧바로 나가서 물건을 팔려고 합니다. 이 가운데 많은 사람들은 일주일도 못 버티고, 48시간도 못 버티는 사람도 많습니다. 특히 식품 판매를 위해 판매원들을 교육시킬 때 특히 노력을 많이 기울입니다. 나는 판매원에게 미국 농무부에서 발표하는 식품 영양표를 공부하게 했습니다. 그 표는 수분, 단백질, 탄수화물, 지방 등의 함유량을 보여줍니다. 그들이 팔 상품을 구성하는 성분을 공부하게 했고 시험도 보게 했습니다. 다른 동료에게 상품을 선전하게 시키기도 했습니다. 나는 가장 잘 하는 사람에게 상도 주었습니다.

자신이 팔 상품을 공부하는 시간도 아까워하는 조급한 세일즈맨들을 자주 봤습니다. 그들은 이렇게 말합니다. '식품점 주인에게 다 말해줄 시간이 없습니다. 주인들은 너무나 바빠요. 내가 단백질이 어쩌니 해도 그는 듣지도 않을 것입니다. 설사 내 이야기를 듣는다고 해도 내가 무슨 이야기를 하는지 하나도 이해하지 못할 것입니다.' 그에 대한 나의 대답은 이랬습니다. '당신이 이렇게 공부하는 것은 당신의 고객을 위해서가 아니라 당신 자신을 위한 것입니다. 당신이 팔아야할 상품의 모든 것을 다 꿰고 있으면 자신감이 생길 것입니다.'"

스탠더드 석유회사에 대한 책을 펴낸 유명한 역사학자 아이다 타벨이 파리에 있을 때 "맥클루어즈 매거진"의 설립자인 맥클루어 씨가 애틀랜틱 케이블에 대한 짧은 기사를 써줄 것을 부탁했다. 그녀는 런던으로 가 애틀랜틱 케이블의 책임자를 만나 충분한 자료를 수집했다. 하지만 그녀는 거기서 멈추지 않았다. 그녀는 더 많은 자료가 필요해서 대영박물관에 전시되어 있는 모든 종류의 케이블에 대해 연구했다. 케이블의 역사에 대한 책을 읽었고, 공장에 찾아가 케이블의 제조과정을 살펴보기도 했다.

그녀가 자신이 쓸 자료보다 열배나 많은 자료를 수집한 이유가 무엇일까? 그녀는 이렇게 광범위하고 철저하게 조사를 하면 이것이 자신에게 큰 힘이 된다는 사실을 알고 있었다. 그녀는 문자화하지 않은 지식들이 실제로 쓸 기사에 큰 힘을 실어준다는 것을 알고 있었다.

에드윈 제임스 커텔은 대략 3천만 명의 사람들에게 연설했다. 그는 집에 돌아가는 길에 말하지 않은 것들 때문에 무릎을 치며 후회를 하지 않은 연설은 실패라고 생각한다. 왜일까? 충분한 자료를 숙지하고 있을 경우에 연설이 잘 된다는 것을 오랜 경험에서 알기 때문이다.

당신은 이렇게 반문할 것이다. "뭐라고? 이 작자가 내가 이 모든 것을 할 시간이 있다고 생각하나보지? 사업도 해야 하고, 아내와 두 명의 아이들이 있고, 돌봐야할 강아지도 두 마리나 되는걸 알고나 있을까? 나는 박물관에 뛰어가서 케이블을 살펴보고 대낮에 책을 보고 침대에 멍하니 앉아 연설문을 중얼거릴 시간이 없거든."

앞으로 주어질 주제는 당신이 이미 생각해본 문제들이 될 것이다. 어떤 때는 즉석에서 할 수 있는 쉬운 주제를 제시할 것이다. 이렇게 하면 청중 앞에 서서도 침착하게 말을 이어나가는 데 큰 도움이 될 것이다.

이 수업을 듣는 사람 중에 몇몇은 연설 준비 과정을 배우는 데 흥미가 없을지 모른다. 그들은 청중 앞에서 차분하게 말하고, 사업상 벌어지는 토론에 당당하게 참가하기를 원한다. 이런 사람들은 수업에 가끔 와서 다른 사람들이 발표하는 것을 듣고 배우기를 원한다. 하지만 이 장에서 제시하는 방법들을 따라 해봐라. 이렇게 하면 연설을 효과적으로 준비할 수 있게 될 것이다.

당신이 발표 준비를 할 여유시간이 생길 때까지 미룬다면, 그런 시간은 절대 오지 않을 것이다. 그러니 일주일에 어떤 날 저녁 시간에 이 작업에만 매진해보는 것은 어떨까? 이것만이 가장 효과적인 방법이 될 것이다.

요약

1. 잘 준비된 연설은 10분의 9는 전달된 것과 다름없다.

2. 준비란 무엇인가? 상투적인 문장을 종이에 적는 것인가? 구절만 잘 외우면 될까? 전혀 그렇지 않다. 진정한 연설준비는 생각을 모으고 정리하고, 자신의 생각을 한 방향으로 끌고 가는 것이다. 뉴욕에 사는 잭슨 씨가 잡지에 실린 글에서 기자의 생각을 단순히 반복해서 말했을 때 그는 실패했지만 그 글을 소재삼아 자신만의 생각을 제시했을 때 그는 성공했다.

3. 자리에 앉아 30분 만에 연설문을 작성하려고 하지 마라 . 연설은 스테이크 처럼 뚝딱 만들어 지는 것이 아니다. 미리 주제를 정하고, 언제 어디서나 계속 그 주제에 대해 생각해라. 친구와 그 주제에 대해 토론하고 주제에 대한 가능한 모든 질문을 던져보아라. 떠오르는 생각을 종이에 적고 더 많은 것을 찾기 위해 노력해라. 목욕을 하거나, 운전을 할 때, 저녁식사를 기다릴 때 생각이 불현듯 머리를 스쳐지나갈 것이다. 이것이 바로 링컨의 방법이다. 또한 대부분의 성공한 연사는 이런 방법을 사용했다.

4. 생각을 정리한 후에 도서관에 가서 주제에 대한 책을 읽어라. 사

서에게 도움을 청해라. 사서는 연설에 도움을 줄 책을 찾아줄 것
이다.

5. 실제로 사용하는 것보다 더 많은 자료를 모아라. 루서 버뱅크의
방식대로 해라. 그는 하나 또는 두 개의 우수한 표본을 얻기 위해
백만 개의 표본을 만들었다. 100가지 생각을 모으고 90개는 버려
라.

6. 능력을 개발하는 방법은 실제로 연설에 쓸 내용보다 더 많은 것을
아는 것이다. 연설을 준비할 때 아서 던이 세일즈맨을 교육시킨
방법이나 아이다 타벨이 애틀랜틱 케이블에 대해 기사를 쓸 때 사
용한 방법을 따라라.

3장

유명한 연사는
연설을 어떻게 준비했나?

예전에 뉴욕 로터리 클럽 오찬모임에 참석한 적이 있었다. 그날 초청 연설자는 정부 고위 관료여서 참석자 모두들 그의 연설을 기대하고 있었다.

그는 자신의 연설주제에 대해 많이 알고 있었지만 연설을 어떻게 해야 할지 제대로 계획하지 않았다. 말할 소재를 고르지도 않았고, 내용을 논리정연하게 배열하지도 않았다. 그럼에도 불구하고 무작정 연설을 시작했다. 자신이 무슨 말을 하는지 제대로 알지도 모르는 채 이야기를 이어나갔다.

한마디로 그의 머릿속은 뒤죽박죽이었고 듣는 사람들의 머릿속도 마찬가지였다. 그는 이 이야기를 하다가 갑자기 저 이야기로 옮겨갔다. 나는 이렇게 혼란스러운 연사를 한 번도 본 적이 없었다.

그는 즉석연설을 하려고 했지만 어쩔 수 없었는지 주머니에서 메모를 주섬주섬 꺼내면서 사실은 비서가 자신을 대신해 자료를 준비했다고 고백했다. 그 메모 역시 정돈되어 있지 않았다. 그는 메모를 신경질적으로 뒤적이며 이 페이지를 봤다가 저 페이지를 보며 어떻게든 이 혼란 속에서 빠져나오려 애썼다. 하지만 불가능한 일이었다. 그는 사과하며 떨리는 손으로 물 한 모금을 마시고, 또 몇 마디 주절대고 한말을 또다시 하고 다시 메모를 들여다보았다. 시간이 흐를수록 상황은 더 악화되었다. 당황했는지 이마에서는 땀이 삐질 삐질 흘렀고, 이마의 땀을 닦는 그의 손수건이 흔들렸다. 이 촌극을 보면서 청중들의 마음도 불편했다. 미련하게 우직하기만 한 그 연사는 계속 메모를 뒤적이고, 사과를 하고, 물을 들이키며 연설을 이어나갔다. 그가 연설을 끝내고 자리에 앉았을 때 청중들은 안도했다. 그는 내가 여태껏 보아온 연사들 중에 최악이었다. 그는 무슨 말을 해야 하는 지 잘 모르는 채 연설을 시작했고, 자신이 무슨 말을 했는지 알지도 못한 채 연설을 끝냈다.

이 이야기의 교훈은 바로 허버트 스펜서가 한 말이다. "생각이 정리되어 있지 않으면 생각이 많을수록 생각이 더 혼란스러워진다."

정신이 제대로 박힌 사람이라면 설계도도 없이 집을 지으려 하지 않을 것이다. 대충의 틀도 짜지 않고 연설을 하는 사람은 대체 어떤 사람일까?

연설은 목적이 있는 항해이므로 미리 항해지도를 짜야한다. 어디인지 모르는 곳에서 출발하는 사람은 대개 어디인지 모르는 곳으로 가기 마련이다.

나는 대중연설을 배우는 사람들에게 나폴레옹의 말을 알려주고 싶다. "전쟁의 기술은 과학이다. 치밀하게 계산하고 생각하지 않은 것은 어떤 것도 성공하지 못한다."

이 말은 전쟁뿐만 아니라 연설에도 적용된다. 하지만 연사가 이 사실을 알고 있을까? 알고 있다고 해도 항상 이대로 행동할까? 그렇지 않다. 많은 사람들은 연설에서의 계획이나 구성을 하찮게 생각한다.

가장 효과적인 구성이란 무엇인가? 주제에 대해 철저하게 공부하지 않으면 대답할 수 없을 것이다. 그것은 연사에게는 영원한 숙제이다. 완벽한 규칙은 없지만 무엇이 제대로 된 구성인지 간단히 살펴보자.

완벽한 연설은 어떻게 구성되는가?

다음 연설은 잘 구성되었고, 사실을 명확하고 생생하고 흥미 있게 잘 전달하고 있다.

친애하는 의장님, 그리고 동료 여러분

144년 전 이 위대한 미합중국은 제가 사는 도시 필라델피아에서 탄생했습니다. 역사적인 도시에 미국 정신이 있고, 그 위대한 정신이 필라델피아를 미국에서 가장 큰 산업 중심지로, 세계에서 가장 크고 아름다운 도시로 만들었습니다.

필라델피아에는 2백만에 가까운 사람들이 살고, 밀워키와 보스턴, 파리와 베를린을 합친 크기의 광활한 땅이 있습니다. 130평방 마일에 달하는 땅 중에 거의 8천 에이커는 사람들이 즐길 수 있는 아름다운 공원, 광장, 거리입니다.

여러분, 필라델피아는 넓고, 깨끗하고 아름다운 도시일 뿐 아니라 세계의 공장으로 잘 알려져 있습니다. 9,200개의 산업시설에서 40만 명의 사람들이 일하며 10분마다 10만 달러의 상품을 생산해내고 있습니다. 미국 내에서 양모와 가죽제품, 직물, 펠트 모자, 연장, 배터리, 철강제품과 다른 많은 품목의 생산에서 필라델피아를 앞서는 도시는 없습니다. 우리는 두 시간에 한 대꼴로 기관차를 만들고, 미국 국민 절반 이상이 필라델피아가 만든 전차를 이용합니다. 1분마다 천개의 시가를 생산하고, 필라델피아의 115개 양말 공장에서는 모든 국민 1인당 두 켤레의 양말을 생산했습니다. 영국과 아일랜드의 생산량을 합친 것보다 더 많은 카펫을 생산하고 있습니다. 사실 우리의 상공업 규모는 어마어마해서 제품 판매액은 미국국채를 살 수 있는 금액입니다.

우리가 미국의 의료, 예술, 교육 중심이라는 것이 자랑스럽지만 필라델피아에 전 세계 어느 도시보다 많은 주택수가 있다는 것에 더 큰 자부심을 느낍니다. 필라델피아에는 39만 7천 채의 단독주택이 있는데 이 주택을 죽 늘어놓는다면 그 길이가 필라델피아에서 덴버에 이르기까지 1,881마일에 달할 것입니다.

하지만 제가 여러분께 관심을 가져주십사 하는 것은 이 주택 수만 채에 필라델피아의 노동자들이 거주하고 있다는 것입니다. 사람이 자기가 살 집이 있으면 사회주의 혁명 같은 논쟁은 없을 것입니다.

필라델피아는 유럽의 혼란이 자리 잡을 수 있는 땅이 아닙니다. 왜냐하면 우리 도시는 진정한 미국 정신에 의해 만들어졌으며 우리 선조들의 유산이기 때문입니다. 필라델피아는 미국의 어머니이며 자유의 상징입니다. 필라델피아는 최초로 미국 국기가 만들어 진 곳이고, 미국 의회가 열린 도시이며 독립선언서가 작성된 도시입니다. 그러므로 우리는 돈을 쫓을 것이 아니라 자유민주주의를 수호해야 하는 신성한 의무가 있습니다.

이 연설을 분석해보자. 연설의 구성을 살펴보고, 각각의 구성이 어떤 영향을 미치고 있는지 살펴보자. 우선, 이 연설에는 시작과 끝이 있다. 이것은 정말 보기 드문 장점이다. 이 연설은 구체적인 곳에서 시작되어 날개를 펼치고 확장되어 간다. 헤매지 않고 시간을 낭비하지 않는다.

참신하고 독창적이다. 연사는 자신이 살고 있는 도시가 미국의 탄생지임을 말하는 것으로 연설을 시작한다.

그는 필라델피아가 세계에서 가장 크고 아름다운 도시 중의 하나라고 말한다. 하지만 이 진술은 진부하다. 이렇게만 말하면 어느 누구도 크게 관심을 갖지 않을 것이다. 연사는 이 사실을 알고 필라델피아에는 밀워키와 보스턴, 파리와 베를린을 합친 크기의 광활한 땅이 있다고 말해서 청중들이 도시의 규모를 가늠할 수 있게 도와준다. 이것은 구체적이고, 흥미로우며 놀랍다. 통계수치를 나열하는 것보다 이 아이디어가 훨씬 효과적이다.

다음에 그는 필라델피아가 세계의 공장으로 알려져 있다고 말한다. 과장되어있다고 생각하지 않는가? 선동연설같다. 여기서 다음 내용으로 넘어갔다면 아무도 믿으려 하지 않았을 것이다. 하지만 그는 그렇게 하지 않았다. 그는 필라델피아가 선도하는 상품들을 열거한다.

"필라델피아는 두 시간에 한 대꼴로 기관차를 만들고, 미국 국민 절반 이상이 필라델피아가 만든 전차를 탑니다." 라는 말을 했는데 이 말을 듣고 우리는 "그 사실은 몰랐네. 어제 내가 탔던 전차도 필라델피아에서 만든 것일 수 있겠는데. 내일은 우리 시가 어디서 전차를 샀는지 찾아봐야겠어." 라고 생각할 수도 있다.

"1분마다 천개의 시가를, 필라델피아의 115개 양말 공장에서 우리나라 전 국민 모두가 신을 수 있는 두 켤레의 양말을 만들어 내고 있습니다.”

이 대목에서 우리는 강한 인상을 받는다. ‘어쩌면 내가 제일 좋아하는 시가가 필라델피아에서 만든 것일 수 있겠는데……. 내가 신은 양말도…….’

다음에 연사가 무슨 말을 하는가? 그는 한 주제에 대해 이야기를 끝난 후에는 다시 그 주제로 돌아가지 않는다. 이 점에 대해 연사에 감사한다. 청중을 가장 혼란스럽게 만드는 것은 이 이야기를 하다가 다른 이야기로 샜다가 다시 이야기로 돌아오는 중구난방 강연이다. 많은 연사들이 이런 실수를 저지른다. 1, 2, 3, 4, 5 순서대로 자신의 요점을 이야기하는 것 대신에 미식축구 주장처럼 27, 34, 19, 2 이렇게 말을 한다. 아니 그보다 더 안 좋다. 27, 34, 19, 2, 34, 19 이런 식으로 말을 한다.

하지만 이 연사는 계획대로 앞으로 이야기를 이어나간다. 빙빙 돌려 말하지도 않고, 되돌아가지도 않고, 왼쪽이나 오른쪽으로 벗어나지도 않는다.

하지만 뒤에서 가장 약한 부분을 보인다. ‘필라델피아가 미국에서 가장 큰 의료, 예술, 교육 중심지 가운데 하나’ 라고 단언하고 다른 주제로 넘어간다. 이렇게 하면 안 된다. 인간의 정신은 기계처럼 작동하는 것이 아니다. 이 구절은 너무 빨리 지나가서 모호하고, 청중이 듣기에도 연사가 이 문장을 그다지 중요하게 생각하고 있지 않다는 느낌을 준다. 그는 어떻게 해야 했을까? 필라델피아가 세계의 공장이라는 사실을 전달할 때 썼던 것과 같은 방법을 사용해야 했다. 하지만 시간의 제한이 있었다. 그는 주어진 시간이 5분밖에 되지 않는다는 것을 알고 있어서 이 문장을 길게 부연 설명한다면 다른 문장이 짧아지리라는 것을 알고 있었다.

"필라델피아에 전 세계 어느 도시보다 많은 주택수가 있다." 이 말을 더 설득력 있게 하기 위해 그는 어떤 방법을 썼을까? 첫째, 그는 39만 7천이라는 구체적인 숫자를 제시한다. 둘째, 그는 숫자를 시각화한다. "필라델피아에는 39만 7천 채의 단독주택이 있는데 이 주택을 죽 늘어놓는다면 그 길이가 필라델피아에서 덴버에 이르기까지 1,881마일에 달할 것입니다."

청중들은 그가 이 문장을 끝내기도 전에 그가 제시한 정확한 숫자는 잊어버릴 것이다. 하지만 이미지는 잊지 못한다.

지루한 사실 나열은 이제 그만하자. 연설을 잘하고 못하고는 사실만 나열해서 되는 것이 아니다. 연사는 서서히 고조되며 절정에 이르러 관객을 감동시키고 싶어 했다. 그래서 감정에 호소한다. 집을 소유하는 것이 도시의 정신에 어떤 의미가 있는지를 말한다. 그는 사회주의를 비판하고 필라델피아가 자유의 발상지라고 찬양한다. 자유! 마법의 단어, 수백만 명의 사람들이 목숨을 바쳐 지키고자 했던 것! 이 구절은 그 자체가 훌륭하다. 하지만 그것을 청중의 마음에 깊숙이 자리하고 있는 역사적 사건과 결부해서 강조한 것은 그보다 천배는 좋다.

연설의 구성에 대한 이야기는 이것으로 충분하다. 구성만 좋고 연사가 아무 감흥 없이 읽기만 했다면 이 연설은 실패한 연설이 되었을 것이다. 하지만 연사는 마음속에서 우러나오는 감정과 열정을 담아 연설했다.

콘웰 박사가 연설을 준비한 방법

* 이미 이야기한 것처럼 어떻게 하면 구성을 잘하는 지에 대한 완벽한 규칙은 없다. 모든 연설 아니 대다수의 연설에 맞는 구성은 없다. 하지만 몇 몇 경우에 쓸 수 있는 연설의 구성을 제시하고자 한다. 〈다이아몬드의 땅〉의 저자 러셀 콘웰은 다음과 같은 순서로 연설을 구성했다.

1. 사실을 제시해라.
2. 사실에서 주장을 발전시켜라.
3. 행동에 호소하라.

이 강좌의 많은 수강생들은 이 계획이 연설계획을 세우는데 큰 도움이 되는 것을 발견할 수 있을 것이다. 이것을 이렇게 표현해 보자.

1. 잘못된 것을 제시하라.
2. 잘못을 어떻게 고칠지 제시해라.
3. 협조를 구해라.

이를 다른 식으로 표현하면 다음과 같다.
1. 개선이 필요한 상황이 있다.
2. 이 문제에 대해 우리는 이렇게 저렇게 대응해야 한다.
3. 이러하기 때문에 당신은 도와야 한다.

이 강좌의 15장에 "행동을 이끌어내는 법" 이라는 제목이 붙어 있는

데. 여기에는 또 다른 연설 구성이 있다. 요약하면 다음과 같다.

1. 관심을 이끌어라.

2. 믿음을 주어라.

3. 사실을 나열하라.

4. 사람들이 행동하도록 동기부여를 해라.

관심이 있으면 지금 15장을 펴서 자세히 살펴봐라.

베버리지 상원의원이 연설을 구성하는 법

베버리지 상원의원은 〈대중연설법〉이라는 아주 실용적인 책을 썼다.

"연사는 주제에 전문가가 되어야 한다." 이는 모든 사실을 수집하고, 정리하고, 공부하고, 내용을 소화하고 있어야 함을 의미한다. 그리고 사실들이 확인되지 않은 주장이 아니라 확실한 것임을 확인해야 한다. 어떤 것도 있는 그대로 받아들이면 안 된다.

모든 사실을 확인해라. 조사가 힘들 것이다. 하지만 그게 어떻단 말인가? 청중들에게 정보를 제공하고, 교육하고, 조언을 하려고 나선 것이 아닌가? 당신은 당신 자신을 권위자라고 말하고 있지 않은가?

사실들을 수집하고 정리한 후에, 해법에 대해 생각해라. 그렇게 하면 당신의 연설은 독창적이게 될 것이다. 그 연설 안에 당신이 녹아있다. 가능하면 명확하고 논리적으로 생각을 적어라.

다른 말로 하면, 사실의 양면을 제시하고, 사실들에서 명확하고 구체적으로 결론을 제시해라.

우드로 윌슨의 연설 구성법

우드로 윌슨에게 연설 비결을 물었더니 이렇게 대답했다.

"내가 말하고 싶은 소재를 나열하고 이들 간의 관계를 배열합니다. 연설을 구성하는 것이지요. 그리고 나서 빨리 기록합니다. 나는 속기하는 습관이 있는데 시간을 아주 많이 절약해줍니다. 그런 다음 속기한 내용을 타자기로 치면서 문장을 수정하고 내용도 추가합니다."

루스벨트는 자신만의 방법으로 연설을 준비했다. 그는 사실을 조사한 후에 검토해보고 평가해서 결론을 도출했다.

그런 다음 종이에 받아 적도록 했는데 인쇄된 연설문을 보면서 수정한 뒤에 다시 한 번 구술했다. 그는 이렇게 말했다.

"꼼꼼하게 계획해서 미리 사전 작업하지 않고 뭔가를 이뤄낸 적이 없다."

어떤 때는 비평가들을 불러서 연설문을 직접 읽어주기도 했다. 그가 비평가들에게 원한 것은 연설 내용 수정이 아니라 연설 방식이었다. 그는 여러 번 연설문을 수정했고, 신문에 실린 연설문은 이런 과정을 통한 것이었다. 그는 연설문을 외우지는 않았고 즉흥적으로 연설을 했다. 그래서 그가 한 연설은 신문에 실린 깔끔한 연설문과는 차이가 있었다. 하지만 구술을 하고 수정을 하는 것은 완벽한 준비과정이었다. 이렇게 함으로서 그는 말할 내용에 친숙해질 수 있었다.

올리버 로지 경은 연설문을 빨리 구술하는 것, 실제 청중 앞에서처럼 연설문을 낭독하는 것이 훌륭한 준비가 된다고 말했다.

이 과정에 참가한 수강생들은 녹음기에 연설을 녹음해서 듣는 과정이 큰 도움이 되었다고 말한다. 도움이 되지만 환상이 깨지고 벌을 받는 과정이기도 하다. 하지만 이 과정은 아주 훌륭한 훈련이 되므로 적극 추천한다.

하고자 하는 말을 써보면 생각을 하게 된다. 이 방법은 당신의 생각을 명료하게 해준다. 내용이 기억이 잘되고, 말을 더 잘 할 수 있게 해줄 것이다.

벤자민 프랭클린의 옛 이야기 활용법

벤자민 프랭클린은 자서전에서 자신이 어휘력을 어떻게 증진시키고, 생각 정리하는 방법을 어떻게 배웠는지 이야기하고 있다. 그의 자서전은 고전이지만 다른 고전과는 달리 읽기 쉽고 재미있다. 사업가라면 누구나 이 책을 재미있게 읽을 수 있고 많은 것을 배울 것이다. 그 책의 일부를 소개하면 다음과 같다.

"나는 〈스펙테이터〉라는 잡지를 보게 되었다. 그 잡지를 계속해서 읽으며 큰 즐거움을 얻었다. 그 글이 뛰어나서 모방해보고 싶었다. 이런 생각으로 종이에 각 문장의 핵심단어만 적어놓고 책을 보지 않고 문장을 완성시키려고 하였다. 그렇게 한 다음 내가 쓴 것을 원래 지문과 비교해보고 수정했다. 하지만 내가 시 짓는 법을 배웠다면 훨씬 많은 단어를 알았을 것이다.

그래서 가끔씩 동화를 골라 시로 바꾸는 연습을 한다. 원래의 내용을 잊을 때쯤 그 시를 다시 산문으로 만들었다. 어떤 때는 메모를 아무렇게나 섞어놓고 가장 좋은 순서가 되도록 맞춰놓는다. 원래의 글과 내 작업을 비교함으로써 잘못을 찾고 고쳤다. 하지만 원래보다 더 좋은 글을 썼다고 느낄 때도 있었다. 그럴 때는 나도 언젠가 훌륭한 문학가가 되지 않을까 하는 희망이 생기곤 했다."

메모를 이용한 연설준비

앞에서 나는 틈틈이 메모를 하라는 조언을 했다. 다양한 생각과 사례들을 종이에 적고 연관이 있는 것들끼리 모아라. 쓸데없는 내용은 버리고 핵심만 추려라. 제대로 작업을 한 사람이면 건질 수 있는 내용이 얼마 되지 않을 것이다.

연설문이 만들어질 때까지 이 과정을 멈추지 마라. 연설문이 만들어진 후에도 수정해야 한다는 생각이 들 것이다.

좋은 연사는 연설을 마치면 다음과 같은 네 종류의 연설이 있음을 발견한다. 하나는 자신이 준비한 연설이고, 다른 하나는 실제 말한 연설이고 또 다른 하나는 신문에 개제된 그 연설이고, 마지막은 집에 가는 길에 이런 식으로 연설할 걸하고 후회하는 연설이다.

연설할 때 메모를 사용해야 할까요?

링컨은 즉흥연설에 뛰어났지만 대통령이 된 후에는 한 번도 즉흥 연설을 한 적이 없다. 심지어 각료들에게 하는 비공식적인 연설도 그랬다. 하지만 일리노이에서 있을 때는 메모를 사용하지 않았다. "메모는 청중을 피곤하게 하고, 집중하지 못하게 한다." 고 그는 말했다.

링컨의 말에 반박할 사람이 있는가? 메모가 연설의 흥미를 떨어뜨리지 않는가? 메모는 청중과 연사 사이의 교감을 방해하지 않는가? 메모는 작위적인 느낌이 들지 않는가? 청중이 메모를 보는 연사를 자신감이 없다고 생각하지 않겠는가?

다시 한 번 말하지만 준비과정에서는 세밀하게 메모를 해라. 혼자 연설 연습을 할 때는 메모가 보고 싶을지 모른다. 청중 앞에서도 주머니에 메모가 있으면 마음이 편해질지 모른다. 하지만 그것은 비상 도구여야 한다. 아주 위험한 상황에서면 사용해야 한다.

메모를 사용하고 싶다면, 아주 간략하게 만들어서 단상위에 있는 책들 사이에 숨겨놓아라. 꼭 필요할 때 잠깐 보고 청중들에게 이 약점을 들키지 마라.

메모를 활용하는 것이 효과적일 때가 있다. 연설 초보자들 중에는 너무 긴장해서 준비한 연설이 기억나지 않는 사람들도 있다. 그 결과는? 그들은 자신이 공들여 준비한 연설을 잊어버리고 엉뚱한 데서 헤맨다. 이런 사람들은 연설이 익숙해질 때까지 간단한 메모를 손에 들고 있는 것이 좋지 않을까? 아기가 걸음마를 배울 때는 뭔가를 붙잡고 일어난다. 하지만 이 과정은 길지 않다.

연설문을 있는 그대로 외우지 마라.

연설문을 글자그대로 읽거나 외우려고 하지 마라. 시간 낭비일 뿐이다. 이렇게 경고했는데도 이 방법을 시도하는 사람이 있다. 그럴 경우 청중 앞에 서면 무슨 생각을 할까? 자신들이 작성한 정확한 어구를 기억하려고 할 것이다. 그럴 때 연사는 경직되고 차가운 인상을 준다. 제발 그런 쓸데없는 일에 시간과 정력을 낭비하지 마라.

중요한 사업 미팅이 있을 때 할 말을 암기하고 있는가? 물론 그렇지는 않을 것이다. 당신은 할 말을 정리할 것이다. 메모를 할 수도 있고 자료를 찾아볼 수 도 있을 것이다. 이런 생각을 할 것이다. '이러저러하게 의견 제시를 해야겠다. 이런 이유로 이런 일을 해야 한다고 말해야겠어…….' 이유를 정리하고 구체적인 사례를 덧붙인다. 연설을 준비할 때도 이처럼 상식적인 방법으로 해야 한다.

그랜트 장군

리 장군이 항복 조건을 서면으로 통보해 달라고 요청했을 때 북군의 수장인 그랜트 장군은 피커장군에게 도움을 요청했다. 이때의 심정을 그랜트 장군은 자신의 자서전에서 다음과 같이 말하고 있다.

"펜을 들어 항복조건을 적을 때 무슨 말을 쓸지 몰랐다. 내가 잘 아는 것은 내 생각이었으므로 그 생각들을 명확하게 표현하고 싶었다."

그랜트 장군은 자신만의 생각이 있었다. 장군은 명확하게 할 말이 있었다. 보통 사람도 마찬가지다. 의심이 된다면, 길거리의 청소부를 때려보라. 쓰러졌던 그가 일어나면서 무슨 말을 해야 할지 당황하는 일은 없을 것이다.

2천 년 전에 호라티우스는 이렇게 적었다.

"무슨 말을 할지 궁리하지 말고
오직 사실에 입각한 생각만을 해라.
말은 찾지 않아도 넘칠 것이다."

생각을 정리한 후에는 연설을 처음부터 끝까지 실제처럼 연습해보아라. 길을 걷거나, 차를 기다리거나 엘리베이터를 기다릴 때 조용히 마음속으로 연설을 해보아라. 방에 혼자 있으면 큰소리로 몸짓을 섞어가며 열정을 담아 연설해보아라. 캔터베리의 캐논 녹스 리틀은 설교자가 같은 설교를 적어도 6번 이상은 해야 설교에 메시지가 담긴다고 말했다. 그 정도도 연습하지 않고 당신의 연설에 진정한 메시지가 담길 것이라고 생각하는가? 연습할 때에는 실제 관중이 바로 앞에 있다고 상상해라. 상상을 정말 실감나게 한다면 실제 청중 앞에 서면 그 상황이 자연스럽게 느껴질 것이다. 많은 범죄자들이 교수대에 서면서 그토록 담담할 수 있는 것이 바로 그런 이유 때문이다. 그들은 머릿속에서 그런 상황을 수천 번이나 했기 때문에 두려움이 없어진 것이다. 실제로 처형당할 때 그들은 마치 예전에 겪은 일처럼 담담하게 받아들인다.

왜 농부들은 링컨이 게으르다고 생각했을까?

로이드 조지는 고향 마을의 토론 모임 멤버였을 때 시골길을 따라 걸으면서 나무를 상대로 제스처를 섞어가며 연설 연습을 하곤 했다.

젊은 시절 링컨은 브레켄리지와 같은 유명한 연사의 연설을 듣기 위해 3~40마일이나 되는 길을 걸어 다녔다. 연설을 듣고 오면서 훌륭한 연설가가 되어야겠다는 다짐을 했다. 들판에서 일꾼들을 모아놓고는 나무 둥궐에 올라 연설을 하거나 이야기를 해주었다. 고용주들은 화가 나서 게으른 키케로 같은 놈이 농담과 연설로 다른 일꾼들을 망쳐놓는다고 소리를 질러댔다.

애스퀴스는 옥스퍼드의 토론모임에 적극적으로 참여하였다. 나중에 자신이 직접 토론 클럽을 만들기도 했다. 헨리 워드 비처나 에드먼드 버크도 그랬다. 일라이휴 루트는 뉴욕의 YMCA에서 열리는 문학 모임에서 연설을 연습했다.

유명한 연사들은 모두 열심히 연습했다. 이 수업에서 가장 빨리 실력이 향상되는 사람은 바로 가장 열심히 연습하는 사람일 것이다.

연습할 시간이 없다면 조셉 쵸트가 했던 방법대로 해봐라. 그는 아침에 출근할 때 조간신문을 사서 신문에 머리를 파묻었다. 쓸 데없는 기사를 읽는 대신 자신의 연설 계획을 세웠다.

천시 데퓨는 철도회사 사장으로, 상원의원으로 바쁘게 살았다. 그렇게 바빴는데도 매일 밤 연설문 작성을 했다. 그는 다음과 같이 말했다.

"연설 준비는 내 일을 방해하지 않았습니다. 나는 언제나 저녁 늦게 퇴근해서 집에 온 후에 연설문을 준비했습니다."

우리 모두는 적어도 하루에 세 시간은 여유시간이 있다. 다윈은 건강이 안 좋아서 하루에 딱 세 시간 정도밖에 연구하지 않았다. 하루 중에 세시간을 충실히 사용해서 그는 명성을 얻을 수 있었다.

루스벨트가 대통령이었을 때 오전 내내 인터뷰를 계속해야 했었다. 하지만 그 와중에도 책을 옆에 끼고 시간이 날 때마다 몇 자라도 읽었다.

당신이 너무 바빠서 시간이 없으면 아놀드 베넷의 〈하루 24시간으로 사는 법〉을 읽어라. 백장 정도를 찢어 주머니에 넣고 시간이 날 때마다 읽어라. 나는 이런 식으로 이 책을 이틀 만에 다 읽었다. 그 책은 시간을 아끼는 법과 하루를 효율적으로 사는 법을 알려준다.

가능하면 수업을 듣는 사람들과 일주일에 한번 정도 만나서 연설을 연습해라. 그렇게 할 시간이 없으면 집에서 가족과 함께 연설을 게임처럼 해봐라.

더글러스 페어뱅크스와 찰리 채플린의 여가생활

더글러스 페어뱅크스와 찰리 채플린이 충분한 여가를 즐길 정도의 돈을 벌었다는 것은 익히 알려진 사실이다. 하지만 그런 명성과 부에도 불구하고 그들이 발견한 가장 즐거운 오락거리는 바로 즉흥 연설이다.

몇 년 전 더글러스 페어뱅크스는 한 잡지와의 인터뷰에서 다음과 같이 이야기했다.

"어느 날 저녁식사에서 내가 찰리 채플린을 소개하는 것처럼 말했다. 그는 일어나서 인사말을 해야 했다. 그 사건으로 인해 우리는 지금까지 2년 동안 거의 매일 저녁 그 게임을 하고 있다. 메리 픽포드와 나 그리고 채플린 세 사람이 종이에 한 가지씩 주제를 적는다. 그 종이를 모아서 한 사람씩 종이를 뽑는다. 어떤 종이를 뽑던 우리는 일어나서 각자 일분동안 그 주제에 대해 말을 해야 한다. 한번 적었던 단어는 다시 적지 않는다. 바로 이것이 이 게임을 매일 새롭게 만들었다. 우리는 모든 종류의 단어를 다 사용했다. 언젠가 한번은 '신앙'과 '전등갓'이라는 두 개의 단어가 제시되었던 적이 있다. 나는 전등갓을 골랐는데 그때가 제일 힘들었다. 쉽다는 생각이 들면 한번 해봐라. '전등갓에는 두 가지 용도가 있다. 전등갓은 빛을 부드럽게 해주고, 다른 하나는 장식 효과가 있다.' 여기서 말문이 막힐 것이다. 나는 가까스로 연설을 끝냈다. 우리는 그 게임을 시작한 이후로 사물에 대한 감수성이 더 커졌다. 수도 없이 많은 다양한 주제들에 대해 더 많이 알게 되었다. 하지만 그것보다도 어떤 주제에 대해서든 짧은 시간 안에 알기 쉽게 제시하는 법을 배우고 있다. 우리는 지금도 계속 그 게임을 하고 있기 때문에 여전히 배우고 있다. 지난 2년 동안 게임에 싫증난 적이 없었고, 그 게임으로 많이 성장했다."

1. "전쟁의 기술은 과학이다. 치밀하게 계산하고 생각하지 않은 것
   은 어떤 것도 성공하지 못한다." 나폴레옹의 말은 전쟁뿐만 아니
   라 연설에도 적용된다. 연설은 항해이다. 미리 지도를 작성해야 한
   다. 어딘지 모르는 곳에서 연설을 시작한 사람은 어딘지 모르는 곳
   에서 연설을 끝낸다.

2. 모든 연설에 적용되는 완벽한 규칙은 없다.

3. 연사는 한 가지 내용을 철저하게 다루고 그 다음에 다시 언급하지
   말아야 한다. 예를 들어 보여준 필라델피아를 주제로 한 연설을
   참고해라. 연설에서 우왕좌왕하면 안 된다.

4. 콘웰 박사는 연설문을 쓸 때 다음과 같은 구성을 썼다.

   a. 사실을 제시해라.

   b. 사실에서 주장을 발전시켜라.

   c. 행동에 호소하라.

5. 다음과 같은 구성도 도움이 될 것이다.

   a. 잘못을 제시하라.

   b. 어떻게 잘못을 고칠시 제시하라.

   c. 협조를 구하라.

6. 훌륭한 연설 구성 예시(15장에 자세한 내용이 있다.)

a. 관심을 이끌어라.

b. 믿음을 주어라.

c. 사실을 나열하라.

d. 사람들이 행동하도록 동기부여를 해라.

7. 앨버트 베버리지 상원의원은 다음과 같이 조언했다. "모든 사실을 수집 하고, 정리하고, 공부하고, 내용을 소화해야 한다. 그 사실로 도출되는 결론에 대해 철저히 검토해라."

8. 연설을 하기 전에 링컨은 수학적으로 사고하여 결론을 내렸다. 마흔 살에 의원이 된 후에 링컨은 유클리드의 기하학을 공부했다.

9. 루스벨트는 연설을 준비할 때 모든 사실을 찾아서 평가한 후에 연설을 매우 빠르게 구술하여 타자기로 인쇄한 후 다시 한 번 수정하고, 다시 마지막으로 한 번 더 구술했다.

10. 가능하면 연설을 녹음해서 들어보아라.

11. 메모는 청중이 당신의 연설에 집중하지 못하게 한다. 메모를 피해라. 무엇보다도 메모를 보고 읽지 마라.

12. 연설에 대한 구상을 한 후에 길을 걸으며 조용히 연습하라. 혼자 있을 때에는 제스처를 서가며 열정적으로 연습하라. 청중이 앞에 있다고 생각하면서 연설해라. 이 연습을 많이 할수록 실제로 청중 앞에 서면 침착해진다.

4장

기억력 향상

저명한 심리학자 칼 시쇼어 교수는 다음과 같이 말한다. "보통 사람들은 자신의 기억력을 10퍼센트도 사용하지 않는다. 사람들은 90퍼센트의 기억력을 낭비한다."

당신은 이런 사람에 속하는가? 이 장에서 설명하는 기억의 법칙은 연설뿐만 아니라 실생활에서 기억을 잘 할 수 있게 도와줄 것이다.

기억의 법칙은 인상, 반복, 연상으로 아주 단순하다.

기억을 잘하기 위해서 우선 사물에 대해 깊고 생생한 인상을 가져야 한다. 사람들은 루스벨트의 기억력에 놀랐다. 그는 훈련을 통해 가장 열악한 상황에서도 집중하는 능력을 키웠다. 1912년 시카고에서 열린 불 무스 집회에서 그는 콩그레스 호텔에 본부를 차렸다. 거리에는 군중들로 가득했고 그들은 "우리는 테디를 원해!"라고 연호했다. 군중들은 함성을 지르고, 밴드는 음악을 연주했다. 오고가는 정치인들, 계속된 회의에도 불구하고 루스벨트는 흔들의자에 앉아 그리스의 역사가 헤로도토스의 책을 읽는 것에 집중했다. 브라질의 정글여행을 할 때도 캠핑장에 도착하자마자 커다란 나무 밑에 자리를 잡고 캠핑용 의자에 앉아 기번의 〈로마제국 쇠망사〉를 읽기 시작했다. 책에 너무 집중한 나머지 그는 캠핑장의 소음도 들리지 않았고 빗소리도 느끼지 않았다.

멍한 정신으로 며칠을 보내는 것보다 5분 동안 집중하는 것이 훨씬 낫다. 헨리 워드 비처는 이렇게 말한다. "한 시간 집중하는 것이 몇 년 동안 멍하게 있는 것보다 낫다." 베들레헴 철강회사의 사장으로 일 년에 수백만 달러를 버는 유진 그레이스는 다음과 같이 말한다. "내가 배운 것 중에 가장 중요한 것은 지금 하는 일에 집중하는 것이다. 나는 매일 어떤 상황에서라도 그렇게 훈련한다."

이것이 기억력의 비결이다.

아무도 벚나무를 볼 수 없었다.

토마스 에디슨은 직원 27명이 6개월 동안 매일 전구 공장에서 본사로 갈 때 어떤 길 하나를 이용한다는 사실을 알게 되었다. 길가에는 벚나무가 서있었지만 어느 누구도 벚나무가 있다는 것을 알아차리지 못했다.

에디슨은 이렇게 말한다. "보통 사람의 두뇌는 눈이 보는 것의 천분의 일도 알아차리지 못한다. 우리의 관찰력은 정말 형편없다."

어떤 사람을 당신 친구 두세 명에게 소개시켜보자. 2분후 친구가 그 사람의 이름을 기억하지 못할 가능성이 많다. 왜일까? 우선 집중하지 않기 때문이다. 기억력이 형편없다고 말할지 모른다. 하지만 그게 아니라 관찰력이 안 좋을 뿐이다. 그는 안개 속에서 찍은 사진이 흐릿하게 나왔다고 카메라를 탓하지 않을 것이다. 그러면서 흐릿한 정신 상태에서 인상을 깊이 간직하기를 기대한다. 당연히 그런 일은 일어나지 않는다.

〈뉴욕 월드〉를 창간한 퓰리처 씨는 생전에 편집실에 근무하는 모든 직원들의 책상에 다음과 같은 단어를 붙여놓게 했다.

정 확

정 확

정 확

우리가 원하는 것은 바로 이것이다. 상대의 이름을 정확히 들어라. 이름을 다시 말해달라고 요청해라. 다시 말해달라고 해라. 철자가 어떻게 되는지 물어라. 상대는 당신의 관심에 기분 좋을 것이고 당신은 상대의 이름에 집중했기 때문에 상대의 이름을 기억할 수 있을 것이다.

왜 링컨은 큰소리로 소리내어 읽었는가?

링컨은 어렸을 때 마루는 나무로 되어있고, 창문에 유리대신 교과서에 있는 기름종이를 붙인 시골학교에 다녔다. 교과서는 한 권밖에 없어서 선생님이 크게 읽어주었다. 학생들은 한 목소리로 선생님을 따라 읽었다. 교실은 항상 시끄러웠고 이웃들은 이 학교를 "시끄러운 학교"라고 불렀다.

학교에 다니면서 링컨에게는 외우고 싶은 것이 있으면 큰소리로 읽는 평생 습관이 하나 생겼다. 매일 스프링필드의 사무실에 도착하자마자 그는 소파에 길게 누워 신문을 소리 내어 읽었다. 그의 동료는 이렇게 말한다. "참을 수 없을 정도로 거슬려서 한번은 왜 그렇게 신문을 읽느냐고 물었습니다. 그의 설명은 이랬습니다. '소리 내서 읽으면 두 가지 감각이 동시에 작동해. 눈으로 보면서 들을 수 있지. 그렇게 하면 쉽게 기억할 수 있어.'"

링컨의 기억력은 매우 뛰어났다. 그는 이렇게 말했다. "내 머리는 철판 같아서 새기기는 어렵지만 일단 새기면 절대 지워지지 않는다."

그가 기억하기 위해 사용하는 방법은 두 가지 감각을 동시에 사용하는 것이었다. 당신도 링컨처럼 해봐라.

이상적인 방법은 보고 듣는 것 뿐 아니라 만지고, 냄새 맡고 맛보는 것이다.

하지만 무엇보다도 봐야 한다. 인간은 시각적인 동물이다. 눈으로 본 것은 상대적으로 기억에 오래 남는다. 어떤 사람의 이름은 기억나지 않아도 얼굴은 기억나는 경우가 있다. 눈에서 뇌로 가는 신경은 귀에서 뇌로 가는 신경보다 20배는 넓다. 중국에는 이런 속담이 있다.

"백문이 불여일견.(百聞而不如一見)"

이름, 전화번호, 연설문의 개요 등 기억하고 싶은 것이 있으면 적어서 눈으로 봐라.

어떻게 마크 트웨인은 메모 없이 연설했을까?

시각을 이용한 기억법을 발견한 후 마크 트웨인은 오랫동안 자신의 연설을 방해하던 메모를 버릴 수 있었다. 하퍼 잡지에 실린 그의 인터뷰를 싣는다.

"날짜는 숫자로 되어 있어 기억하기가 힘들다. 숫자는 형태가 단조롭고 시각적 이미지를 형성하기가 힘이 들기 때문이다. 숫자는 그림을 만들어내지 않으므로 눈에 잘 들어오지 않는다. 그림을 이용하면 날짜를 잘 기억할 수 있다. 그림을 이용하면, 특히 당신이 직접 구성한 그림을 이용하면 기억이 잘 된다. 나는 이 사실을 경험에서 깨달았다. 30년 전 나는 매일 기억에 대한 강의를 했다. 헷갈리지 않기 위해 메모를 해야 했다. 메모는 문장의 첫 몇 단어였다. 예를 들면 다음과 같다.

그 지역의 날씨는–

당시의 풍습은–

하지만 캘리포니아에서는 아무도–

이런 식으로 11개였다. 이것들은 내가 빼먹는 내용 없이 강의를 할 수 있게 도와주었다. 하지만 종이에 적어놓으면 막상 강의할 때 똑같이 보였다. 내용을 외우고는 있었지만 순서를 확실하게 기억할 수는 없었다. 그래서 메모지를 옆에 두고 수시로 보면서 강의해야 했다. 한번은 메모를 잃어버렸는데 그때의 공포는 엄청났다. 그래서 다음날 저녁 그런 사태가 발생하지 않기 위해 조치를 취했다. 문장 열 개의 첫 글자를 손톱에 적어 강의를 했다. 하지만 그 방법은 영구적인 해결책이 될 수 없었다. 처음에는 손가락을 잘 따라갔지만 곧 순서를 놓치고 방금 어떤 손가락을 보았는지 혼동되었다. 침을 묻혀 말한 글자를 지우면 좋을 텐데 그렇게 하면 사람들이 강의에 집중할 수 없을 것이다. 청중들은 내가 강의보다는 내 손톱에 더 관심을 가지고 있는 것처럼 생각했다. 어떤 사람은 내 손에 무슨 문제가 있냐고 묻기까지 했다.

그림을 이용해야겠다는 생각이 난 것은 바로 그때였다. 2분 만에 그림 여섯 개를 그렸고, 그림은 기억에 도움이 되었다. 이 일이 25년 전 일이다. 하지만 나는 지금도 강의 내용에 대한 그림을 기억할 수 있다.

나는 최근에 기억력에 대한 강연을 했다. 그림을 이용해서 강의 내용을 기억했다. 사람들은 소리 지르고 밴드는 음악을 연주하는 와중에도 책을 읽고 있는 루스벨트의 모습, 벚나무를 보고 있는 에디슨의 모습, 큰 소리로 신문을 읽는 링컨의 모습, 청중 앞에서 침으로 손톱의 잉크를 지우고 있는 마크 트웨인의 모습을 머릿속에 그렸다.

그림의 순서는 어떻게 기억했을까? 번호를 붙였을까? 아니다. 나는 숫자들을 그림으로 바꾸어 각각의 그림과 결합시켰다. 예를 들어 숫자 1(one)은 달리다(run)와 발음이 비슷하다 그래서 1을 상징하는 것으로 경주마를 연상했다. 방안에서 경주마에 걸터앉아 책을 읽고 있는 루스벨트를 연상했다. 2(two)는 동물원(zoo)을 골랐다. 에디슨이 보고 있는 벚나무가 동물원 곰 우리에 있다고 상상했다. 3(three)은 발음이 비슷한 나무(tree)로 정해서 링컨이 나무위에 누워 큰 소리로 신문을 읽는 모습을 그렸다. 4(four)도 발음이 비슷한 문(door)을 이용해서 마크 트웨인이 문에 기대어 연설을 하면서 손가락에 잉크를 침으로 지우는 모습을 연상했다.

이 글을 읽으면서 이 방법이 좀 우습다고 생각하는 사람이 있을 것이다. 사실 그렇다. 이 방법이 효과가 있는 것은 바로 그 이유 때문이다. 특이한 것, 웃기는 것은 기억이 쉽다. 숫자만으로 순서를 외우려고 했으면 금방 잊어버렸을 것이다. 시각화하면 기억하기 쉽다.

나는 이런 방식으로 숫자 1에서 20까지 그림으로 바꿔놓았다. 30분

정도만 그림들을 외우면 무작위로 불러도 그림과 숫자를 정확히 기억할 수 있을 것이다. 여기 그림 숫자들을 제시할 테니 한번 시험 삼아 해봐라.

1(one) – run(달린다) 경주마를 시각화한다.

2(two) – zoo(동물원) 동물원에 있는 곰 우리를 그린다.

3(three) – tree(나무) 나무위에 올라가 있다.

4(four) – door(문) 아니면 four와 발음이 비슷한 동물

5(five) – bee hive(벌집) 벌집을 그린다.

6(six) – sick (아프다) 적십자 간호사를 그린다.

7(seven) – heaven(하늘) 천사들이 금으로 덮여있는 길에서 하프를 연주한다.

8(eight) – gate(문) 문을 그린다.

9(nine) – wine(와인) 탁자위에 병이 쓰러져 있고, 와인이 흘러넘친다. 움직임을 넣으면 기억이 오래 남는다.

10(ten) – den(소굴) 깊은 숲 동굴 안에 야생동물의 은신처

11(eleven) – football eleven(축구11명) 11명의 축구팀이 경기장을 종횡무진 달리고 있다.

12(twelve) – shelve(선반) 물건을 선반에 얹으려 하고 있다.

13(thirteen) – hurting(부상) 상처에서 피가 솟구친다.

14(fourteen) – courting(구애) 연인들이 사랑을 속삭인다.

15(fifteen) – lifting(들어올리기) 힘센 사람이 어떤 것을 머리위로 들어올린다.

16(sixteen) - licking(주먹다짐) 주먹다짐.

17(seventeen) - leavening(발효) 주부가 밀가루 반죽을 하는데 17
번째 항목에 해당하는 물건을 반죽 속에 넣는다.

18(eighteen) - waiting(기다림) 한 여자가 숲속 갈림길에서 누군가를
기다리고 있다.

19(nineteen) - pining(한탄) 한 여자가 울고 있다. 눈물이 19번째
물건위에 떨어진다.

20(twenty) - horn of plenty(풍요의 뿔) 꽃, 열매, 곡식이 넘치는
풍요의 뿔

몇 분동안 이 그림 숫자들을 외워라. 할 수 있으면 당신이 직접 그림
을 만들어내라. 당신의 기억력에 모두들 놀랄 것이다.

신약성경처럼 긴 책을 암기하는 법

카이로의 아자르 대학은 세계에서 가장 큰 대학 중 하나이다. 이슬
람계 대학이고 2만 천명의 학생이 다니고 있다. 입학시험은 코란을 암
송하는 것이다. 코란의 길이는 신약과 비슷하고 암송하는 데만도 3일
이 걸린다.

중국학생들도 중국의 고전을 암기해야 한다.

아랍과 중국의 학생들 대다수는 보통의 암기력을 가지고 있는데 어
떻게 이렇게 긴 내용을 암기할까?

바로 반복을 통해서 가능하다. 충분히 긴 시간동안 되풀이 하면 당
신도 엄청난 양의 내용을 암기할 수 있다. 암기하고 싶은 내용을 자주

사용해라. 대화할 때마다 새로 알게 된 단어를 사용해라. 대중연설에서 하고 싶은 말을 평상시 대화에서 자주 사용해라. 한번 써본 지식은 기억에 오래 남는다.

어떻게 반복을 해야 할 것인가?

그렇다고 아무것이나 무턱대고 기계적으로 암기하는 것은 좋은 방법이 아니다. 어빙하우스 교수는 학생들에게 "deyux", "qoli"와 같은 무의미한 단어를 외우게 했다. 그는 학생들에게 3일에 걸쳐 38회 암기하게 하면 한번에 68번 반복해서 암기할 때와 같은 수의 단어를 암기한다는 사실을 발견했다. 다른 심리학 테스트도 비슷한 결과를 보여준다.

이것은 기억력에 대한 중요한 발견이다. 계속해서 반복 암기하는 사람은 적당한 간격을 두고 반복 암기하는 사람보다 두 배의 시간과 에너지를 소비한다.

이 원리는 다음과 같이 설명할 수 있다.

첫째, 반복하는 동안 우리의 무의식은 연관성을 이끌어내기 위해 바쁘게 움직인다. 제임스 교수의 지적대로 "우리는 겨울에 수영을 배우고, 여름에 스케이트를 배운다."

둘째, 간격을 두고 암기하면 머리가 덜 피곤해진다. 27개 언어를 자유롭게 구사하는 아라비안나이트의 역자 리처드 버튼 경은 이렇게 말했다. "어떤 언어든지 한번에 15분 이상을 공부한 적이 없다. 15분이 지나면 집중력이 떨어진다."

망각이 어떤 식으로 이뤄지는 지에 대해 설명하겠다. 심리학적인 실험에 따르면 학습 후 8시간 사이에 잊어버리는 것이 그 후 30일 동안 잊어버리는 것 보다 더 많다. 회의하기 직전 또는 연설 직전에 준비한 자료를 다시 살펴보고 기억한 내용을 점검해라.

링컨은 이러한 습관의 가치를 알고 있었다. 게티즈버그에서 열린 봉헌식에서 에드워드 에버렛 다음에 연설할 예정이었다. 에버릿의 연설이 끝날 때가 되자 링컨은 초조해졌다. 그는 안경을 고쳐 쓰고 주머니에서 원고를 꺼내 읽으면서 조용히 기억을 되살렸다.

윌리엄 제임스 교수가 말하는 기억의 비결

기억의 두 가지 법칙에 대해서는 충분히 설명했다. 세 번째 법칙인 연관은 아주 중요한 요소이다. 제임스 교수는 다음과 같이 말했다.

"우리의 정신은 기본적으로 연상하는 기계이다. 내가 가만히 있다가 갑자기 '기억해! 생각해내!' 라고 말하면 기억이 갑자기 날까? 그렇지 않다. 기억은 텅 빈 공간을 쳐다보며 이렇게 말할 것이다. '도대체 뭘 기억하라는 거야?' 기억하려면 단서가 필요하다. 하지만 만약 내가 당신의 생일을 기억해라, 아침에 먹은 것을 기억해라 또는 특정한 멜로디를 기억하라라고 한다면 기억이 곧바로 날 것이다.

어떻게 이런 일이 가능할까? 기억이 나는 사물과 단서는 밀접한 관계가 있다. '생일'은 특정한 날짜와 연관된다. '오늘 아침 식사'는 커피와 베이컨 달걀로 즉시 연결된다. '멜로디'는 계이름과 연관된다. 연결고리가 있는 어떤 것이 계기가 되어 기억이 난다.

기억력은 연상이 얼마나 잘 되어 있는가에 따라 훈련이 가능하다. 좋은 기억력의 비결은 기억하고자 하는 내용을 얼마나 잘 연결시키는 지에 달려있다. 잘 연결시키는 것은 그 대상에 대해 생각을 많이 해야지 가능한 일이다. 두 사람이 똑같은 경험을 해도 효율적으로 연관시키는 사람이 기억을 더 잘 할 것이다.

사실들을 연관시키는 법

사실들을 질 연결시키는 것은 매우 좋다. 하지만 어떻게 해야 할까? 사실의 의미를 파악하고, 잘 생각하는 게 그 비결이다. 당신이 새로운 사실을 접했을 때 다음과 같은 질문을 한다면 사물들을 조직적으로 연결시키는데 도움이 될 것이다.

1. 왜 이렇게 되었는가?
2. 어떻게 이렇게 되었는가?
3. 언제 이렇게 되었는가?
4. 어디서 이렇게 되었는가?
5. 누가 그렇다고 말했는가?

예를 들어 기억해야 할 것이 처음 만난 사람의 이름이고, 흔한 이름이라면, 우리는 그의 이름을 같은 이름을 가진 직장 동료와 묶어서 생각할 수 있을 것이다. 반면에 흔한 이름이 아니면 "흔한 이름이 아니네요."라고 말할 수 있다. 우리가 그렇게 이야기하면 상대는 자신의 이름에 대한 이야기를 자연스럽게 꺼낼 것이다. 이 장을 쓰는 사이 나는 소터 부인을 만났다. 나는 그녀에게 이름 철자가 어떻게 되는 지를 묻고 이름이 특이하다는 말을 했다. 그러자 그녀는 이렇게 대답했다. "그렇죠? 아주 특이한 이름이에요. 제 이름은 그리스어로 '구세주'라는 뜻이랍니다." 그러면서 남편 식구들이 그리스 아테네 출신이고 그리스에서 고위 관료를 지냈다는 이야기를 했다.

상대의 얼굴을 자세히 관찰해라. 그의 눈동자, 머리카락, 전체적인 모습을 자세히 살펴라. 그리고 그가 입은 옷에 주목해라. 그가 말하는 방식을 주의 깊게 들어라. 그의 외모와 성격에 대해 확실히 기억해라. 다음번에 이런 선명한 인상을 떠올리면 그의 이름을 기억하는 데 도움이 될 것이다.

어떤 사람을 여러번 만났는데 그가 하는 일은 기억이 나는데 이름이 기억이 나지 않을 때가 있지 않았는가? 이유는 사람들이 하는 일은 구체적이고 명확하기 때문이다. 이름은 의미가 없어서 가파른 지붕에서 후다닥 떨어지는 눈 같지만 직업은 기억에 달라붙어 떨어지지 않는다. 사람의 이름을 기억하려면 이름과 그가 하는 일을 연관시켜 기억해야 한다.

최근 필라델피아의 연설 강의에 참가하기 위해 20명의 사람들이 모였다. 모두는 자리에서 일어나 자신의 이름과 하는 일을 간단히 소개했다. 소개 후에는 이름과 직업을 연결할 수 있는 단어를 만들어냈다. 모든 사람들은 다른 사람들의 이름을 쉽게 외울 수 있었다. 이름과 직업을 연결시켜서 이름은 의미를 갖게 된 것이다.

다음은 그때 참석한 사람들의 이름을 알파벳순으로 적은 것이다. 그리고 옆은 이름과 사업을 엮어 놓은 어구들이다.

- Albrecht(모래 채굴업) - makes all bright.(모래는 모든 것을

밝게 만든다)

- Ansley(부동산 중개업) - To sell real estate, advertise in Ansley's magazine. (부동산을 팔려면 Ansley 잡지에 광고해라.)

- Bayless(아스팔트 사업) - Use asphalt and pay less.(아스팔트를 사용하고 돈은 조금 내고)

- Biddle(모직업) - Biddle piddles about the wool business.(비들 씨는 모직 사업하며 빈둥빈둥)

- Boericke(광산업) - Boericke bores quickly for mines. (보어릭은 땅굴파기 선수)

- Devery(인쇄업) - Every man need Devery's printing. (모두 데브리의 인쇄가 필요해.)

- Doolittle(자동차 매매업) - Little and you won't succeed in selling cars. (노력하지 않으면 자동차를 못 팔 것이다.)

- Fischer(석탄사업) - Fishes for coal orders. (그는 석탄 주문을 받으려고 노력중이다.)

- Goldey(목재업) - is gold in lumber business.(목재업에 전망이 좋다.)

- Hancock(새터데이 이브닝 포스트) - Hancock to a subscription blank for the Saturday evening post. (새터데이 이브닝 포스트 구독 신청란에 핸콕이라고 이름 적어라.)

연도를 외우는 방법

연도는 당신이 잘 알고 있는 중요한 일들과 연결시키면 잘 외워진다. 수에즈 운하가 개통된 해가 1869년이라고 외울 때 남북전쟁이 끝나고 4년 후라고 외우면 쉽다. 호주에 유럽 사람이 처음 정착한 해가 1788년이라고 외우려고 한다면, 그 해가 미국이 독립을 선언한 후 12년 뒤라고 외우면 잊어버리지 않을 것이다. 전화번호를 외울 때도 이 원칙을 기억하면 좋다. 만약 당신의 전화번호가 1492나 1861, 1865, 1914, 1918이라면 사람들이 쉽게 기억할 것이다. 이렇게 좋은 번호인데도 사람들한테 그냥 전화번호가 1492라고 말하면 사람들은 금방 잊어버린다. 하지만 당신이 "제 전화번호는 콜럼버스가 미국을 발견한 해인 1492번이니까 잊지 마세요."라고 하면 사람들은 쉽게 기억할 것이다.

다음의 연도를 외우는 가장 좋은 방법은 무엇일까?

1564 – 셰익스피어 탄생

1607 – 영국 이주민들 제임스 타운에 정착

1819 – 빅토리아 여왕 탄생

1807 – 로버트 리 장군 탄생

1789 – 바스티유 감옥 붕괴

당신이 북부 연방에 가입한 주를 지겹게 반복해서 외우려고 하면 힘들 것이다. 하지만 그것을 하나의 이야기로 엮어서 외우면 쉽게 외울 수 있다. 집중해서 읽고 당신이 13개주를 순서대로 기억하고 있는지 확인해봐라.

어느 토요일 오후, 델라웨어(Delaware)에서 온 젊은 아가씨는 펜실베니아(Pennsylvania)를 지나는 기차표를 샀다. 그녀의 가방에 뉴저지(New Jersey) 산 스웨터가 들어 있었다. 그녀는 친구 조지아(Georgia)를 만나러 코네티컷(Conneticut)으로 갔다. 다음날 아침에 두 사람은 메리(Maryland)네 땅에 있는 성당 미사(Massachusetts)에 참석했다. 그들은 집으로 가는 남행(South Carolina) 열차를 타고 막 뜯은 새 햄(New Hampshire)을 먹었다. 요리사 버지니아(Virginia)는 뉴욕(New York)에서 온 흑인이었다. 저녁을 먹고 그들은 북부행(North Carolina) 기차를 타고 아일랜드(Rhode Island)로 갔다.

연설의 요점을 기억하는 법

우리가 어떤 것을 생각해내는 두 가지 방법이 있다. 하나는 외부자극을 통해서이고 다른 하나는 이미 머릿속에 있는 것과의 연상을 통해서이다. 첫째, 당신은 메모와 같은 외부자극의 도움을 받아 기억할 수 있다. 하지만 메모를 보는 연사를 좋아할 청중이 어디 있겠는가? 둘째, 당신은 이미 알고 있는 것과의 연상을 통해 내용을 기억할 수 있다. 이 경우 내용이 논리적인 순서에 따라 배열되어 있어야 한다.

쉬워 보이지만 청중 앞에 서면 머릿속이 하얘지는 연설 초보자에게는 힘들 것이다. 하지만 연설을 기억할 수 있는 쉽고 빠른 방법이 있다. 예를 들어 아무런 연관성이 없는 단어인 '소, 시가, 나폴레옹, 집, 종교'라는 단어에 대해 토론한다고 치자. 이 단어들을 말은 안 되더라도 외우기 쉽게 바꿀 수 있는지 살펴보자. "소는 시가를 피우며 나폴레옹을 유혹하고, 집안은 종교적 열기로 가득찼다."

이제 앞에서 말한 문장은 가리고 다음의 질문에 답해라. 세 번째로 말한 항목은? 다섯 번째는? 네 번째는? 두 번째는? 첫 번째는?

이런 방법이 효과적인가? 그렇다!

어떤 아이디어라도 이런 식으로 연관 지을 수 있다. 이렇게 만들어진 문장이 우스꽝스러울수록 기억하기가 쉽다.

내용이 기억이 안 나면 어떻게 해야 할까?

충분히 준비했는데도 연설 중간에 내용이 생각이 안나면 정말 끔찍할 것이다. 여기서 주저앉기에는 자존심이 허락하지 않는다. 10초나 15초만 주어져도 다음에 할 말이 생각날 것만 같다. 하지만 청중이 앞에 있을 때 15초라 하더라도 이는 큰 실수다. 그럴 때 어떻게 해야 할까? 어떤 상원의원은 내용을 잊어버려 청중들에게 자신의 목소리가 잘 들리는지 질문을 했다. 당연히 끝에 앉은 사람도 그의 목소리가 잘 들렸다. 그가 궁금한 것은 뒤에 사람이 잘 들리는 지가 아니었다. 그는 이렇게 함으로써 시간을 벌고 있었던 것이다. 그는 잠시 동안 생각을 가다듬고 연설을 진행했다.

가장 좋은 방법은 바로 앞에 말했던 단어를 새로 할 말의 출발점으로 삼는 것이다. 어떤 연사가 사업에서의 성공이라는 주제로 연설을 한다고 가정해보자. 그는 다음과 같은 말을 하고 갑자기 뒤에 할 말이 기억이 나지 않는다.

"보통의 직원들이 성공하지 못하는 것은 자신의 일에 관심이 없고 주도적으로 나서지 않기 때문입니다."

주도성으로 끝났으니까 이 단어로 다음 문장을 시작해라. 형편없는 연설이라도 중간에 끊기는 것보다 낫다.

　"주도성은 독창성을 의미합니다. 즉 지시를 받을 때까지 기다리는 것이 아니라 스스로 알아서 하는 것입니다."

　이 연설은 역사에 남을 연설이 되지는 않을 것이다. 하지만 고통스리운 침묵보다는 훨씬 낫다. 마지막 문장이 무엇이었지? "지시를 받을 때까지 기다리는 것"이다. 그 문장으로 새로운 문장을 시작해보자.

　"독창적으로 생각하지 못하는 직원에게 끊임없이 지시하는 것은 상상할 수 없을 정도로 피곤합니다."

　자, 어쨌든 문장은 완성했다. 다시 한 번 상상에 대해 이야기할 차례이다.

　상상력이야말로 정말 필요한 것입니다. 솔로몬은 "비전이 없는 백성은 망한다."라고 말했습니다.

　이렇게 연설을 이어가는 동안 연사는 필사적으로 원래 하려고 했던 말을 생각해내야 한다. 이런 방식의 연설은 방향을 잃고 엉뚱하게 끝나는 경우도 있다. 하지만 아무것도 기억할 수 없는 당황한 연설자에게 이 방법만큼 좋은 방법이 없다.

모든 방면의 기억력을 향상시킬 수 없다.

나는 이 장에서 기억을 잘 할 수 있는 방법에 대해 설명했다. 하지만 기억력은 얼마나 잘 연관되어 있느냐의 문제이므로 기억력 자체가 눈에 띄게 좋아질 수는 없다.

매일 셰익스피어의 작품 한 구절 씩 외우면 문학 표현에 대한 기억력은 엄청나게 향상될 것이다. 하지만 셰익스피어의 작품을 외운다고 해서 이것이 다른 분야 지식을 암기하는 데 도움을 줄 수는 없을 것이다.

이 장에서 말한 원칙을 사용하면 효율적으로 외울 수 있다. 하지만 연관되지 않은 사실을 암기하는 것은 불가능하다.

요약

1. 칼 시쇼어 교수는 다음과 같이 말한다. "보통 사람들은 자신의 기억력을 10퍼센트도 사용하지 않는다. 사람들은 90퍼센트의 기억력을 낭비한다."
2. 기억의 법칙 – 인상, 반복, 연상
3. 기억하고 싶은 것을 머리에 각인시켜라.
   a. 집중. 이것이 루스벨트 기억력의 비결이다.
   b. 주의 깊게 관찰해라.
   c. 가능한 모든 감각을 동원하라. 링컨은 시각적, 청각적 감각을 사용하여 기억했다.
   d. 다른 무엇보다도 시각적 인상이 중요하다. 시각적 인상은 오래

남는다. 마크 트웨인은 그림을 활용해서 연설내용을 기억했다.

4. 반복하면 외워진다. 이슬람교 학생들은 긴 코란을 외우기 위해 끊임없이 반복한다.

    a. 억지로 머릿속에 집어넣으려 하지 마라. 한번이나 두 번 반복하고 잠깐 멈춘 후 다시 반복해라. 간격을 두고 반복하면 기억에 효과적이다.

    b. 사실을 암기하고 8시간 직후에 가장 많이 잊어버린다. 연설하기 직전 연설문을 살펴보자.

5. 연상을 기억에 응용해라. 경험한 것을 활용해라.

6. 어떤 사실을 기존에 알고 있는 지식과 연상하려면 모든 각도에서 점검해라. 새로운 사실에 다음과 같은 질문을 던져라. 왜 이렇게 되었는가? 어떻게 이렇게 되었는가? 언제 이렇게 되었는가? 어디서 이렇게 되었는가? 누가 그렇다고 말했는가?

7. 처음 만난 사람의 이름을 기억하고 싶다면 철자가 어떻게 되는 지 물어보고 이름에 대한 질문을 해라. 그의 외모를 자세히 살펴보고 이름과 얼굴을 연결시켜 외워라.

8. 날짜를 기억할 때는 이미 알고 있는 유명한 날짜와 연관시켜 기억해라.

9. 연설의 요지를 기억하려면 요지들을 논리적으로 배열해라.

10. 준비를 많이 했는데도 갑자기 기억이 안나면 바로 앞에 한 마지막 단어를 새로운 문장의 시작으로 삼아라. 이렇게 말을 이어가다보면 잊어버린 연설 내용이 기억날 것이다.

5장

청중을
깨어있게 하는 법

예전에 셔먼 로저스와 함께 같은 모임에서 연설을 한 적이 있다. 내가 먼저 연설을 하고 적당한 핑계를 대고 즉시 그 자리를 떠났을 것이다. 로저스가 따분한 연설이나 하겠지 하고 예상하고 있었다. 하지만 그의 연설은 어떤 누구의 연설보다 뛰어났다.

셔먼 로저스는 누구인가? 그는 숲에서 인생의 대부분을 보낸 진짜 벌목공이다. 그는 대중 연설의 법칙에 대한 책들은 읽은 적이 없었다. 그의 연설은 매끄럽지 않았지만 날카로웠다. 세련되지는 않았지만 열정적이었다. 문법에 어긋났지만 연설 자체에 영향을 주지는 못했다. 연설을 망치는 것은 그러한 사소한 것이 아니다. 그의 연설은 그가 직접 경험한 내용이었다. 그의 연설은 살아 움직였다.

그의 성공의 비결은 무엇인가? 성공의 비결을 에머슨은 다음과 같이 말했다.

"역사에 기록된 성공은 열정의 승리다."

광고를 하거나 물건을 팔 때 필수요소는 바로 열정이다. 매년 3천만 달러의 껌을 파는 리글리의 사무실에는 에머슨의 말이 걸려있다.

"열정 없이 이뤄진 일은 아무것도 없다."

나도 예전에는 대중연설에서 기법이 중요하다고 생각했었다. 하지만 세월이 흐르면서 연설의 내용을 더 중시하게 되었다. 브라이언은 이렇게 말했다.

"자신이 하고 있는 말을 잘 아는 사람은 설득력이 있다. 그 말에는 진심이 담겨 있다. 연설자가 아무리 똑똑해도 진실하지 않으면 청중을 감동시킬 수 없다. 거의 이 천 년 전 로마제국의 어느 시인은 자신의 생각을 이렇게 표현했다. '다른 사람의 눈에서 눈물이 흐르게 하려면 자신이 먼저 슬퍼해야한다.'"

마틴 푸터는 이렇게 말했다. "나는 화가 나서 피가 부글부글 끓어야 글이 잘 써지고, 기도가 잘되고 연설이 잘된다."

그의 말대로 화를 내라는 것이 아니다. 하지만 어느 정도는 감정에 진실해야 한다.

말도 칭찬해주면 영향을 받는다. 유명한 조련사 레이니는 말의 심장 박동수를 10이상 올리는 욕설을 알고 있다고 말했다. 청중도 말처럼 예민하다.

연설할 때 청중의 태도를 결정하는 것은 연사이다. 연사가 열의가 없으면 청중도 열의가 없다. 연사가 머뭇거리면 청중도 그렇다. 하지만 연사가 진정으로 연설하면 청중들도 연사의 영향을 받는다.

마틴 리틀턴은 이렇게 말한다.

"사람들이 이성에 의해 움직인다고 하지만 사실 감정에 의해 움직인다. 확신을 가진 연사는 실패하는 법이 없다. 사람들에게 진정으로 하고 싶은 말이 있다는 확신만 있으면 그의 연설은 불꽃처럼 타오른다.

자신의 확신을 어떤 방식으로 표현하는 지는 중요하지 않고 얼마나 진실하게 자신의 마음을 표현하는 지가 중요하다."

진지함과 열정만 있으면 연사의 영향력은 커진다. 그에게 5백 개의 단점이 있어도 실패하지 않는다. 루빈스타인조차 연주가 틀릴 때가 많았다. 하지만 아무도 신경 쓰지 않았다. 왜냐하면 예전에는 석양을 보고도 어떤 감흥도 느끼지 못했던 사람들이 그로 인해 음악을 느낄 수 있었기 때문이다.

페리클레스는 연설을 시작하기 전 신에게 기도했다. 그는 마음을 담아 연설했고 이 연설은 청중을 감동시켰다.

윌라 캐더는 다음과 같이 말한다.

"모든 예술가들의 비밀은 열정이다. 이것은 누구나 아는 비밀이지만 아무도 훔쳐갈 수 없다."

연사는 누구나 예술가가 되어야 한다. 영혼을 연설에 담아라. 청중은 당신의 조그마한 실수도 눈치 채지 못할 것이다. 링컨은 듣기 싫을 정도의 높은 톤으로 연설을 했다. 데모스테네스는 말을 더듬었다. 후커의 목소리는 너무 작았다. 커런은 말더듬이었고 셰릴은 목에서 쉿소리가 났다. 피트의 목소리는 깨끗하지도 않고 듣기 좋지도 않았다.

하지만 이 사람들에게는 단점을 이기는 진실함과 열정이 있었다.

진정으로 말하고 싶은 것을 가져라.

브랜더 매튜 교수는 뉴욕 타임스에 다음과 같은 재미있는 글을 기고했다.

"좋은 연설의 핵심은 연사가 진심으로 전하고자 하는 메시지이다."

나는 몇 년 전 콜럼비아 대학에서 커디스 메달 수상자 선정을 위한 위원으로 일할 때 이 사실을 깨달았다. 6명의 대학생이 후보였는데 그들은 기교만 뛰어날 뿐이었다. 단 한명의 예외는 줄루 족의 왕자였다. 그의 주제는 '현대 문명에 기여한 아프리카'였다. 그의 모든 말에는 진심이 담겨 있었다. 그의 연설은 살아있었으며 확신과 열정에 가득 찼다. 그는 자신의 국민과 대륙을 대표해서 말했다. 기교로만 보면 다른 경쟁자보다 뛰어나지 않았지만 우리는 그에게 메달을 수여했다. 그의 열정적인 호소와 비교하면 다른 연설들은 껍데기뿐이었다.

많은 연사가 실패하는 것이 바로 이것이다. 그들의 표현은 확신이 없다. 화약이 없는 총처럼 그들의 말에는 청중을 움직이는 힘이 없다.

당신은 이렇게 말할지 모른다. "좋습니다. 하지만 당신이 그렇게 높이 평가하는 진정성과 열정은 어떻게 얻을 수 있지요?" 한 가지는 확실하다. 분별력이 있는 청중은 연사가 자신의 진심을 담아 말하는지 금방 알 수 있다. 틀을 깨고 나와 마음을 담아라. 사실을 확인하고 사실 이면의 것을 알아내려 노력해라. 집중해서 파고들어라. 사실에 대해 깊이 생각함으로써 진정한 의미를 찾아내라. 모든 것은 철저한 준비에 달려있다. 마음으로 준비하는 것은 머리로 준비하는 것만큼 중요하다.

예전에 미국 은행협회 뉴욕 지부에 속한 사람들에게 절약 캠페인 연설 강의를 한 적이 있다. 교육생 중에 열의가 부족한 사람이 한 명 있었다. 그는 단지 연설이 하고 싶었을 뿐 절약에 대해 큰 관심이 없었다. 나는 그 사람에게 주제에 대해 깊이 생각해보라고 말했다. 나는 그에게 뉴욕 주민 85%는 사망 시에 아무것도 남기지 않고 3.3%의 사람만이 1만 달러 이상의 유산을 남긴다는 말을 했다. 그 사람의 연설로 인해 사람들이 노후에는 편안하게 살 수 있게, 사후에는 부인과 자녀들이 보호 받을 수 있게 준비할 수 있다는 사실을 주지시켰다. 그에게 커다란 사회봉사를 하는 것이라고 말해주었다.

그의 마음이 열정으로 불탔다. 그는 자신의 연설이 얼마나 큰 파급 효과를 가질지 생각하게 되자 열의가 생겼고, 자신이 맡은 사명이 신성하다고 까지 느끼게 되었다. 그가 하는 말에는 확신이 담겨 있었다. 사실 그의 연설은 많은 주목을 끌어서 미국 최대 은행이 그를 스카우트했다.

승리의 비밀

한 청년이 볼테르에게 이렇게 외쳤다. "나는 살아야 합니다." 그러자 볼테르는 이렇게 대답했다. "나는 그 필요성을 잘 모르겠네."

당신이 하는 말을 세상은 대부분 이렇게 받아들일 것이다. 하지만 성공하고 싶다면 그 필요성을 느껴야 한다.

드와이트 무디는 은총에 대한 설교를 준비하다가 진리를 구하고자 하는 마음에 서재를 박차고 나가 처음 만난 사람을 붙잡고 갑자기 이런 질문을 했다. "당신은 은총이 무엇인지 아십니까?" 이렇게 열정으로 가득한 사람이 청중들을 감동시키는 연설을 하는 것은 당연한 일이다.

얼마 전 내가 파리에서 연설 강의를 했을 때 일이다. 어떤 사람이 며칠씩이나 감동이 없는 연설을 계속했다. 그는 학생이었는데 아는 것은 많았지만 열의가 없었다. 그가 하는 말은 중요한 말처럼 들리지 않았다. 당연히 청중들은 그의 말에 귀 기울이지 않았다. 나는 몇 번이나 그의 연설을 중단시키고 그의 연설에 강렬함이 있어야 한다고 강조했다.

하지만 차가워진 라디에이터에서 뜨거운 김을 내게 하는 것처럼 김빠지는 일이었다. 나는 그의 연설 준비과정에 문제가 있었음을 지적했다. 나는 그에게 사실을 전달하는 것도 중요하지만 그의 열정이 연설에 담겨있어야 한다고 끊임없이 강조했다.

다음 주에 그는 무엇인가 확신에 차 보였다. 그의 연설은 진심에서 우러난 박수를 받았다. 이것이 준비의 기본 요건이다. 2장에서 배웠듯이 연설의 준비는 어구를 암기하는 것이 아니다. 책이나 신문기사에서 남의 생각을 퍼 나르는 것도 아니다. 준비는 당신 마음 깊은 곳에 숨겨져 있는 열정을 끄집어내는 것이다. 의심하지 말고 당신 자신의 마음속을 들여다보아라. 결코 꿈꾸지 못할 많은 것들이 마음속에 있다. 제임스 교수는 보통 사람은 자신의 잠재력의 10퍼센트도 사용하지 못한다고 말했다.

연설에서 중요한 것은 미사여구가 아니라 그 뒤에 있는 영혼, 확신이다. 버크와 피트 같은 유명한 연설가들은 셰리던이 워렌 헤이스팅스를 공격하는 연설이 영국에서 최고로 설득력 있는 연설이라 단언했다. 하지만 셰리던은 자신의 연설이 차가운 활자에 가두기에는 너무나 심오한 것이라는 생각에 출판을 거절했다. 오늘날 그의 연설문은 남아 있지 않다. 그 연설문을 우리가 읽는다고 해도 실망스러울 것이다. 박제한 독수리처럼 빈껍데기만이 남아 있을 것이다.

당신의 연설에서 가장 중요한 것은 당신의 말을 하는 것이다. 에머슨의 명구를 들어보라.

"당신이 아닌 말은 할 수 없다."

재판을 승리로 이끈 링컨의 연설

어느 날 독립전쟁에서 남편을 잃은 노부인이 불편한 다리를 끌고 링컨의 사무실로 들어왔다. 그 노부인은 자신의 연금 대리인이 연금을 받아주면서 수수료로 2백 달러나 받아갔다고 말했다. 링컨은 이에 분노하여 즉시 소송을 걸었다.

그는 이 사건을 어떻게 준비했을까? 그는 워싱턴의 전기와 혁명 전쟁사를 읽으며 열정적으로 준비했다. 변론을 할 때 그는 애국자들이 자유를 위해 싸운 실례를 들었다. 그는 그들이 겪은 고난과 포지 계곡에서 먹을 것도 없이 맨발로 견뎌야 했던 고통을 묘사했다. 그리고 분노에 차서 미망인에게 연금의 절반이나 가져간 악당을 향해 돌아섰다. 그는 다음과 같은 말로 결론을 맺었다.

"시간은 흘러갑니다. 독립전쟁의 영웅들은 죽어서 저 세상에 부대를 만들었습니다. 용사는 죽었지만 다리를 절고 앞을 못 보는 그의 미망인이 배심원 여러분과 제게 억울함을 풀어달라고 왔습니다. 그분도 한때는 아름다운 여인이었습니다. 그녀의 발걸음은 통통 튀고 얼굴은 아름답고 그녀의 목소리는 옥구슬 같았습니다. 하지만 그녀는 가난하고 의지할 곳이 없습니다. 그녀가 독립 정쟁의 영웅들이 쟁취한 특권을 누리는 우리들에게 도움을 호소하고 있습니다. 제가 묻고 싶은 것은 단 하나입니다. 여러분, 그녀의 친구가 되어 줄 수 있습니까?"

그가 말을 마치자 배심원 중에는 눈물을 훔치는 사람도 있었다. 배심원단은 그 노부인이 요구한 금액 전부를 배상하라는 평결을 내렸다. 링컨은 그녀의 호텔 숙박비와 고향으로 돌아가는 차비도 부담하고 소송비용도 받지 않았다.

며칠 뒤 링컨의 동료가 사무실에서 링컨의 변론 메모를 읽고 웃음을 터뜨렸다.

"계약 없음. 비상식적인 수수료. 피고가 원고에게 돈 지급하지 않음. 혁명전쟁. 포지 계곡의 비참함 말할 것. 원고의 남편. 입대하는 군인. 끝."

진실 되게 행동하라.

1장에서 제임스 교수가 한 말을 소개했었다. "행동과 감정은 동시에 일어난다. 의지의 통제를 받는 행동을 조절하면 감정을 간접적으로 조절할 수 있다."

그러므로 열정을 갖기 위해서는 그렇게 행동해야 한다. 탁자에 몸을 기대지 말고 몸을 똑바로 세우고 가만히 서 있어라. 몸을 앞뒤로 흔들거나 위아래로 까딱거리지 마라. 사람들에게 당신이 긴장했다거나 자신감이 없다는 표시를 하지 마라. 몸의 움직임을 통제해라. 그렇게 되면 안정감과 힘이 있다는 것을 간접적으로 전달할 수 있다. 경주를 즐기는 사람처럼 똑바로 서라. 폐를 산소로 가득 채워라. 청중을 똑바로 봐라. 선생님이 학생을 보듯이 자신감을 가지고 청중들을 봐라. 청중은 당신의 가르침을 받기 위해 모인 학생들이다. 자신 있게 힘차게 말해라.

그리고 단호한 제스처를 취해라. 동작이 아름다운지 우아한지 신경 쓰지 말고, 힘차고 자연스럽게 보이는 데만 신경 써라. 그러면 기적 같은 일이 일어난다. 라디오 연설을 할 때에도 제스처를 취해라. 제스처는 청자에게 들리지 않겠지만 제스처의 결과는 청자에게 전달된다. 그

동작이 당신에게 활력을 부여할 것이다.

무기력한 연사의 연설을 중단시키고 좀더 단호한 제스처를 취하라고 말한 적이 많다. 그렇게 억지로 취한 제스처는 연사를 자극해서 결국에는 자발적으로 제스처를 취하게 된다. 얼굴도 밝아지고 전반적인 태도는 더 진지해진다.

진지한 행농은 진실된 느낌을 준다. 세익스피어가 충고한 대로 어떤 미덕이 부족하면 있는 것처럼 행동해라.

무엇보다도 입을 크게 벌려서 말해라. 위커샴 법무장관은 내게 이런 말을 한 적이 있다. "보통 사람들이 연설을 하면 30피트만 떨어져도 목소리가 들리지 않습니다."

과장된 말 같은가? 나는 최근에 명문대의 총장 옆에서 연설을 들은 적이 있다. 나는 4번째 줄에서 연설을 들었는데도 잘 들리지가 않았다.

경험이 많은 연사들도 이런 실수를 하는데 초보자에게 무엇을 바라겠는가? 초보자들이 청중에게 들리도록 목소리를 높이는 일이 쉽지 않다. 청중이 알아들을 정도로 악을 쓰면 사람들이 자신의 모습에 웃음을 터뜨릴 것이라고 생각을 한다.

대화하듯이 말하지만 목소리는 크게 해라.

청중이 졸 때 가장 먼저 해야 할 일

한 시골목사가 헨리 워드 비처에게 신도들이 졸면 어떻게 해야 하느냐 묻자 그는 뾰족한 막대기를 들고 목사를 졸지 못하게 하면 된다고 말했다.

놀라운 방법이다. 초보자에게 이 방법이 큰 도움이 될 것이다.

배우들은 무대에 서기 전에 자신을 각성시키는 것이 얼마나 중요한지 알고 있다. 후디니는 무대 뒤에서 뜀뛰기를 하고, 허공에다 주먹을 휘두른다. 맨스필드는 스텝들의 숨소리가 너무 크다며 아무 구실이나 잡아 벌컥 화를 낸다. 나는 무대 뒤에서 등장신호를 기다리며 가슴을 세차게 치는 배우들도 본 적이 있다. 나는 학생들에게 연설 직전에 대기실로 가서 맥박이 치솟고, 얼굴과 눈이 생기 있을 때까지 자신의 몸을 때리라고 시키기도 했다. 연설준비과정으로 알파벳을 목청껏 외치게 하기도 했다.

연설 직전에는 가능하면 충분히 쉬어라. 가장 좋은 방법은 편하게 입고 몇 시간 침대에 누워 휴식을 취하는 것이다. 그리고 나서 가능하면 찬물로 샤워를 하며 온몸을 세게 문질러라. 훨씬 좋은 방법은 수영을 하는 것이다.

찰스 프로먼은 배우를 기용할 때 그들의 에너지를 본다고 말했다. 제대로 된 연기 또는 연설을 하려면 에너지가 많이 필요하다. 1차 세계대전 당시 더들리 필드 경은 뉴욕의 센츄리 극장에 모인 청중들에게 열정적인 연설을 했다. 연설을 한 지 한 시간 반이 지나 그는 탈진해서 쓰러졌고 의식을 잃은 채 무대에서 실려 내려왔다.

시드니 스미스는 다니엘 웹스터를 바지를 입은 증기기관이라 묘사했다.

비처는 다음과 같이 주장했다. "훌륭한 연사들은 대단한 생명력이 있는 사람들이다. 그들은 자신이 하고 싶은 말을 할 수 있는 폭발력이 있는 사람들이다. 그들은 투석기와 같아서 사람들이 그들 앞에서 쓰러진다.

'족제비 어구'와 양파

당신의 말에 힘을 실어 넣어라. 단호하게 말하되 너무 단호하면 안 된다. 무식한 사람들이 단정적으로 말한다. 약한 사람들은 애매모호하게 말한다. '그런 것 같다.' '아마' '내 생각에는' 이라는 사족을 붙인다.

연설 초보자들이 저지르는 가장 일반적인 실수는 소심한 표현으로 연설을 망치는 것이다. 뉴욕의 사업가가 커네티컷을 돌아본 이야기를 들은 적이 있다.

"길 왼편에는 양파 같은 것을 심은 밭이 있었습니다." 양파면 양파고 아니면 아니다. 양파를 알아보는데 많은 지식이 필요한 것도 아니다.

이런 표현들을 루스벨트는 '족제비 어구'라 했다. 족제비는 알의 내용물만 빨아먹고 껍데기만 남기기 때문이다.

소극적이고 빈껍데기 어구로는 확신을 얻을 수 없다. 사무실에 이런 표어가 있다고 상상해보자. "여러분이 사는 기계는 언더우드일 것 같습니다." "프루덴셜은 지브롤터의 힘을 갖고 있는 것 같습니다." "결국 우리 밀가루를 쓰실 것이라 생각됩니다. 지금 써보시면 어떨까요?"

1896년에 브라이언이 처음 대통령 선거에 나섰을 때 나는 왜 그가 그렇게 자신은 대통령이 되고 맥킨리는 떨어질 것이라 단언했는지 궁금했다. 이유는 간단했다. 브라이언은 자신이 강하게 이야기하면 군중들이 결국에는 자신의 말을 믿을 것이라고 생각했던 것이다.

세계적으로 위대한 지도자들은 항상 단호했다. 부처는 죽음을 앞에 두고 애원하거나 따지지 않았다. 그저 권위를 가지고 말할 뿐이었다. "내가 말한 대로 걸으라."

코란에는 다음과 같은 구절이 있다. "이 책에 조금의 의심도 갖지 말라. 이것은 명령이다."

빌립보 감옥의 간수가 바울에게 "어떻게 하면 구원을 얻습니까?"라고 말하자 답은 논쟁이나 애매한 대답이 아니었다. 답은 단호했다. "주 예수를 믿으라, 그리하면 구원을 얻으리라."

하지만 앞서 말한 것처럼 너무 단정적이어서는 안 된다. 때와 장소, 주제, 청중에 따라 단정적이면 도움이 되기보다 방해가 되는 경우도 있다. 일반적으로 청중의 지식이 높으면 단정적인 주장은 효과가 없다. 그들은 사실에 대해 들은 다음 그들 스스로 결론을 이끌어 낸다.

청중을 사랑하라.

몇 년 전 나는 영국에서 연사들을 몇명 고용했다. 그들 중 세 명은 해고 했고, 한명은 3천마일이나 떨어진 미국으로 돌아가야 했다. 청중들에게 관심을 갖지 않는 것이 그들의 문제였다. 그들의 관심사는 오로지 자기 자신과 월급 봉투였다. 그들은 청중들에게 냉정했고 청중들 또한 그들에게 냉정했다.

청중들은 연사의 말이 머리에서 나오는지 가슴에서 나오는지 알아차리는 도사들이다. 강아지도 그 정도는 알 수 있다.

나는 링컨에 대해 깊이 연구했다. 그는 의심할 여지없이 미국인들이 가장 사랑하는 사람이고 명연설가 중 한명이다. 천재성이 있기도 했지만 링컨이 청중을 사로잡은 비결은 정직함과 선량함이다. 그의 부인은 이렇게 말했다. "그의 긴 팔처럼 그의 마음도 넓다."

슈만 하잉크는 이렇게 말했다. "내 성공의 비결은 청중에 절대적으로 헌신하는 것입니다. 나는 청중을 사랑합니다. 그들은 모두 내 친구입니다. 그들 앞에 서면 나는 깊은 유대감을 느낍니다." 이것이 그녀가 세계적으로 성공한 프리마돈나가 된 비결이다.

연설에서 가장 중요한 것은 영혼의 문제이다. 임종을 앞둔 다니엘 웹스터의 머리맡에 있었던 책은 다름 아닌 성경이다.

예수는 사람들을 사랑했기에 사람들은 금방 감동받았다. 훌륭한 연설을 하고 싶으면 당장 신약성경을 읽어라.

요약

청중을 깨어있게 만드는 법

1. 연설을 할 때 청중의 태도를 결정하는 것은 연사이다. 연사가 열의가 없으면 청중도 열의가 없을 것이다. 연사가 열정적이면 청중도 열정적이다. 열정은 연설에 있어서 가장 중요한 요소 중에 하나이다.

2. 마틴 리틀턴은 이렇게 말한다. "확신을 가지고 연설하는 사람은 실패하지 않는다. 진정으로 전달하고 싶은 메시지가 있다면 연설은 불꽃처럼 타오를 것이다."

3. 확신과 열정이 엄청나게 중요하지만 이것을 가지고 있는 사람은

없다.

4. 브랜더 매튜교 수는 이렇게 말한다. "좋은 연설은 연사가 말하려고 하는 핵심이 있는 것이다."

5. 사실에 대해 생각하고, 사실의 중요성을 마음 깊이 새겨라. 다른 사람을 설득하기 전에 먼저 열정이 있는지 확인해라.

6. 머리와 가슴 사이에 의사소통이 잘 이루어지게 해라. 사람들은 사실뿐만이 아니라 사실을 전하는 당신의 태도도 본다.

7. 연설에서 중요한 것은 말이 아니라 연사의 정신이다.

8. 진정성이 있게 하기 위해서는 열정적으로 느끼고 열정적으로 행동해라. 똑바로 서서 청중을 똑바로 쳐다보아라.

9. 무엇보다도 입을 크게 벌려서 당신의 목소리가 잘 들릴 수 있도록 해라. 많은 연사들은 30피트만 떨어져도 목소리가 들리지 않는다.

10. 시골 목사가 헨리 워드 비처에게 신도들이 졸지 않게 하는 법을 묻자 그는 이렇게 대답했다. "뾰족한 막대기를 든 사람을 옆에 두고 목사가 졸지 않게 찔러주면 됩니다."

11. "~인 것 같습니다.""제 생각에는"과 같은 "족제비 어구"로 연설의 질을 떨어뜨리지 마라.

12. 청중을 사랑해라.

6장

성공적인 연설의
필수요소

이 글을 쓰고 있는 1월 5일은 어니스트 섀클턴 경의 추도일이다. 그는 "퀘스트"호를 타고 남극을 탐험하던 중 죽었다. "퀘스트"호에 오를 때 가장 먼저 눈길을 끄는 것은 동판에 새겨진 글이다.

꿈을 꾸더라도 꿈의 노예가 되지 않는다면

생각을 할 때 생각 자체가 목적이 되지 않는다면

성공과 실패를 함께 즐길 수 있다면

두 가지 거짓을 똑같이 대할 수 있다면

마음과 근육은 이미 오래전에 힘을 잃었지만

마음과 근육의 힘을 짜내서 쓸 수 있다면

아무것도 남아 있지 않지만 '견뎌보자'라고 말할 수 있는

의지라도 남아 있다면

정하게 지나는 일분을 60초씩 뛰는 달리기로 채울 수 있다면

온 세상과 만물이 너의 것이고

무엇보다도 너는 진정한 남자가 될 것이다, 나의 아들아

새클턴은 이 시를 "퀘스트호의 정신"이라고 불렀다. 남극으로 출정하는 사람이든 대중연설에서 자신감을 얻고 싶은 사람이건 이 정신은 꼭 필요하다.

하지만 대중 연설을 공부하는 초보자들은 이런 정신이 없다. 몇 년 전에 교육 사업을 시작했을 때 나는 야간 학교에 등록한 많은 수의 학생들이 목표를 이루지 못하고 중도에 포기하는 것을 보고 크게 놀랐다. 인간 본성을 보여주는 슬픈 예였다.

이번 장은 이 수업의 여섯 번째 과정이다. 이 글을 읽고 있는 사람들 중에도 청중에 대한 공포를 극복하지 못하고 자신감을 얻지 못했다는 이유로 벌써 실망한 사람이 있을 것이다. "인내심이 없어서 참 안됐다. 서서히 아물지 않는 상처가 어디 있을까?"

지속적인 노력의 필요성

프랑스어, 골프, 연설 같은 새로운 것을 배우기 시작할 때 실력은 일정한 속도로 좋아지지 않는다. 실력은 점진적으로 늘지 않는다. 어느 순간 갑자기 좋아졌다가 정체기를 겪는다. 심지어는 예전보다 더 나빠지기도 한다. 이런 정체기는 심리학 용어로 '학습곡선의 고원'이라고 불린다. 대중연설을 배울 때도 그렇다. 아무리 열심히 해도 실력이 좋아지지 않는다. 의지가 약한 사람은 금방 포기한다. 끈기 있는 사람들은 버틴다. 그러다가 이유도 모른 체 하룻밤 사이에 엄청나게 발전한다. 비행기가 날아오르듯 정체된 고원을 날아오른다. 갑자기 요령을 알게 된다. 갑자기 연설이 자연스러워지고, 자신감을 갖게 된다.

청중 앞에 서면 처음 몇 분간은 두려움과 긴장을 느낄 것이다. 존 브라이트는 죽을 때까지 그랬다. 글래드스톤도 그랬고, 윌버포스 주교도 그랬다. 수없이 많이 대중 앞에 섰던 음악가들도 그랬다. 파데리프스키는 피아노 앞에 앉기 직전에 불안하게 옷깃을 만지작거렸다. 노르디카는 심장이 빨리 뛰는 것을 느꼈다. 하지만 이런 공포는 금방 사라졌다.

그들의 경험이 당신의 경험이 될 것이다. 계속 꾸준히 밀고 나간다면 연설 시직힐 때 느끼는 공포를 뺀 모든 두려움이 완선히 없어실 것이다. 일단 연설을 시작하면 공포는 사라지고 연설을 즐기게 될 것이다.

끊임없이 계속해라

법을 공부하고자 하는 젊은이가 링컨에게 조언을 구하는 편지를 썼다. 링컨은 다음과 같이 답장을 보냈다. "법률가가 되고 싶은 당신의 결심이 확고하다면 이미 절반은 된 것입니다. 성공하겠다는 결심이 다른 어떤 것보다 중요하다는 것을 명심하십시오."

링컨은 자신이 경험했기 때문에 이 사실을 잘 알았다. 그가 받은 정규교육은 일 년에 불과했다. 그러면 책은? 링컨은 집에서 50마일 이내의 책은 모두 빌려 읽었다고 말했다. 그의 오두막집에는 밤새 장작을 때웠는데 장작불 옆에서 책을 읽기도 했다. 장작더미에는 틈이 있어서 책을 그 틈에 끼워두었다. 날이 밝으면 눈을 비비며 일어나 다시 책을 읽었다.

그는 연설을 듣기 위해서 집에서 2~30마일 떨어진 곳까지 걸었다. 그는 집으로 돌아오는 길, 들판, 숲, 식료품 가게에 모인 사람들 앞에서 든 어디서나 연설을 연습했다. 그는 또한 문학 및 토론모임에도 참석하여 시사 주제에 대해 말하는 훈련을 했다.

열등감이 그를 항상 괴롭혔다. 여자 앞에만 서면 그는 부끄러워서 어쩔 줄을 몰랐다. 아내가 된 메리 토드와 연애를 할 때에도 얼굴을 붉힌 채 아무 말도 없이 그녀의 말을 듣기만 했다. 하지만 훈련과 독학을 통해 유명한 연설가 더글러스 상원의원과 토론을 할 정도로 말을 잘 하게 되었다. 게티즈버그에서, 자신의 두 번째 취임연설에서 최고의 연설을 한 사람이 바로 링컨이다.

백악관 대통령 집무실에는 링컨의 초상화가 있다. 루스벨트는 이렇게 말했다. "복잡해서 해결하기 어려운 일이나 이해관계가 복잡한 문제가 있으면 나는 항상 링컨을 바라보고 링컨이라면 이 상황에서 어떻게 했을 지 생각해보려고 합니다. 이상하게 들릴지 모르지만 이렇게 하면 문제를 해결하는 게 훨씬 쉬워졌습니다."

루스벨트의 방법을 써보는 것이 어떤가? 연설가가 되는 것을 포기하고 싶어지면 링컨 얼굴이 그려져 있는 5달러 지폐를 꺼내서 링컨이라면 이 상황에서 어떻게 할 지 자문해봐라. 당신은 링컨이 어떻게 할 지 알고 있다. 상원의원선거에서 더글러스에게 패한 후에 그는 "한 번 졌다고 포기하지는 말자. 백번 졌다고 포기하지 말자."고 말하며 지지자들을 격려했다.

보상은 확실하게 주어진다.

당신이 매일아침 식사를 할 때마다 이 책을 펴서 윌리엄 제임스가 한 말을 외울 수 있으면 정말 좋겠다.

"하루 매 시간을 충실하게 공부하기만 하면 결과에 대해서 신경 쓰지 않아도 된다. 어느 날 아침 친구들보다 훨씬 많이 알고 있는 당신을 발견할 것이다."

이 과정을 충실히 따라오기만 하면, 제대로 연습만 하면 당신은 어느 날 아침 훌륭한 연사가 되어있다는 사실을 발견할 것이다.

물론 예외는 있다. 지성과 인격이 떨어지는 사람이 다니엘 웹스터가 될 수는 없다. 하지만 대부분의 경우 앞에서 한 말이 맞다. 실례를 들어 보겠다.

뉴저지 주지사였던 스톡스가 대중 연설 강좌 수료를 기념하는 연회에 참석했다. 그는 그날 저녁 수강생들이 하는 연설을 듣고 상원이나 하원에서 들었던 연설과 버금간다고 말했다. 그날 연설을 했던 사람들은 몇 달 전만 해도 대중 앞에서면 머리가 하얘졌던 사람들이었다. 그 연회에 참석한 사람들은 키케로처럼 웅변가의 자질이 있는 사람이 아니라 평범한 사업가였다. 하지만 어느 날 아침에 깨어보니 출중한 연설가가 되어있는 자신들의 모습을 발견하게 되었다.

당신이 훌륭한 연사가 되는 것은 타고난 재능과 훌륭한 연사가 되고자 하는 열망 이 두 가지에 달렸다. 제임스 교수는 이렇게 말했다.

"당신의 열정이 당신을 구할 것이다. 원하기만 하면 그렇게 될 것이다. 부자가 되고 싶으면 부자가 될 것이다. 학식 있는 사람이 되고 싶으면 그렇게 될 것이다. 착한 사람이 되고 싶으면 착한 사람이 될 것이다. 그러기 위해서는 진정으로 원하면 된다."

나는 수천 명의 사람들이 대중 앞에서 연설할 수 있는 자신감을 갖기 위해 노력하는 모습을 지켜보았다. 본인의 능력이 뛰어나 성공한 사람들은 소수에 불과했다. 대부분의 사람은 당신 주변에서 흔히 볼 수 있는 평범한 사람들이었다. 하지만 그들은 계속 노력했다. 똑똑한 사람들은 쉽게 낙심하거나 돈벌이에 너무 몰두해서 진전이 없었다. 하지만 끈기가 있고 목적이 뚜렷한 사람들이 가장 뛰어난 성취를 보였다.

직장에서도 이런 일이 비일비재하지 않은가? 록펠러는 예전에 사업에서 성공의 제일 요소는 인내심이라고 말했다. 연설교육과정에서 필요한 요소도 바로 인내심이다.

포슈 장군은 인류역사상 최강의 군대를 상대로 승리했다. 그는 자신에게 장점이 있다면 결코 절망하지 않는 것이라고 말했다.

1914년 프랑스가 마른으로 후퇴하자 조프르 사령관은 장군들에게 후퇴를 멈추고 돌진하라는 명령을 내렸다. 마른 전투가 이틀째 격렬하게 벌어지고 있을 때 포슈 장군이 조프르 장군에게 전문을 보냈다. "중앙 무너짐. 우현 후퇴. 절호의 상황. 공격하겠음."

그 공격이 파리를 구했다. 최악의 상황이 절호의 상황이다. 공격하라!

믿음

몇 년 전에 나는 알프스 산맥의 와일드 카이저 봉우리 등반에 나섰다. 여행 안내서에는 산세가 험하니까 가이드를 반드시 동반해야 한다고 적혀있었다. 친구와 나는 전문산악인이 아니었다. 다른 친구가 우리가 산에 오를 수 있겠냐고 묻자 우리는 오를 수 있다고 대답했다.

그가 물었다. "왜 그렇게 생각하는데?"

"가이드 없이 오른 사람들이 있으니까. 전혀 불가능한 일은 아니라고 생각해. 나는 무슨 일이든 실패할 것이라고 생각하며 시작하지 않아."

에베레스트 산을 오르든 대중연설을 하던 모든 일에는 이런 정신자세가 필요하다.

대중 앞에서 침착하게 연설을 하고 있는 모습을 상상해보아라.

이렇게 하는 것은 쉽다. 성공할 것이라고 믿어라. 굳게 믿으면 성공하기 위해 필요한 일을 하게 된다.

대중 연설을 수강해서 얻을 수 있는 가장 소중한 것은 자신에 대한 자신감과 자신에 대한 믿음이다.

이기고자 하는 의지

엘버트 허버드의 조언을 소개하고자 한다. 보통 사람이 이 지혜를 실천한다면 더 행복해지고, 더 성공할 것이다.

"집을 나설 때에는 턱을 당기고 고개를 들고 숨을 크게 들이마셔라. 햇살을 즐겨라. 친구와 웃는 얼굴로 인사하고 악수에 진심을 담아라. 오해받을까 두려워말고 적을 생각하는데 일분도 낭비하지 마라. 하고 싶은 일을 정하면 헤매지 않고 목표를 향해 나아갈 수 있을 것이다. 하고 싶은 일에 대해 원대한 포부를 품어라. 세월이 흐를수록 산호가 조류에서 영양분을 흡수하듯 당신도 꿈을 위한 모든 기회를 무의식중에 포착하고 있음을 깨닫게 될 것이다. 당신이 되고자 하는 유능한 사람의 이미지를 마음속에 그려보라. 당신의 생각이 당신을 그 인물처럼 변하게 만들 것이다. 생각의 힘은 대단하다. 바른 생각을 해라. 진정한 기도는 언젠가 응답을 받는다. 우리는 우리가 마음먹은 대로 변한다. 턱은 당기고 고개는 들어라. 우리는 번데기 안에 든 신이다."

나폴레옹, 웰링턴, 리, 그랜트, 포쉬 같은 위대한 지도자들은 이기고
자 하는 의지와, 자신감이 전쟁을 승리로 이끈다는 사실을 잘 알고 있
었다.

포쉬 장군은 이렇게 말했다.

"패배한 병사가 승리한 병사보다 먼저 후퇴하는 것은 사기가 꺾였기
때문이다."

다른 말로 하면 후퇴하는 병사들은 육체적으로 져서 후퇴하는 것이
아니라 정신적으로 졌기 때문에 후퇴하는 것이다. 그런 군대는 희망이
없다. 이런 사람도 희망이 없다.

미 해군의 군목인 프레이저 목사는 1차 세계대전 당시 군목에 지원
한 사람들을 면담했다. 그에게 해군 군목의 자질이 무엇이냐고 물었더
니 그는 다음과 같은 4G로 대답했다. 은총(Grace), 적극성(Gump-
tion), 끈기(Grit), 용기(Guts).

이것들은 대중연설에 성공하기 위해서도 필수적으로 필요하다. 이
것들을 당신의 모토로 삼아라. 로버트 서비스가 지은 시를 당신의 군가
로 삼아라.

숲에서 길을 읽고 어린아이처럼 두려울 때

죽음이 코앞에 다가왔을 때

종기라도 난 듯 괴로울 때

방아쇠를 당겨 죽는 것이 쉽다.

하지만 남자의 기백은 말한다. "온 힘을 다해 싸워라"

굶주리고 비통할 때 끝장내는 것은 쉽다.

아침이 올 때까지 싸우는 것이 어렵다.

 사는 데 지쳤구나!

너는 젊고 용감하다.

고생한 것은 알지만 불평하지 마라.

기운내서 싸워라.

승리하는 길은 노력하는 것일 뿐

절대 움츠려 들지마라.

용기를 내라. 그만두는 것은 쉽다.

어려운 것은 당당하게 견디는 것

맞아 쓰러질 때 비명을 지르고 죽는 것은 쉽다.

꽁무니를 빼고 납작 엎드리는 것도 쉽다.

희망이 보이지 않더라도 계속 싸워라.

찢어지고 상처입어도 한 번 더 해보자.

죽는 것은 쉽다.

계속 살아가는 것이 어렵지.

요약

1. 프랑스어, 골프, 연설 같은 새로운 것을 배우기 시작할 때 실력은
   일정한 속도로 좋아지지 않는다. 실력은 점진적으로 늘지 않는다.
   어느 순간 갑자기 좋아졌다가 정체기를 겪는다. 심지어는 예전보
   다 더 나빠지기도 한다. 이런 정체기는 심리학 용어로 '학습곡선

의 고원'이라고 불린다. 아무리 열심히 해도 실력이 좋아지지 않는다. 의지가 약한 사람은 이런 현상을 이해하지 못하고 금방 포기한다. 잘 버티고 계속 연습을 하다 보면 이유도 모른 체 하룻밤 사이에 엄청나게 발전한다. 비행기가 날아오르듯 정체된 고원을 날아오른다. 갑자기 요령을 알게 된다. 갑자기 연설이 자연스러워지고, 자신감을 갖게 된다.

2. 연설을 시작하기 직전에 긴장되는 것은 계속 될 것이다. 브라이트나, 글래드 스톤, 윌버포스 주교는 죽을 때까지도 연설 시작 전에 긴장을 경험했다. 하지만 계속 노력하면 불안을 극복할 수 있고, 연설 초반에만 그렇지 불안도 곧 사라질 것이다.

3. 제임스 교수는 성실하기만 하면 교육의 결과에 대해 걱정할 필요가 없다고 지적했다. 어느 날 아침 친구들보다 훨씬 많이 알고 있는 당신을 발견할 것이다. 하버드의 유명한 교수가 밝힌 이 심리학 법칙은 연설을 배우고자 노력하는 당신에게도 적용된다. 이 점에 대해서는 의심의 여지가 없다. 이 교육과정에서 성공한 사람들은 일반적으로 비상한 재능의 소유자가 아니다. 그저 끈기 있게 훈련을 지속한 사람들 일뿐이다.

4. 대중연설에서 성공하는 생각을 해라. 그러면 성공에 필요한 일을 할 것이다.

5. 낙담이 되면 루스벨트가 링컨의 사진을 보면서 링컨이 같은 상황에서 어떻게 했을 지 자문했던 그 방법을 사용해봐라.

6. 1차 세계대전 당시 해군의 유명한 군복은 군목으로 성공하기 위한 필수 자질을 4G로 요약했다. 그것이 무엇인가?

7장

좋은 연설의
비결

1차 세계대전 직후 나는 런던에서 로스 스미스 경과 키스 스미스 경 형제를 만났다. 그들은 최초로 비행기를 타고 런던에서 호주까지 비행하여 호주 정부로부터 5만 달러의 상금을 받았을 뿐 아니라 영국 왕실로부터 기사작위도 받았다.

유명한 풍경 사진작가인 캡틴 헐러가 비행 일부에 동행하며 영화를 찍었다. 나는 그들의 강연 준비를 도왔다. 한 사람은 밤에, 한 사람은 오후에 네 달 동안 하루에 두 번씩 필하모닉 홀에서 강연을 했다.

두 사람은 똑같은 경험을 하고, 거의 똑같은 내용의 강연을 했다. 하지만 어떤 이유에서인지 두 사람의 강연은 전혀 똑같지 않았다. 연설에는 단어 말고도 다른 중요한 무엇인가가 있다. 그것이 연설의 독특한 맛이다. "중요한 것은 무엇을 말하느냐가 아니라 어떻게 말하느냐 하는 것이다."

예전에 나는 악보를 보면서 파데레프스키의 연주를 감상하던 젊은 아가씨 옆에 앉은 적이 있었다. 그녀는 이해할 수 없었다. 그녀의 손가락도 똑같은 음을 연주하는데 그녀의 연주가 평범한 반면 그의 연주는 영감이 넘쳤다. 관객을 전율케 하는 아름다움 그 자체였다. 평범함과 천재성의 차이는 연주한 멜로디의 차이가 아니라 연주하는 방식, 감정, 기교, 연주에 불어넣은 예술가의 영혼이었다.

러시아의 위대한 화가 브룰로프가 어린 학생의 작품을 수정해준 적이 있었다. 그 학생은 수정된 그림을 놀래서 쳐다보았다. "선생님은 아주 조금만 손봐주었는데, 완전히 다른 그림이 되었어요." 브룰로프는 이렇게 대답했다. "예술은 바로 그 아주 조금에서 시작된단다."

말도 같은 원리가 적용된다. 영국 의회에는 모든 것은 말하는 내용이 아니라 말하는 방식에 달려있다는 오래된 격언이 있다. 이는 영국이 로마제국의 식민지이던 시절에 퀸틸리아누스가 한 말이다.

좋은 연설은 사소한 것도 중요한 의미를 지닌 것처럼 들리게 한다. 대학 연설 경연대회에서 좋은 내용을 가진 연사가 항상 수상하는 것이 아니라는 것을 종종 보게 된다. 수상은 자신의 연설이 훌륭하게 들리도록 말하는 연사가 하게 된다.

몰리 경은 이런 말을 한 적이 있다. "연설에서는 누가 말하느냐, 어떻게 말하느냐, 무엇을 말하느냐가 가장 중요한데 그 중에 마지막인 무엇을 말하느냐가 가장 덜 중요하다."

에드먼드 버크의 연설문은 논리, 논법, 작문에 이르기까지 아주 우수해서 오늘날 많은 대학에서 웅변의 모델로 연구되고 있다. 하지만 연사로서 버크는 악명 높은 실패자였다. 그는 자신의 명문들을 흥미 있고 힘있게 만드는 능력은 없었다. 그래서 그는 하원에서 '만찬을 알리는 종'이라 불렸다. 그가 일어나 말하려고 하면 사람들은 기침을 하거나 무리지어 우르르 나갔다.

총알을 누군가에게 있는 힘껏 던져도 옷에 자국 하나 남지 않는다. 하지만 양초에 화약을 넣고 방아쇠를 당기면 송판을 뚫고 나갈 것이다. 내용 보다는 전달에 힘써야 한다.

연설이란 무엇인가?

백화점에서 당신이 구입한 물건을 전달하는 것은 무엇을 의미하는가? 운전기사가 당신 집 뒷마당에 그냥 물건을 두고 가는 것인가? 심부름하는 소년은 전보를 받아야 할 사람에게 직접 전보를 전달한다. 하지만 모든 연사가 그렇게 할까?

예를 들어보자. 내가 알프스 산맥에 있는 여름 리조트인 뮈렌에 머물렀을 때 런던의 한 회사가 운영하는 호텔에 머물고 있었다. 그 회사는 영국에서 두 명의 연사를 매주 보내 투숙객을 위한 강연을 개최했다. 그 중에 유명한 소설가가 있었다. 그녀의 주제는 "소설의 미래"였다. 그녀는 주제를 자신이 직접 선정하지 않았다고 인정했다. 그녀는 주제에 대해 딱히 할 말이 없었다. 급히 작성한 메모를 가지고 연단에 서서 청중을 단 한 번도 쳐다보지 않고 때때로 청중 머리 너머나 쪽지 아니면 바닥만 쳐다볼 뿐이었다.

이런 것은 연설이라고 할 수가 없다. 그것은 독백이다. 의사소통의 느낌이야 말로 좋은 연설의 필수 조건이다. 청중은 연설의 내용이 연사의 마음에서 청중의 마음으로 전달되고 있다는 사실을 느껴야 한다. 사실 그때의 강연은 살아있는 사람에게 한 것이라기보다 허허벌판에서 한 것처럼 들렸다.

이야기를 전달하는 문제는 간단하면서도 매우 복잡한 과정이다.

잘 전달하려면?

구닥다리 웅변술은 우습기까지 하다. 서점이나 도서관에 가면 웅변에 대한 책은 많지만 사업가들에게는 쓸모없는 경우가 대부분이다. 미국은 다른 방면에서는 끊임없이 발전하고 있지만 아직도 학생들은 웹스터와 잉거솔의 수사적인 웅변을 외운다. 남북 전쟁 이후 새로운 연설 사조가 생겨나고 있다. 예전에 유행했던 미사여구를 남발하는 연설은 이제 더 이상 청중에게 인기가 없다.

요즘 청중은 청중에게 직접 얘기해주는 것 같은 친밀한 연설을 원한다.

하지만 옆에서 이야기하는 것만큼 작게 말하면 안 된다. 그렇게 하면 아무도 연설을 들을 수 없을 것이다. 자연스럽게 보이려면 더 많은 힘이 든다. 동상이 실물 사이즈로 보이려면 실물보다 훨씬 커야 하는 것과 같은 원리이다.

마크 트웨인이 네바다 광산에서 강연을 끝내려 할 때 한 늙은 광부가 그에게 다가와 물었다. "평소에도 지금처럼 말씀하십니까?"

청중이 원하는 것은 바로 이것이다. 자연스럽게 말하되 목소리는 조금 크게.

상공회의소에서 연설할 때도 존 헨리 스미스에게 말하듯이 말해라. 결국 상공회의소 모임도 여러 명의 존 헨리 스미스가 모인 것이 아니겠는가? 한 명에게 성공하는 연설이면 여러 명이 있을 때에도 성공적이지 않겠는가?

앞서 나는 어떤 소설가의 연설을 예로 들었다. 그 소설가가 강연했던 바로 그 장소에서 올리버 로지 경의 강연을 듣게 되었다. 그의 주제는 원자와 세계였다. 그는 반세기 이상 그 주제에 대해 실험해 왔다. 그가 말하고자 하는 것은 그의 인생의 중요한 한 부분이었다. 그는 자신이 강연하고 있다는 사실을 잊은 채 강연에 열중했다. 그는 오로지 청중에게 원자에 대해 정확하고 흥미 있게 이야기하는 것에만 관심이 있었다. 그는 자신이 보고 느낀 것을 청중에게 전달하기 위해 애쓰고 있었다.

그 결과는 어땠을까? 그 강연은 훌륭했다. 매력과 힘이 있는 강연은 깊은 인상을 주었다. 그는 비상한 능력을 가진 연사지만 자신은 그렇게 생각하지 않을 것이다. 그의 강연을 들은 사람 가운데 그가 전문 강사라고 생각하는 사람은 거의 없을 것이다.

당신이 연설을 했는데 청중들이 당신이 대중 연설 교육기관에서 훈련을 받았다고 생각한다면 그것은 당신의 선생에게 누를 끼치는 일이다. 당신의 선생은 당신이 자연스럽게 연설을 해서 청중들이 당신이 훈련받은 연사라는 것을 눈치 채지 못하기를 바랄 것이다. 좋은 유리는 유리 자체로 관심을 끌지 않는다. 유리는 그저 빛을 받아들일 뿐이다. 좋은 연사도 그렇다. 연설이 자연스러워서 청중이 연사의 말하는 방식에는 관심을 기울이지 않고 연설에만 집중한다.

헨리포드의 충고

포드 자동차는 똑같다. 하지만 같은 사람은 없다. 새 생명은 태양 아래 새롭다. 그와 똑같은 것은 이전에도 이후에도 다시 없을 것이다. 젊은 사람은 자신에 대해 그런 생각을 가져야 한다. 다른 사람과 차별된 점을 찾아내 자신의 가치를 높이기 위한 노력을 끊임없이 기울여야 한다. 사회와 학교는 당신을 획일적으로 만들려 할 지 모른다. 하지만 당신만의 색깔을 잃지 마라. 당신의 존재이유는 바로 그것이다.

세상의 어떤 누구도 당신과 같은 사람은 없다. 모두가 눈 두 개, 코 하나, 입 하나를 가지고 있지만 당신과 똑같이 생긴 사람은 없다. 당신과 똑같은 사고방식을 가진 사람도 없다. 누구도 당신이 연설할 때와 같은 말이나 몸짓을 하지 않는다. 개성은 연사로서 중요한 재산이다. 그것을 소중히 여기고 발전시켜 나가라.

올리버 로지 경의 연설 방식은 그의 대머리나 턱수염처럼 그가 가진 개성이다. 그가 로이드 조지를 흉내 내려고 했다면 그는 실패했을 것이다.

1858년 일리노이의 대 초원에서 스티븐 더글러스와 링컨 사이에 미국 역사상 가장 유명한 토론이 펼쳐졌다. 링컨은 키가 크고 어딘가 어색했고, 더글러스는 키가 작고 세련됐다. 두 사람은 체격만큼이나 성격과 사고방식이 달랐다.

더글러스는 교양이 있었고 링컨은 신발도 신지 않고 손님을 맞으러 나가는 촌놈이었다. 더글러스의 제스처는 세련됐지만 링컨의 제스처는 촌스러웠다. 더글러스는 진지하기만 했던 반면 링컨은 이야기꾼이었다. 더글러스는 비유를 거의 사용하지 않았지만 링컨은 끊임없이 비유와 예시를 사용했다. 더글러스는 권위적이었지만 링컨은 겸손하고 너그러웠다. 더글러스는 순발력이 있었지만 링컨의 두뇌회전은 훨씬 느렸다. 더글러스는 강하게 몰아쳤지만 링컨은 좀더 조용하고 신중했다.

이렇게 달랐지만 두 사람 다 용기 있고 자제력이 있었다. 서로가 상대를 따라하려고 했으면 반드시 실패했을 것이다. 하지만 두 사람 모두 자신의 개성을 발휘하여 설득력 있는 주장을 펼쳤다.

이렇게 방향을 제시하는 것은 쉽다. 하지만 지시대로 따르는 것이 쉬울까? 그렇지 않다. 포슈 장군은 전쟁의 기술에 대해 이렇게 말했다. "계획은 간단해도 실천은 어렵다."

청중 앞에서 자연스러우려면 많은 연습이 필요하다. 당신이 어린 아이라면 연단에 나가서 청중 앞에서 뭔가를 말하는 것은 어렵지 않다. 하지만 나이가 들어 연단에 오르면 어떻게 될까? 어렸을 때의 자연스러움을 간직할 수 있을까? 대다수는 뻣뻣해져서 거북이가 껍질로 들어가듯 몸이 움츠러들 것이다.

연설을 가르칠 때 주로 하는 것은 없던 특징을 새로 만들어 주는 것이 아니라 장애물을 없애 주는 것이다. 누군가 주먹으로 때리려 할 때 반사적으로 몸을 움직이는 것처럼 자연스럽게 말을 할 수 있게 돕는 것이다.

나는 연설을 가르치면서 수도 없이 많이 수강생들에게 제발 사람답게 말하라고 간청했다. 자연스러움을 가르치는 것은 결코 쉽지 않다.

자연스러움을 습득하는 지름길은 없다. 연습밖에 없다. 연습하면서 어색한 듯이 느껴지면 잠시 멈추고 자문해라. "잠깐만! 뭐가 문제야? 정신 차려. 사람처럼 말하라고." 그런 다음 청중 중에 가장 어수룩해 보이는 사람을 골라 그에게 말을 해라. 다른 사람은 하나도 없고 그 사람만 있다고 상상하고 연설해라. 그가 당신에게 질문을 하고 당신이 그에 대한 답을 한다고 상상해라. 그가 일어서서 당신에게 말하면, 그리고 당신이 대답을 한다면 당신의 연설은 좀 더 직접적이고 자연스럽게 될 것이다.

당신이 실제로 질문을 던지고 그에 대한 답을 하는 식으로 연설을 진행해도 좋다. 예를 들어 연설 도중에 이렇게 말해도 된다. "그런데 여러분은 무슨 근거로 제가 이런 주장을 하는 지 궁금해 하실지 모르겠습니다. 저는 충분한 근거가 있습니다. 그것은 바로……." 가상의 질문을 하고 그 질문에 답을 해라. 이런 식으로 연설을 진행하면 연설을 자연스럽게 진행할 수 있다. 지루함도 없고 실제로 대화하는 것 같은 연설을 할 수 있을 것이다.

솔직하고 열정적인 태도도 도움이 될 것이다. 사람은 감정의 영향을 받게 되면 진정한 자아가 드러난다. 빗장이 열린다. 행동도 말도 자연스러워진다.

결국 전달의 문제도 이미 강조한 것처럼 똑같은 결론에 이른다. 즉 연설에 당신의 마음을 담아라.

예일대 신학대 브라운 학장은 강의에서 이렇게 말했다.

"제 친구 하나가 저에게 해주었던 말을 절대 잊지 못할 것입니다. 맥도날드 목사의 설교입니다. 신약선경 히브리서 11장을 읽고 나서 '믿음의 사람들 이야기는 이미 들어 보셨을 것입니다. 믿음이 무엇인지에 대해서는 이야기하지 않겠습니다. 그 점은 저보다 훨씬 더 잘 얘기할 수 있는 신학 교수님들도 계십니다. 저는 당신이 믿을 수 있도록 돕기 위해 이 자리에 섰습니다.' 그리고는 청중의 마음에 와 닿는 신앙고백을 이어나갔습니다. 그의 말에는 그의 마음이 담겨 있었기에 그의 말은 이해하기 쉬웠습니다."

"그의 말에 그의 마음이 담겨있다." 이것이 비결이다. 하지만 이런 충고는 모호하고 애매해서 와 닿지 않을 것이다. 사람들이 원하는 것은 명확한 규칙이다. 나도 알려줄 수 있었으면 좋겠다. 혹시라도 공식이 있어서 내가 공식을 알려주면 연설은 부자연스럽고, 알맹이가 없다.

연설을 할 때 해야 하는 것들

자연스러운 연설을 위해 필요한 몇 가지 요소에 대해 이야기하고자 한다. 억지로 내가 말하는 요소대로 하려고 하면 나무처럼 뻣뻣하고 기계적인 연설을 할 것이다.

자연스러운 연설을 위해서는 연습밖에는 없다. 그 연습 방법에 대해 설명하겠다.

첫째, 중요한 단어에 강세를 주고 중요하지 않은 단어는 약하게 말해라.

둘째, 높낮이에 변화를 줘라.

대화를 할 때 음조는 자연스레 올라갔다 내려간다. 왜 일까? 이유는 아무도 모르지만 아무도 신경 쓰지 않는다. 자연스럽게 음조가 올라갔다 내려가면 듣기 좋다. 배울 필요가 없다. 우리는 어릴 때부터 이렇게 말해왔다. 하지만 연단에 서면 나도 모르게 목소리가 지루해질 것이다. 당신이 단조롭게 말하고 있다는 것이 느껴지면 잠깐 멈추고 스스로에게 이렇게 말해라. "목각 인형처럼 이야기 하고 있네. 자연스럽게 말하자."

도움이 될까? 아마 약간은 도움이 될 것이다. 잠간 멈추는 것만도 효과가 있을 것이다. 연습을 통해 당신 나름의 해결책을 개발해라.

중요한 대목에서 갑자기 목소리를 높이거나 낮추는 것은 당신이 선택한 문구를 돋보이게 할 수 있을 것이다.

셋째, 말의 속도에 변화를 주어라.

어린아이가 말하거나 우리가 평상시에 말할 때 우리는 계속해서 말의 속도를 변화시킨다. 그것이 자연스럽다. 그렇게 하면 강조하고자 하는 요점이 자연스럽게 부각이 되는 효과가 있다.

월터 스티븐슨은 그의 저서에서 링컨의 방식을 이렇게 설명한다.

"링컨은 몇 단어를 빨리 말하고 강조하고자 하는 어구에서 속도를 늦춘다. 그리고 나머지는 빨리 말한다. 강조하고자 하는 한 두 개의 단어를 말하는 속도와 중요하지 않은 단어 여섯 개를 말하는 속도가 같았다."

넷째, 강조하고자 하는 생각 앞과 뒤에서 잠시 멈추어라.

링컨은 연설 도중에 자주 말을 멈췄다. 청중에게 강조하고 싶은 의견을 말할 때면 몸을 앞으로 숙이고 잠시 청중의 눈을 응시한 채 아무 말도 하지 않는다. 이런 갑작스런 침묵은 갑작스런 소음과 같은 효과를 가진다. 청중의 관심을 끈다. 더글러스와 벌였던 논쟁이 끝날 무렵 그의 패배가 점쳐지고 있었다. 그는 낙담하여 침울한 모습을 보이기도 했다. 연설이 끝날 때쯤 되어 그는 갑자기 말을 멈추고 서 있었다. 그리고는 눈물이 그렁그렁한 눈으로 청중들을 바라보았다. 가망 없는 싸움에 지친 것처럼 팔짱을 끼고 단조로움 음성으로 이렇게 말했다. '여러분, 상원의원으로 더글러스 판사나 저 둘 중 누가 선출되더라도 별 차이가 없을 것입니다. 하지만 우리가 오늘 여러분에게 한 말은 개인의 이익이나 개인의 정치적 운명 이상의 것입니다. 여러분……' 그는 여기에서 말을 멈추었고 청중들은 그의 말에 귀 기울였다. '더글러스 판사와 제가 죽어 무덤에 묻히더라도 오늘의 쟁점은 영원히 남아 있을 것입니다.'

링컨의 전기 작가 중 한명은 이렇게 말했다. "이 간단한 말이 사람들을 감동시켰다."

링컨은 강조하고자 하는 문장 뒤에도 말을 멈추었다. 올리버 로지 경은 연설의 중요한 부분의 앞과 뒤에 자주 쉬었다. 너무도 자연스러워 보여서 아무도 알아채지 못할 것이다.

침묵은 금이지만 연설에서 사용되는 침묵보다 더 빛나는 금은 없다. 하지만 초보 연사는 이를 무시한다.

이 장에서 제시한 원칙을 따른다 해도 수백 가지 잘못을 저지를 수 있다. 일상대화처럼 이야기 한다고 하는데 목소리가 듣기 싫거나 문법적 실수가 많거나, 어색하거나, 공격적이거나 상대의 기분을 상하게 하는 등 많은 실수가 있을 것이다. 일상대화 방식을 잘 이용해서 연단에서도 활용해라.

요약

1. 말에는 단어의 의미 이상의 것이 있다. 중요한 것은 무엇을 말하느냐보다 어떻게 말하느냐다.
2. 청중을 무시하고 머리나 바닥을 내려다보는 연사가 많다. 그들은

독백을 하는 것처럼 보인다. 그런 종류의 태도는 결국 연설도 망친다.

3. 좋은 연설이란 대화체에서 목소리만 키운 것이다.

4. 모든 사람은 강연할 수 있는 능력이 있다. 시험 삼아 알고 있는 사람 중 가장 어수룩한 사람을 때려라. 그가 일어나면 뭔가 말을 할 것이다. 연설할 때 바로 이처럼 자연스럽게 해야 한다. 그러기 위해서는 연습을 많이 해야 한다. 다른 사람을 모방하지 마라. 당신만의 독특한 개성을 불어넣어라.

5. 청중이 당신에게 질문한 것에 답한다는 상상을 하며 연설하면 연설이 좀 더 자연스러워질 것이다.

6. 연설에 당신의 마음을 담아라.

7. 활발하게 대화를 할 때 무의식적으로 보이는 네 가지 특징이 있다. 당신은 청중 앞에서 이렇게 하는가? 대부분은 그렇게 하지 않는다.

   a. 중요한 단어는 강조하고 나머지는 빨리 발음하는가?

   b. 어린아이가 이야기할 때처럼 목소리가 저음에서 고음으로 고음에서 저음으로 오르내리는가?

   c. 말하는 속도에 변화를 주는가?

   d. 중요한 생각의 앞과 뒤에서 말을 멈추는가?

8장

연설 전에
준비해야 할 것

카네기 기술재단에서 성공한 사업가 백 명의 지능 검사를 한 적이 있었다. 그 결과 사업의 성공은 지능보다는 성격에 달려있다는 결과가 나왔다.

성격은 대중연설에 있어서 아주 중요한 요소이다. 앨버트 허버드는 이렇게 단언했다. "연설에서 말이 아니라 태도가 더 중요하다." 성격은 사람의 생김새, 성향, 기질, 마음가짐과 체력, 경험 등 그의 인생 전반을 포함하는 것이기 때문에 아인슈타인의 상대성 원리만큼이나 복잡하고 이해하기 어렵다.

성격은 이미 태어나기 전에 결정되어 있다. 환경이 어느 정도 연관이 되어 있기는 하지만 성격을 고치는 것은 아주 어렵다. 하지만 신경을 쓰면 성격도 어느 정도는 매력적으로 바꿀 수 있다.

매력적인 모습을 보이고 싶다면 연설하기 전에 충분한 휴식을 취해라. 피곤한 사람은 매력이 없다. 미리 준비해라. 급하게 준비하면 피로가 누적되어 두뇌가 마비되어 버릴 것이다.

4시 모임에서 중요한 발언을 해야 한다면 점심 식사 후에 곧바로 사무실에 가지 말고 집에 가서 잠깐이라도 낮잠을 자라.

제랄딘 패러는 사귄지 얼마 안 되는 친구들도 남편에게 맡기고 일찍 잠을 자러 가곤했다. 그녀는 자신의 예술을 위해서 필요한 것이 무엇인지 잘 알았다. 마담 노르디카는 프리마돈나가 된다는 것은 사교생활, 친구들, 맛있는 식사를 포기해야 한다는 것을 의미한다고 말했다.

중요한 연설을 해야 할 때는 수도승처럼 조금만 먹어라. 과식을 하면 머리에 가야 할 피가 위장에서 스테이크와 감자와 씨름을 한다.

어떤 연사가 다른 연사보다 더 끌리는 이유

힘을 빼는 일은 절대 하지 마라. 에너지는 사람을 끄는 힘이다. 내가 연사나 강사를 뽑을 때 염두에 두는 가장 중요한 항목은 활력과 생기와 열정이다. 사람들은 에너지로 가득한 연사 주위에 몰린다.

하이드 파크의 야외연설에서 그 예를 쉽게 볼 수 있다. 대리석 아치는 모든 연사가 모이는 장소이다. 일요일 오후가 되면 가톨릭신자나 마르크스의 이론을 외치는 사회주의자, 이슬람교도 중 자신이 끌리는 사람의 연설을 골라들을 수 있다. 어떤 연사에게는 수백 명의 사람들이 모이는가 하면 다른 연사의 주위에는 사람이 없다. 왜일까? 주제가 달라서일까? 아니다. 그 답은 연사를 보면 쉽게 찾을 수 있다. 생기 있고 힘이 있는 연사는 사람들의 주의를 끈다.

옷차림의 중요성

심리학자이자 대학총장이 옷이 어떤 영향을 미치는 지 조사했다. 옷을 말끔하게 차려입으면 자신감이 커지고 스스로에 대한 믿음도 커진다. 성공한 사람처럼 옷을 입으면 성공을 꿈꾸기가 쉬워지고 성공하기도 쉬워진다.

옷을 잘 입는 것이 청중에게 어떤 효과를 줄까? 나는 연사가 헐렁한 바지에 볼품없는 외투를 입고 만년필과 연필이 가슴주머니에 꽂혀 있고 신문이나 파이프가 옷깃 옆으로 불룩 솟은 것을 볼 경우가 많았다. 그 사람이 자신의 옷차림에 관심이 없는 만큼 청중도 그에게 관심이 없었다.

그랜트가 후회하는 한 가지

남북전쟁 당시 리 장군은 애퍼매턱스 청사에서 항복할 때 잘 차려입고 옆에는 값나가는 칼을 찼다. 그랜트 장군은 외투도, 칼도 없이 이등병의 셔츠와 바지를 입고 있었다. "나는 흠잡을 데 없이 차려입은 리 장군과 아주 많이 대비되었을 것이다." 역사적인 순간에 제대로 차려입지 않은 것을 그랜트는 두고두고 후회했을 것이다.

워싱턴의 농림부 실험농장에는 수백 개의 양봉대가 있다. 꿀벌 통에는 큰 확대경이 있어서 버튼만 누르면 전등이 내부를 환히 비춘다. 강연자도 마찬가지다. 그는 확대경 아래 스포트 라이트를 받으며 모든 눈이 그를 향하고 있다. 아주 사소한 것도 아주 크게 보일 것이다.

연설을 시작하기 전부터 칭찬을 받거나 욕을 먹는다.

몇 년 전에 나는 잡지에 뉴욕의 은행가 이야기를 연재한 적이 있었다. 은행가 친구에게 그가 성공한 이유를 알려달라고 물었다. 그 친구는 은행가의 성공은 환한 미소 덕분이라고 말했다. 처음에는 과장이라고 생각했지만 그 말이 맞았다. 그 은행가보다 탁월한 능력을 가진 사람들이 많았겠지만 그는 다른 사람에게는 없는 유쾌한 성격을 지니고 있었다. 그의 따뜻하고 환한 미소는 사람들의 호감을 이끌어냈다. 우리는 모두 그런 사람이 성공하기를 원하고 그런 사람을 도와주고 싶어 한다.

'웃지 않는 사람은 가게를 열면 안 된다.' 라는 중국 속담이 있다. 청중 앞에서도 이런 미소는 환영받는다. 예전에 브루클린 상공회의소에서 연설과정을 들었던 한 학생이 생각난다. 그는 언제나 그 자리에 선 것이 기쁘다는 분위기를 풍기며 청중 앞에 섰다. 그는 우리를 만나서 기쁜 것처럼 미소를 지었다. 그가 미소 지으면 청중들의 마음이 훈훈해지고 그를 환영했다.

하지만 이 과정의 몇몇 수강생들은 하기 싫은데 억지고 나왔다는 듯이 청중 앞에 섰다. 이런 느낌을 가졌다. 감정은 전염된다.

오버스트리트 교수는 다음과 같이 말한다. "우리가 청중 앞에 관심을 가지면 청중도 우리에게 관심을 갖는다. 우리가 청중을 꾸짖으면 청중도 우리를 꾸짖을 것이다. 우리가 우물쭈물하면 청중은 우리에 대한 신뢰가 없어질 것이다. 우리가 연설을 시작하기도 전에 우리는 욕을 먹거나 칭찬을 듣는다. 우리는 어떤 일이 있어도 청중으로부터 따뜻한 반응을 이끌어내야 한다."

청중을 한자리로 모아라.

나는 오후 시간에 몇 안 되는 사람들이 흩어져 있는 넓은 홀에서도 강연해보았고, 밤 시간에 사람들로 꽉 찬 작은 홀에서도 강연해보았다.

저녁시간의 청중은 오후 같으면 가벼운 미소를 지었을 이야기에도 크게 박수치며 호응해준다. 왜 그럴까?

오후에 오는 사람들은 여자들과 아이들인데 이들은 저녁시간의 청중만큼 반응을 이끌어내기가 힘이 든다. 청중이 흩어져 있으면 감동을 잘 받지 않는다. 청중들 사이의 빈 의자만큼 사기를 꺾는 것은 없다.

헨리 워드 비처는 예일대 강연에서 이렇게 말했다.

"사람들은 얼마 안 되는 청중보다 많은 청중에게 강의하는 것이 훨씬 힘이 나지 않느냐 말한다. 나는 아니라고 답한다. 나는 사람들이 빽빽하게 모여 앉는다면 열두 명에게도 천명에게 하듯이 설교할 수 있다. 하지만 천명의 사람들이라도 서로 떨어져 앉는다면 빈 방에서 설교하는 것과 마찬가지다. 청중을 모여 앉게 하면 절반의 노력으로도 청중을 감동시킬 것이다."

수많은 청중 속에서 사람은 자신을 잊는 경향이 있다. 그는 무리 속에 하나가 되면 훨씬 더 쉽게 동요하게 된다. 아무 것도 아닌 이야기에도 웃음을 터뜨리고 환호한다.

사람들을 집단적으로 행동하게 하는 것이 개별적으로 행동하게 하는 것보다 훨씬 쉽다. 전투에서 사람들은 가장 위험하고 무모한 행동, 즉 함께 모여 있고 싶어 한다. 1차 세계대전 당시 독일군 병사들은 팔짱을 낀 채 전투에 임했다고 한다.

위대한 대중운동이나 개혁은 군중심리의 도움을 받아 이뤄졌다. 이 주제에 대한 흥미로운 책이 에버렛 딘 마틴의 〈군중의 행동〉이다.

소수의 사람들에게 연설할 때는 작은 방을 골라야 한다. 고요하고 넓은 방에 사람들이 흩어져 있는 것보다 좁을 방을 골라 통로까지 사람을 가득 메우는 편이 낫다.

청중이 흩어져 있으면, 앞으로 앉아 달라고 요청해라. 청중이 많지 않고 연단에 서야 할 필요가 없다면 연단에 서지 말고 청중 가까이에 서라. 틀을 깨고 친근하게 접촉해라.

창문을 부순 폰드 장군

공기를 신선하게 해라. 대중연설에서 산소는 아주 중요하다. 키케로의 웅변도, 브로드웨이의 쇼도 방안의 공기가 탁하면 관객을 깨어있게 할 수 없을 것이다. 나는 연설을 시작하기 전에 창문을 열어놓고 약 2분 동안 청중에게 일어서서 휴식을 취하게 한다.

제임스 폰드 장군은 유명한 연설가 헨리 워드 비처의 매니저로 일했다. 폰드 장군은 비처가 연설하는 곳은 어디든지 방문해서 청중들이 오기 전에 조명과 좌석, 온도, 환기를 미리 점검했다. 만일 그곳이 덥고 공기가 답답한데 창문을 열 수가 없으면 그는 책을 집어 던져 유리창을 산산 조각냈다. 그는 하나님의 은총 다음으로 가장 중요한 것은 산소라고 믿었다.

빛이 있으라 — 당신의 얼굴 위에

보온병처럼 어두운 방에서 열광적인 반응을 불러일으키는 것은 어렵다. 데이비드 벨라스코가 부대 연출에 대해 쓴 글을 읽으면 조명의 중요성이 얼마나 큰 지 알 수 있을 것이다.

조명이 당신의 얼굴을 환히 비치게 해라. 사람들은 당신을 보고 싶어 한다. 얼굴을 살짝 스쳐가는 미묘한 변화도 자기표현의 일부이다. 작은 표정이 많은 말보다 더 효과적일 수 있다. 조명 아래에 서면 그늘이 질 수 있으니 연설을 시작하기 전에 조명이 당신을 가장 돋보이게 해 주는 지점을 찾아라.

연단에 잡동사니는 피해라.

탁자 뒤에 숨지 마라. 사람들은 연사의 전신을 보고 싶어 한다. 연사의 모습을 보기 위해 통로 쪽으로 몸을 기울이기도 할 것이다.

연사를 위해 탁자에 주전자와 잔을 놓아줄 때도 있다. 하지만 목이 마를 때 약간의 소금이나 레몬이 나이아가라 폭포수보다 더 효과적일 것이다.

연사에게는 주전자도 필요 없고 물도 필요 없다. 연단에는 불필요한 장식도 필요 없다.

브로드웨이의 자동차 매장은 아름답고 깔끔하다. 파리의 향수와 보석을 파는 매장들은 예술적이고 호화롭게 꾸며져 있다. 왜일까? 그렇게 해야 장사가 잘 되기 때문이다. 사람들은 그렇게 꾸며진 매장을 더 좋아한다.

강연자는 주변 환경을 잘 만들어야 한다. 이상적인 배치는 가구가 하나도 없는 것이다. 짙푸른 벨벳커튼 외에는 사람들의 시선을 끌만한 것을 두지 마라.

하지만 보통의 경우 연설자의 뒤에는 무엇이 있는가? 지도와 표지판과 탁자 어떤 때는 지저분한 의자가 쌓여있다. 그 결과는 어떨까? 지저분하고, 정돈되지 않은 느낌을 준다. 그러니 잡동사니들은 모두 치워버려라.

헨리 워드 비처는 "연설에서 가장 중요한 것은 연사이다." 라고 말했다.

연단에는 게스트를 앉히지 말라

캐나다 온타리오의 런던에서 캐나다 총리의 연설을 들은 적이 있다. 긴 장대를 든 관리인이 환기를 위해 이 창문에서 저 창문으로 다녔다. 무슨 일이 일어났을까? 청중들은 연사는 무시하고 관리인을 뚫어지게 쳐다보았다.

움직이는 물체를 보고자 하는 유혹에 결코 저항 할 수 없을 것이다. 연사가 이런 사실을 잘 기억하고 있으면 좋을 것이다.

첫째, 손가락을 돌리는 것, 옷을 만지작거리는 것, 긴장을 드러내는 사소한 행동을 하지 않으면 청중을 집중 시킬 수 있다. 뉴욕에서 잘 알려진 연사가 손가락으로 연단의 커버를 만지작거리는 통에 청중들이 삼십 분 동안 그의 손가락만 쳐다보았던 것을 기억한다.

둘째, 연사는 자리 배치에 신경 써서 청중들이 나중에 들어오는 사람들을 쳐다보느라 시선을 뺏기지 않도록 해야 한다.

셋째, 연단 위에 어떤 게스트도 두지 않아야 한다. 몇 년 전에 레이먼드 로빈스가 브루클린에서 강연을 한 적이 있었다. 나는 다른 몇 사람과 게스트로서 연단에 앉으라는 제의를 받았다. 나는 그 제안을 거절했다. 게스트가 움직일 때마다 청중은 그 게스트를 쳐다보았다. 나는 로빈스 씨에게 이 사실을 알려주었고 나머지 강연기간 동안 그는 게스트 없이 혼자 연단에 섰다.

데이비드 벨라스코는 관객의 주의를 흩트린다는 이유로 빨간 꽃도 못 쓰게 했다. 연사가 말하는 동안 왜 계속 움직이는 사람들을 뒤에 두는가?

착석의 예술

연설을 시작하기 전에 청중과 마주 앉아 있는 것 보다 시간에 맞춰 신선한 등장을 하는 것이 더 좋지 않을까?

앉아 있어야 할 상황이라면 어떻게 앉는 것이 효과적인지 살펴보자. 당신은 의자를 찾아 두리번거리는 연사를 본 적이 있을 것이다. 의자를 찾으면 털썩 주저앉는다.

제대로 앉을 줄 아는 사람은 다리 뒤쪽을 의자에 붙이고 몸을 곧게 세운 채 천천히 의자에 앉는다.

태도

앞에서 옷자락을 만지지 말라는 말을 했다. 그런 행동은 나약해보이고 자제력이 없다는 인상을 준다. 그러니 가만히 서서 당신의 몸을 통제해라. 그렇게 하면 통제력과 침착함이 있다는 인상을 줄 것이다.

청중 앞에 선 다음에는 급하게 말하려 하지 말고 깊게 숨을 들이마시고 자연스럽게 청중을 봐라. 주변이 시끄럽다면 조용해질 때까지 가만히 있어라.

가슴을 활짝 펴라. 평소에도 그렇게 해라. 그러면 무의식적으로 가슴을 활짝 펼 수 있을 것이다.

루터 걸릭은 자신의 저서 〈능률적인 생활〉에서 다음과 같이 말한다.

"목을 세워 옷깃에 갖다 대라. 천천히, 가능한 한 크게 숨을 들이마셔라. 목을 세워 옷깃에 붙여라. 이 자세는 양 어깨 사이 등이 쭉 펴지게 한다."

그러면 손은 어떻게 해야 하나? 두 팔은 자연스럽게 몸에 붙여라. 그런데 긴장이 되서 뒷짐을 지거나 두 손을 주머니에 넣어야 편안해지면 어떻게 해야 할까? 많은 연사들은 연설 도중 틈틈이 주머니에 손을 넣었다.

머리는 할 말로 꽉 차 있고 열정이 용솟음친다면 이런 부차적인 것은 상관없다. 결국 연설을 할 때 중요한 것은 심리학적인 측면이지 손과 발의 위치가 아니기 때문이다.

제스처라는 이름으로 교육되는 터무니없는 것들

내가 받은 첫 대중 연설 강의에서 강사였던 대학 학장은 주로 제스처에 대해 가르쳤다. 그런데 그 수업은 아무 소용이 없었고 오히려 악영향을 끼쳤다. 손바닥이 위로 향하게 팔을 힘없이 옆으로 늘어뜨린 채 반쯤 주먹을 쥐고 엄지로 다리를 만지라고 배웠다. 우아한 곡선을 그리며 팔을 들어 올리는 법과 손목을 써서 멋스럽게 돌린 다음 검지를 시작으로 중지를 지나 새끼손가락까지 펴는 훈련을 집중적으로 했다. 모든 동작은 가식적이었다.

내 개성을 불어넣으려는 시도도, 자연스럽게 감정이 우러나오게 하는 시도도 없었다. 그 모든 동작들은 기계적이었다.

그런 구닥다리 수업이 지금도 계속되고 있다는 것은 믿기 어렵다. 몇 년 전에 대학교수가 제스처에 대한 책을 냈다. 이 대목에서는 이 제스처를, 저 대목에서는 저 제스처를, 한 손으로 할 때와 두 손으로 할 때, 손을 높이 들 때, 중간으로 들 때, 낮게 들 때, 손가락을 내밀 때 등 사람을 꼭두각시로 만드는 책이었다. 나는 20명이나 되는 사람이 그런 책에서 본 대로 똑같이 우스운 행동을 하는 것을 실제로 목격한 적이 있다. 이런 행동은 가식적이고, 시간을 낭비하는 일이고 기계적이다. 그 덕에 대중연설이라는 강의 자체를 많은 사람들이 색안경을 끼고 본다. 매사추세츠의 한 대학교 총장은 자신의 학교에는 대중 연설 강의가 실용적이지 않기 때문에 대중 연설 강의가 없다고 했다.

제스처에 대한 책 중 90%는 쓰레기다. 제스처는 당신의 마음속에서 우러나와야 한다. 제스처는 미리 계산된 것이 아니라 순간적으로 나오는 것이다. 1그램의 자발성이 1톤의 규칙보다 낫다.

제스처는 키스와 복통, 웃음과 뱃멀미처럼 내면의 상태가 밖으로 표현된 것이다. 제스처는 개인의 독특한 특징을 가져야 한다. 모든 사람이 다르듯이 제스처 또한 달라야 한다.

어떤 사람도 똑같은 방식으로 제스처를 취하도록 훈련받으면 안 된다. 앞장에서 연사로서 링컨과 더글러스의 차이점을 다루었다. 키가 크고 어딘가 어수룩한 링컨이 말도 빠르고 세련된 더글러스와 똑같은 제스처를 한다고 상상해봐라. 웃길 것이다.

링컨의 전기 작가이자 동료였던 헌든은 이렇게 말했다.

"링컨은 머리만큼 손을 많이 움직이지 않았다. 머리는 강조하고자 하는 논점이 있으면 가끔 활기차게 움직였다. 그는 연사들이 하듯이 손을 많이 움직이지 않았다. 그는 결코 무대 효과를 위해 행동하지 않았다. 연설을 할 때 그는 좀더 자연스러워 보였다. 위엄이 있어 보이기까지 했다. 그는 형식을 경멸했다. 길고 가는 손가락으로 자신의 말을 강조하기도 했다. 기쁜 감정을 보이기 위해 양손을 50도 정도로 들어 올리곤 했다. 노예제도 같이 그가 혐오하는 것을 이야기할 때는 주먹을 불끈 쥔 채 두 팔을 뻗어 휘저으며 저주를 퍼부었다. 이것은 링컨이 가장 효과적으로 사용한 제스처 중의 하나로 자신이 싫어하는 대상을 밟아 뭉개겠다는 의지를 나타냈다. 그는 항상 발끝을 나란히 한 채 섰다. 무엇인가를 만지거나 어딘가에 기대는 일도 없었다. 가끔 자세를 바꿀 뿐이었다. 연단 위에서 왔다 갔다 하거나 고함을 지른 적도 없었다. 왼쪽 팔은 편안하게 옷깃을 잡고 오른손은 언제든지 제스처를 취할 수 있도록 놓아두었다."

고든즈는 이 자세로 서 있는 링컨의 동상을 제작했다.

루스벨트는 좀더 활발하고 열정적이었다. 그의 얼굴은 감정이 풍부했고, 몸이 하나의 표현 도구였다. 브라이언은 손을 펴서 내밀었다. 글래드스톤은 자주 탁자를 치거나 주먹으로 다른 손 손바닥을 치거나 한 발로 바닥을 굴렀다. 고즈베리 경은 그의 오른 손을 들어 올렸다가 세게 내렸다. 중요한 것은 제스처에 연사의 신념이 들어있어야 한다는 것이다.

자발성과 생명력은 제스처의 핵심이다. 버크의 제스처는 딱딱하고 어색했다. 피트는 광대처럼 팔을 휘둘렀다. 헨리 어빙 경은 다리를 절어서 그런지 괴상한 제스처를 취했다. 매콜리 경의 제스처도 보기 흉했다. 캠브리지 대학의 고(故) 커즌 경은 이렇게 말했다. "유명한 대중연설가들은 자신만의 독특한 제스처를 가지고 있다. 잘생긴 외모와 우아한 태도도 연설에 도움이 되겠지만 큰 비중은 차지하지 않는다."

몇 년 전에 유명한 집시 스미스의 설교를 들었다. 나는 많은 사람들을 예수 그리스도에 인도한 그의 달변에 감동했다. 그는 많은 제스처를 사용했지만 그가 숨쉬는 공기처럼 의도하지 않고 아주 자연스러워 보였다. 이런 것이 이상적인 모습이다.

친애하는 독자여러분, 앞에서 말한 원칙들을 충분히 연습하고 잘 적응해보면 당신도 당신만의 제스처를 만들 수 있다. 제즈처는 연사의 기질, 열정, 성격, 주제와 관객, 상황에 따라서 달라지기 때문에 제스처를 어떻게 하면 된다는 세부적인 규칙은 주지 않으려고 한다.

도움이 될 만한 충고

몇 가지 도움이 될 만한 충고를 하고자 한다. 하나의 제스처를 지겹게 반복하지 마라. 팔꿈치에서 시작하는 짧고 갑작스러운 동작은 하지 마라. 연단에서는 어깨부터 움직이는 것이 더 멋있어 보인다. 제스처를 너무 빨리 끝내지 마라. 청중을 설득시키기 위해 검지를 사용하기로 했다면 그 문장이 끝날 때까지 그 제스처를 유지해라. 제스처를 유지하지 않으면 강조하고자 하는 점을 왜곡하여 정말로 중요한 요점은 상대적으로 사소한 것으로 보이게 만들게 된다.

청중 앞에서 연설을 할 때, 자연스러운 제스처만을 사용해라. 하지만 연설수업을 함께 듣는 수강생 앞에서라면 일부러 제스처를 사용해봐라. 실제로 해야지 실제 상황에서도 제스처를 쓸 수 있다.

책은 덮어버려라. 제스처를 책에서 배울 수 없다. 말하면서 마음에서 우러나오는 제스처는 어떤 책보다 더 믿음이 간다.

제스처에 대해 앞에서 말한 모든 것을 잊는다고 해도 이것 하나만은 기억해라. 자신이 해야 할 말에 열중해 있으면 그는 자기 자신을 잊고 자연스럽게 연설에 빠져서 제스처도 자연스럽게 나오게 될 것이다. 내가 한 말이 의심스러우면 지나가는 사람을 때려 눕혀봐라. 그가 일어나서 당신에게 하는 말은 결점 하나 없는 훌륭한 연설이 될 것이다.

요약

1. 카네기 기술재단이 실시한 실험에 따르면 사업의 성공은 지식보다도 성격에 달려있다. 이 말은 연설에도 적용된다. 하지만 성격은 종잡을 수 없는 것이어서 계발할 수 있는 지침을 만드는 것이 불가능하다. 하지만 이 장에서 제시한 몇 가지 지침은 연사가 최고의 모습을 보일 수 있도록 도와줄 것이다.
2. 피곤할 때 연설하지 마라. 쉬면서 에너지를 충전해라.
3. 연설하기 전에는 배불리 먹지말라.
4. 기운 빠지는 일은 하지 마라. 사람들은 에너지로 가득한 연사에게 모여든다.
5. 깔끔하고 매력적으로 옷을 입어라. 잘 차려입었다는 생각은 자존감을 높이고 자신감을 높여준다. 연사의 옷차림이 깔끔하지 않다면 청중도 연사를 존경하지 않게 된다.

6. 웃어라. 청중 앞에 나설 때는 연설을 하게 되어 기쁘다는 태도로 나가라. 오버스트리트 교수는 이렇게 말한다. "호감은 호감을 낳는다. 연사가 청중에게 관심을 가지면 청중도 연사에게 관심을 가질 것이다. 연사는 연설을 시작하기 전에 이미 욕을 먹거나 칭찬을 받는다. 그러므로 청중으로부터 따뜻한 반응을 이끌어 낼 수 있도록 노력해야 한다."

7. 청중을 한곳으로 모아라. 흩어져 있는 사람들을 감동시키기는 어렵다. 혼자 듣거나 띄엄띄엄 앉으면 의심을 품고 반대했을 내용도 다른 사람과 함께 모여 있으면 쉽게 웃고 찬성할 것이다.

8. 소수의 사람에게 연설할 때에는 작은 방을 선택해라. 연단에 서지 말고 내려와서 청중과 같은 높이로 내려와서 친밀하게 대화하듯 연설해라.

9. 환기시켜라.

10. 조명을 밝게 해라. 얼굴의 모든 표정이 보이도록 조명을 얼굴에 정면으로 비치도록 해라.

11. 가구 뒤에 서지 마라. 탁자와 의자를 한곳으로 치워라. 연단을 어지럽히는 표지판과 잡동사니들을 치워버려라.

12. 연단에 게스트가 있다면, 그들은 반드시 움직일 것이고 그들이 청중의 시선을 끌 것이다. 청중은 움직이는 대상에 눈이 가게 마련이다.

13. 의자에 털썩 주저앉지 마라. 상체는 곧게 하고 다리는 의자에 붙이면서 천천히 앉아라.

14. 가만히 서있어라. 불안한 행동을 하지 마라.

15. 양팔을 옆으로 편하게 늘어뜨려라. 하지만 뒷짐을 지거나, 주머니에 손을 넣어야 편하다면 그것도 크게 문제 되지는 않을 것이다. 머리와 가슴이 할 말로 꽉 차 있으면 이런 것은 부차적인 것으로 문제 될 것이 없다.

16. 제스처를 책으로 배우려고 하지 마라. 제스처는 연구하거나 특정한 규칙을 따른다고 해서 나오는 것이 아니다.

17. 제스처를 취할 때 한 가지 동작을 반복하지 말고 팔꿈치에서부터 갑작스럽게 움직이지 마라. 동작의 클라이맥스가 연설의 클라이맥스와 일치할 때까지 동작을 고수해라.

9장

연설을 어떻게
시작할 것인가?

나는 노스웨스턴 대학 총장을 지낸 린 해럴드 허프 박사에게 연사로 서의 오랜 경험을 통해 무엇이 가장 중요하다고 생각하는 지 물었다. 잠 시 생각하더니 그는 이렇게 대답했다. "처음부터 청중의 관심을 끌 수 있어야 합니다." 그는 연설의 시작과 끝에 할 말을 미리 계획해 두었다. 존 브라이트, 글래드스톤, 웹스터, 링컨도 그렇게 했다. 상식과 경험이 많은 모든 연사들은 다 그렇게 한다.

하지만 초보자도 그렇게 하는가? 계획은 시간과 생각, 의지력이 필 요하다. 에디슨은 조슈아 레이놀즈 경의 말을 공장 벽에 붙여놓았다.

"인간은 생각이라는 고된 노동을 피하기 위해 온갖 노력을 기울인다."

초보자는 영감을 기대하지만 결과는 이렇다.

"그는 함정과 덫으로 가득한 길을 헤매게 된다."

초라한 주급사원에서 영국에서 가장 영향력 있는 신문사주가 된 노스클리프 경은 파스칼의 글귀가 자신의 성공에 큰 역할을 했다고 말했다.

"예측하는 것은 지배하는 것이다."

이 말은 연설을 계획할 때 책상에 붙여둘 좋은 글귀이다. 정신이 맑을 때 연설의 시작을 어떻게 할지, 연설을 어떻게 끝맺을 지 미리 계획해 두어라.

아리스토텔레스 시대 이후로 책들은 연설을 서론, 본론, 결론의 세 부분으로 구분했다. 최근까지도 연설의 시작은 마차를 타고 유랑하듯 여유 있게 했다. 그 당시 연사는 뉴스 전달자인 동시에 연예인이었다. 백 년 전의 연사는 오늘날의 신문, 라디오, 전화, 극장이었다.

하지만 상황은 많이 달라졌다. 지금은 더 이상 과거가 아니다. 자동차, 비행기, 라디오의 등장으로 세상은 빠르게 변하고 있다. 연사도 이런 속도에 맞춰야 한다. 서론은 광고처럼 짧아야 한다. 보통 청중들은 이렇다. "할 말이 있다고요? 좋아요. 빨리 해봐요. 장광설은 늘어놓지 말고! 사실을 빠르고 정확하게 말해 봐요."

우드로 윌슨이 잠수함 전투 최후통첩에 관해 의회에서 연설했을 때도 다음과 같이 빠르고 정확하게 말해서 이목을 집중시켰다.

"우리나라의 외교관계에 문제가 발생했는데 이를 솔직하게 알리는 것이 제 의무라고 생각합니다."

찰스 슈왑이 연설했을 때 그는 두 번째 문장부터 논점을 언급했다.

다음은 내셔널 캐쉬 레지스터사의 영업담당이 직원들에게 한 연설이다. 세 문장뿐이지만 이해하기 쉽고 박력이 넘친다.

"우리 공장이 계속 돌아가는 것은 주문을 받아오는 여러분 덕분입니다. 지난 여름 공장 굴뚝에서 나온 연기는 들판을 검게 물들이기에는 충분하지 않은 양이었습니다. 이제 침체기는 끝났고 성수기가 시작되었으니 더 많은 연기가 피어오르게 해달라고 여러분께 호소하는 바입니다."

하지만 경험이 없는 연사들은 이렇게 간결하고 멋있게 연설을 시작하는가? 사실 그렇지 않다. 미숙한 연사들은 다음의 두 가지 방법 중 하나로 시작하는데 두 가지 방법 다 나쁘다. 두 가지 문제점을 살펴보자.

유머로 시작하지 마라.

초보자는 자신이 재미있어야 한다고 느낀다. 천성적으로는 백과사전처럼 근엄한 사람이라도 연단에 서면 자신이 마크 트웨인이라도 된 것처럼 웃긴 이야기로 연설을 시작하려고 한다. 갑자기 재담꾼으로 변한 철물점 상인의 이야기는 재미없을 것이다.

만약 연예인이 그런 실수를 저지르면 돈을 내고 들어온 관객들은 야유하며 당장 쫓아버리라고 소리칠 것이다. 하지만 대부분의 청중은 아주 사려 깊어서 억지로 웃어줄 것이고 마음 깊은 곳에서는 이 불쌍한 연사를 불쌍하게 여길 것이다. 독자 여러분도 이런 경험이 있지 않은가?

청중을 웃게 하는 것이 가장 어렵다. 유머는 천성적으로 타고난다. 노력한다고 할 수 있는 일이 아니다.

이야기 자체가 재미있는 것은 흔하지 않다. 전달 방식이 중요하다. 마크 트웨인을 유명하게 만든 이야기를 100명이 한다고 해도 99명은 실패할 것이다.

당신이 운 좋게도 웃기는 재능을 타고 났다면 수단과 방법을 가리지 말고 그 재능을 개발해라. 하지만 당신에게 그런 재능이 없다면 시도도 하지 마라.

데퓨, 링컨, 잡 헤지스의 연설문을 연구하면 서두에 특별한 이야기가 없는 것에 놀랄 것이다. 재미있는 이야기는 주된 내용과 연관되고 핵심을 설명하는데 도움을 주는 내용이어야 한다. 유머는 케이크에 씌우는 설탕이나 빵 사이에 초콜릿과 같은 역할을 해야지 케이크 자체가 되어서는 안 된다. 미국 최고의 유머 강연자인 스트릭랜드 질리언은 강연 첫 3분 동안에는 절대 웃긴 이야기를 하지 않는 것을 철칙으로 삼고 있다.

그러면 서두는 진지해야 하는가? 전혀 그렇지 않다. 가능하다면 지역 또는 행사와 관련된 사항을 언급하거나 다른 연사의 말을 인용하는 수준에서 사람들의 유머감각을 건드려라.

자신을 유머의 소재로 사용하는 것이 가장 쉬울 것이다. 에스키모인들은 다리가 부러진 사람을 보고서도 웃고 중국인들은 2층에서 떨어져 죽은 개를 보고도 웃는다. 바람에 날리는 모자를 쫓아가는 사람이나 바나나 껍질에 미끄러지는 사람을 보고 우리는 웃지 않는가?

사과로 연설을 시작하지 마라.

초보자가 저지르기 쉬운 두 번째 실수는 사과로 연설을 시작하는 것이다. "저는 말을 잘 못합니다…… 충분히 준비가 되어 있지 않은데…….
무슨 말을 해야 할지 모르겠네요……."

준비가 되어 있지 않으면 연사가 대놓고 말하지 않아도 알아차리는
사람이 있을 것이고, 눈치 채지 못하는 사람도 있을 것이다. 준비가 되
어 있지 않다는 사실을 말할 필요는 없다. 왜 청중을 모독하는가? 청중
은 그런 식의 사과는 원하지 않는다. 청중은 뭔가를 얻기 위해서 그 장
소에 와 있는 것이다. 그 사실을 명심해라.

청중 앞에 서는 순간 당신은 그들의 주의를 끌게 된다. 처음 5초 동
안 청중의 주의를 끌기는 쉽지만 다음 5분 동안 청중의 관심을 끄는 것
은 어렵다. 한번 관심을 잃게 되면 그것을 되찾기는 두 배로 힘들다. 처
음을 흥미로운 내용으로 시작해라.

호기심을 자극해라.

다음은 하월 힐리가 필라델피아의 펜 애슬레틱 클럽에서 한 연설의
서두부분이다. 좋은가? 당신의 흥미를 끄는가?

"82년 전 런던에서 작은 책이 출판되었습니다. 많은 사람들은 그 책을 '세
상에서 가장 위대한 작은 책'이라고 불렀습니다. 책이 처음 출간되었을 때,
길거리에서 마주친 친구들은 '그 책 읽었니?'라고 물었고 그 대답은 '그럼,
읽었지.'였습니다.

출판 당일 책은 천여부가 팔렸습니다. 2주 만에 책은 1만 5천부가 팔렸습
니다. 그 이후 책은 하늘 아래 존재하는 모든 언어로 번역되었습니다. 몇 년
전에 J. P. 모건이 엄청난 액수의 돈을 지불하고 초고를 구입했습니다. 초고

는 모건이 자신의 도서관이라고 불리는 뉴욕의 미술관에서 귀중한 보물들과 함께 있습니다. 이 책은 무엇일까요? 디킨스의 〈크리스마스 선물〉입니다."

훌륭한 서두라고 생각하는가? 당신의 관심을 불러일으키는가? 왜일까? 당신의 호기심을 자극하기 때문 아닐까?

호기심! 호기심을 이길 사람은 없다.

나는 숲속의 새들이 호기심으로 나를 보면서 한 시간 동안 내 주위를 맴도는 것을 본 적이 있다. 내가 아는 사냥꾼은 영양을 유인하려 침대보를 걸치고 주변을 맴돈다. 인간을 포함한 모든 동물은 호기심이 있다.

청중의 호기심을 자극하는 말로 연설을 시작해라.

나는 토머스 로렌스 경의 아라비아 모험에 관한 강연을 이런 식으로 시작했다. "로이드 조지는 로렌스 대령이 이 시대의 가장 낭만적이고 영화 같은 인물 중 한명이라고 말했습니다."

이렇게 시작하면 두 가지 이점이 있다. 첫 번째로 저명인사의 말을 인용하는 것은 청중의 관심을 끈다. 두 번째로 이런 서두는 호기심을 불러일으킨다. "왜 낭만적이지?" "왜 영화 같다고 했을까?" "그 사람은 들어본 적이 없는데……. 그가 어떤 사람이지?"

로웰 토머스는 로렌스 경에 대한 강의를 이렇게 시작했다.

"저는 예전에 예루살렘의 길거리를 걷다가 동양의 왕이나 입을 법한 화려한 옷을 걸친 한 남자를 만났습니다. 그의 옆에는 선지자 모하메드의 후손만이 찰 수 있는 황금색 칼이 걸려있었습니다. 하지만 이 사람의 외모는 아랍인이 아니었습니다. 아랍인의 눈은 검정이나 갈색인데 그의 눈은 파랬습니다."

궁금하지 않은가? 이야기를 더 듣고 싶을 것이다. 그가 누구지? 왜 아랍사람처럼 하고 다닐까? 나중에 어떻게 되었을까?

다음과 같은 질문으로 이야기를 시작하는 학생이 있다.

"현재에도 전 세계 17개국에 노예제도가 존재한다는 사실을 아십니까?"

이 학생은 청중의 호기심을 자극할 뿐 아니라 청중을 놀라게 했다. "요즘에도 노예가 있다고? 17개국에나? 믿을 수 없어. 어떤 나라들이지?"

결과부터 제시하고 청중들이 원인이 궁금하도록 만드는 방법도 있다. 한 학생은 놀라운 사실을 제시하며 이야기를 시작했다.

"최근 주 의회 의원 한 분이 학교 반경 2마일 이내에서 올챙이가 개구리로 성장하는 것을 막는 법을 상정했다고 합니다."

웃음이 나온다. 이 학생이 농담을 하는 것인가? 말도 안 돼? 정말일까? 학생은 계속 말을 이어나갔다.

"갱단과 함께"라는 제목이 붙은 〈새터데이 이브닝 포스트〉 지의 기사는 이렇게 시작했다.

"갱단들은 정말 조직화 되고 있는가? 대체로 그렇다. 어떻게 만들까?"

이 문장으로 기자는 주제를 말하고 당신에게 정보를 제공하고 갱단이 어떻게 조직화되는지에 대한 당신의 호기심을 불러일으킨다. 대중연설을 원하는 사람은 기자들이 독자의 시선을 끌기 위해 사용하는 방법을 연구해야 한다. 인쇄된 연설문을 공부하는 것보다 기자들의 노하우를 공부하면 훨씬 많은 것을 배울 수 있다.

인간적인 이야기로 시작해라.

헤럴드 벨 라이트는 인터뷰에서 자신이 소설로 일 년에 10만 달러가 넘는 돈을 벌었다고 인정했다. 부스 타킹턴과 로버트 체임버스도 비슷한 돈을 벌었다. 더블데이 페이지 앤드 컴퍼니는 17년 동안 대형 인쇄기로 진 스트래턴 포터의 소설만 끝없이 찍었다. 그녀의 책은 1700만 부가 넘게 팔렸고 그녀는 3백만 달러가 넘는 돈을 벌었다. 사람들은 정말 소설을 좋아하는 것 같다.

우리는 특히 직접 경험한 이야기를 듣는 것을 좋아한다. 러셀 콘웰은 '다이아몬드의 땅'이라는 강연을 6천 번이 넘게 해서 수백만 달러를 벌었다.

이렇게 인기가 좋은 강연의 시작은 어떻게 할까? 그의 강연의 도입부분을 소개하고자 한다.

"1870년에 우리는 티그리스 강으로 갔습니다. 우리는 바그다드에서 가이드를 고용해 페르세폴리스, 니네베와 바빌론을 돌아보았습니다……."

이렇게 그는 이야기로 강연을 시작한다. 이것이 청중의 관심을 끄는 방법이다. 이런 시작은 실패하지 않는다. 청중은 다음 이야기가 궁금해서 집중해서 듣게 된다.

이 책의 3장도 이야기로 서두를 시작했다. 다음은 〈새터데이 이브닝 포스트〉에 실린 두 개의 기사에서 뽑아낸 서두부분이다.

1. "리볼버가 정적을 깨뜨리고 날카로운 소리를 냈다."
2. "7월 첫 주 엄청난 파장을 몰고 올 사건이 덴버의 콘트뷰 호텔에서 일어났다. 그 사건은 지배인 괴벨의 호기심을 자극해서 호텔의 소유주인 스티브 패러데이가 며칠 뒤 호텔을 방문했을 때 그 이야기를 했다."

이 두 글은 무엇인가가 시작되었음을 알리며 독자의 호기심을 자극한다. 독자들은 글을 더 읽어서 무슨 일이 벌어지고 있는지 알고 싶어진다.

초보자도 이런 방법을 활용해서 청중의 호기심을 자극하면 성공적으로 연설을 시작할 수 있다.

구체적인 실례로 시작해라.

청중이 추상적인 개념을 이해하는 것은 어렵다. 실제적인 예를 제시하면 이해하기가 훨씬 쉽다. 나도 시도해봤지만 그렇게 하는 것은 쉽지 않다. 먼저 실례로 시작해서 청중의 호기심을 불러일으키고 일반적인 진술을 이야기해라. 더 자세히 알고 싶다면 이 책 5장이나 7장을 봐라.

볼거리를 사용해라.

사람들의 관심을 끄는 가장 쉬운 방법은 볼 수 있도록 무엇인가를 들어 올리는 일일 것이다. 미개인과 아기들 심지어 쇼윈도의 원숭이와 길거리의 개도 이런 자극에는 눈을 돌릴 것이다. 이는 가장 품위 있는 청중들에게도 효과적인 방법이다. 필라델피아의 엘리스 씨는 손가락으로 동전을 쥐고 어깨위로 높이 들어 올리며 강연을 시작했다. 당연히 모든 사람들이 그를 쳐다보았다. 그는 사람들에게 물었다. "혹시 길에서 이런 동전 주우신 분 있으십니까? 그 분에게는 어떤 부동산 개발회사에서 필지를 그냥 드린다고 합니다……."

질문을 해라.

엘리스 씨가 연설을 시작하는 방법 중에 또 다른 특이한 점이 있다. 질문으로 시작해서 청중들이 연사와 함께 생각하도록 만든다. 앞에서 말한 깽단에 대한 기사는 질문으로 시작했다. "깽단들은 조직화 되고 있는가? 어떻게?" 질문을 던지고 해답을 제시하는 방법은 청중의 마음의 문을 열고 들어갈 수 있는 가장 쉬운 방법 중에 하나이다. 다른 방법이 잘 안되면 이 방법을 꼭 써봐라.

유명인사가 한 말로 서두를 시작해라.

사람들은 유명인사의 말에 귀 기울이는 경향이 있다. 연설을 시작할 때 유명인사의 말을 인용하는 것은 효과적이다. 기업의 성공을 다룬 연설을 다음과 같이 시작하는 것은 어떨까?

> " '세상은 단 한 가지에 대해서만 돈과 명예라는 큰 상을 수여한다.' 라고
> 앨버트 허버드는 말했습니다. 그 한 가지는 바로 솔선수범하는 태도입니다.
> 무엇이 솔선수범하는 태도인지 제가 말씀드리도록 하겠습니다. 그것은 바
> 로 누가 시키지 않아도 알아서 하는 것입니다."

서두로서의 이 말은 몇 가지 장점이 있다. 첫 문장은 청중의 호기심을
불러일으켜 청중으로 하여금 더 알고 싶은 생각이 들게 한다. 연사가
"앨버트 허버드"라는 말에서 기술적으로 잠깐 멈춘다면 긴장감은 더
욱 고조될 것이다. "세상이 뭐에 상을 준다는 거야?" 청중들은 궁금해
한다. 빨리 대답해줘. 당신 말에 동의하지 않을지 모르지만, 당신 생각
이나 들어보자고…… 두 번째 문장은 곧바로 핵심으로 청중을 불러들
인다. 이어지는 질문형태의 세 번째 문장은 청중도 생각을 하도록 만든
다. 청중은 이런 방식을 좋아한다. 네 번째 문장은 솔선수범에 대해 정
의를 내린다. 이렇게 서두를 시작하면 연설의 구성에 관해서라면 무디
스는 아마 최고 등급인 Aaa를 줄 것이다.

연설의 주제와 청중의 관심을 연결시켜라.
청중과 직접 연관되는 이야기로 강연을 시작해라. 청중들은 틀림없
이 집중할 것이다. 자신과 관련 있는 이야기는 누구든 집중하기 마련이
다.

이 방법은 상식이지만 실제로는 잘 사용되지 않는다. 최근 정기적인

건강검진의 필요성에 대한 강연을 들은 적이 있다. 연사가 어떻게 강연을 시작했을까? 그는 생명연장협회의 역사와 조직을 설명하며 강연을 시작했다. 청중들은 어떤 회사가 어디에서 설립되었는지는 눈곱만큼도 관심이 없다. 청중들의 관심사는 자기 자신이다.

이런 기본적인 사실도 모르는가? 다음과 같이 시작하면 어떨까?

"생명보험 계산표에 당신의 기대 수명이 얼마나 되는지 아십니까? 통계에 따르면 당신의 기대 수명은 80에서 현재 나이를 뺀 수의 3분의 2라고 합니다. 당신이 35세라면 80에서 35를 뺀 45의 3분의 2인 30년을 더 살 수 있다는 말입니다. 만족하십니까? 아니죠. 우리 모두는 오래 살고 싶어 합니다. 적당히 조심하면 오래살 수 있을 겁니다. 하지만 오래살고 싶으면 제일 먼저 철저한 건강 검진을 받아야 합니다."

이렇게 시작해서 정기적인 건강검진의 필요성을 설명하면 청중은 이런 서비스를 제공하는 회사에도 관심을 가지게 될 것이다. 하지만 처음부터 그런 회사에 대해 주저리주저리 늘어놓는 다면 결과는 끔찍할 것이다.

다른 예를 들어보자. 나는 어떤 수강생이 숲을 보존해야 하는 필요성에 대한 연설을 이렇게 시작하는 것을 들었다. "우리 미국인들은 우리의 천연자원에 대해 자부심을 느껴야 합니다." 이렇게 시작하며 그는 우리가 우리의 나무들을 죄의식 없이 낭비하고 있음을 지적했다. 연설의 시작은 좋지 않았다. 너무 일반적이고 막연했다. 청중 중에는 인쇄업자가 있었다. 숲의 파괴는 그의 사업에 영향을 미칠 것이다. 은행가도 있었다. 숲의 파괴는 우리 모두의 번영에도 영향을 미칠 것이기에 그에게도 영향을 미칠 것이다. 이렇게 시작했으면 어땠을까?

"제가 말하고자 하는 주제는 여러분 모두의 사업에 영향을 미칩니다. 사실 우리가 먹는 식품과 임대료에도 영향을 미칠 것입니다. 더 나아가 우리 삶의 질에도 영향을 줄 것입니다."

숲을 보존하는 일의 중요성을 너무 과장하고 있나? 아니다. 나는 그저 "그림을 크게 그리고 사람들이 집중할 수 있도록 사물을 배치해라."라는 앨버트 허버드의 조언을 따르고 있는 것이다.

충격적인 사실의 효과

자신의 이름을 딴 잡지를 창간한 매클루어는 "좋은 잡지는 충격적인 사실을 싣고 있다."라고 말했다.

충격적인 사실은 우리의 주목을 끈다. 여기 몇 가지 예를 소개하겠다. 볼티모어 출신의 발렌타인은 '라디오의 경이로움'이라는 연설을 이렇게 시작했다.

"뉴욕의 유리창을 걸어가는 파리의 소리가 라디오를 통해 중앙아프리카에서는 나이아가라 폭포 소리처럼 들린다는 사실을 알고 있습니까?"

뉴욕의 패리 존스 사장은 '범죄 상황'이라는 그의 연설을 이렇게 시작했다.

"미국의 대법원장 윌리엄 하워드 테프트는 '우리의 형법은 문명의 수치이다.'라고 공언했습니다."

이런 시작은 충격적인 사실을 제시하면서 동시에 법률 권위자의 말을 인용했다는 점에서 아주 좋다.

필라델피아의 낙천가 클럽 회장 폴 기번스는 '범죄'에 관한 연설을 다음과 같이 시작했다.

"미국인들은 세계 최악의 범죄자들입니다. 충격적으로 들리겠지만 사실입니다. 오하이오 주 클리블랜드의 살인 사건은 런던의 6배입니다. 인구로 따지면 절도는 영국의 170배나 됩니다. 클리블랜드에서 매년 강도를 당하거나 강도의 공격을 받는 사람의 수는 잉글랜드, 스코트랜드와 웨일즈를 합한 것보다 많습니다. 세인트루이스에서 살해당하는 사람의 수는 영국과 웨일즈를 합한 것보다 많습니다. 뉴욕시의 살인 사건은 프랑스, 독일, 이탈리아보다 많습니다. 슬픈 사실은 이런 범죄자들이 처벌받지 않는다는 사실입니다. 당신이 살인을 저질러도 처형될 가능성은 100분의 1도 안됩니다. 사람을 총으로 죽여도 교수형 당할 확률이 암으로 죽을 확률보다 낮습니다."

이런 시작은 아주 성공적이었다. 기번스의 말에는 힘이 있었고 진정성이 있었다. 하지만 비슷한 예를 들어가며 연설을 한 다른 학생은 지루했다. 이유는 말에서 힘이 느껴지지 않았기 때문이었다.

평범한 시작의 중요성

다음의 소개하는 서두는 어떤가? 메리 리치먼드는 아동 결혼을 금지하는 법이 제정되기 전에 뉴욕 여성 유권자 연례 모임에서 이런 연설을 했다.

"어제, 기차가 이곳에서 멀지 않은 곳을 지나갈 때, 몇 년 전 그곳에서 있었던 결혼식이 떠올랐습니다. 이 주에서 이루어지는 많은 결혼들도 그 결혼처럼 성급하게 치러져서 비극적인 결말을 맺었기 때문에 저는 그 사건을 여러분께 자세하게 소개하고자 합니다.

15살 여고생이 이제 막 성년이 된 대학교 3학년 남학생을 만난 것은 12월 12일 이었습니다. 그리고 3일 후에 그들은 그 소녀가 결혼에 부모 허락을 받지 않아도 되는 18살이라고 거짓 선서를 하고 결혼 허가서를 받았습니다. 결혼 허가서를 들고 그들은 바로 신부님을 찾았습니다. 하지만 신부님은 그들의 결혼을 인정하지 않았습니다. 신부님을 통해서 소녀의 부모도 결혼 사실을 알게 되었습니다. 하지만 어머니가 딸을 찾기도 전에 판사는 결혼을 인정했습니다. 신랑은 신부를 호텔로 데려가서 이틀 밤낮을 함께 보냈습니다. 그 뒤에 남편은 아내를 떠나 다시는 그녀를 찾지 않았습니다."

개인적으로 나는 이 서두가 아주 마음에 든다. 첫 문장이 아주 훌륭하다. 청중은 더 자세한 이야기를 듣고 싶어진다. 청중은 앞으로 이어질 이야기를 기대하며 집중한다. 딱딱하지도 않고 아주 자연스럽고 인간적으로 들린다. 옆 사람에게 재미있는 이야기를 들려주는 듯이 들린다. 청중은 이런 이야기를 좋아한다. 청중은 너무 공들인 것, 계획된 의도가 보이는 이야기는 싫어한다.

1. 연설의 시작이 어렵다. 연설의 시작은 운에 맡길 것이 아니라 미리 주도면밀하게 계획해야 한다.

2. 연설의 시작은 한두 문장 정도로 짧아야 한다. 최소한의 말만으로 주제로 곧바로 들어가라.

3. 초보자들은 농담이나 사과로 연설의 시작을 하려는 경향이 있다. 두 방법 모두 나쁘다. 농담을 능수능란하게 할 수 있는 초보자는 없다. 그런 시도는 청중을 즐겁게 하기보다는 청중을 당황하게 만든다. 결코 사과하지 마라. 사과는 청중을 모욕하는 것이고 청중을 지루하게 만든다. 바로 본론으로 들어가서 신속하게 말하고 자리에 앉아라.

4. 연사는 다음의 방법으로 청중의 주의를 끌 수 있을 것이다.

   a. 호기심 자극

   b. 인간미 넘치는 이야기

   c. 실례를 사용

   d. 볼거리 이용하기

   e. 질문하기

   f. 인상적인 인용으로 시작하기

   g. 청중과 관련 있는 주제로 시작하기

   h. 충격적인 사실 제시하기

5. 시작을 너무 딱딱하게 하지 마라. 자연스러우면서도 논리적으로 전개되어야 한다. 얼마 전에 일어났던 일을 예로 들면 좋다.

10장

청중을 단번에
휘어잡기

몇 년 전 콜로라도 철강회사는 노사분규로 골머리를 앓고 있었다. 유혈사태까지 발생했다. 서로에 대한 증오로 가득 찼다. 록펠러라는 이름은 증오의 대상이었다. 하지만 존 록펠러 2세는 직원들과 대화해서 설득하고 싶어 했다. 연설의 처음부터 그는 직원들의 적의를 없애야 한다는 것을 알았다. 그는 처음부터 진심을 담아 연설했다. 연설가들은 그의 연설에서 많은 것을 배울 수 있을 것이다.

"오늘은 제 기억 속에 남을 것입니다. 저는 처음으로 이 위대한 기업의 종업원 대표 여러분과 임원들과 함께하는 행운을 갖게 되었습니다. 이 자리에 오게 되어 영광이고 이 모임을 평생 기억할 것입니다. 이 모임이 2주전에 열렸다면 저는 여러분을 몰랐을 것입니다. 지난주에 남부 석탄 지대의 모든 작업장을 둘러보고, 대표 여러분들과 이야기를 나누고, 집도 방문하여 가족들을 만났습니다. 우리는 이 자리에 친구로 나왔습니다. 서로의 공통 관심사에 대해 이야기 할 수 있는 기회를 가지게 되어서 기쁩니다. 이 만남은 회사와 노조대표와의 모임이고 저는 어느 쪽에도 속하지 않기 때문에 제가 이 자리에 올 수 있는 것은 다 여러분 덕분입니다. 하지만 저는 주주들과 이사들을 대표한다는 점에서 여러분들과 밀접하게 연관이 되어있습니다."

재치 있는 연설이다. 서로에 대한 증오로 가득한 분위기에서 행한 연설이지만 성공적이었다. 임금인상을 위해 투쟁해온 사람들은 록펠러가 모든 상황을 설명하자 할 말을 잃었다.

꿀 한 방울과 쌍권총을 든 남자들

" '꿀 한 방울이 쓸개즙 한통보다 파리를 더 잘 잡는다.' 라는 속담이 있는데 이는 사람에게도 그대로 적용된다. 사람의 마음을 얻고 싶다면 당신이 먼저 그의 진실된 친구임을 확신시켜라. 바로 거기에 사람의 마음을 사로잡는 꿀 한 방울이 있다. 사람의 마음을 얻기만 하면 상대를 설득시키는 데 큰 어려움이 없을 것이다."

이것이 링컨의 계획이었다. 1858년 미국 상원의원 선거기간 동안 그는 남부 일리노이의 위험지역에서 연설하게 되었다. 그곳 사람들은 거칠었고 공공장소에서도 칼과 권총을 차고 다녔다. 그들이 싸움과 위스키를 좋아하는 것만큼 노예제도 폐지론자에 대한 증오심도 컸다. 켄터키와 미주리의 노예 소유주들도 미시시피 강과 오하이오 강을 건너왔다. 소요사태가 일어날 것이 뻔했다. 과격론자들은 링컨이 입이라도 열면 온몸에 총알구멍을 내놓겠다며 엄포를 늘어놓았다.

링컨은 이런 위협을 들었고, 얼마나 큰 위험이 도사리고 있는지 잘 알았다. 링컨은 이렇게 공언했다. "하지만 그들이 내게 말할 기회를 주면 그들을 진정시켜 보겠다." 그래서 연설을 시작하기 전에 링컨은 주

모자들에게 자신을 소개하고 정중하게 그들과 악수했다. 그는 가장 재기 넘치는 서두로 연설을 시작했다.

"친애하는 남부 일리노이 시민 여러분, 켄터키, 미주리 시민 여러분, 저는 오늘 이 자리에 저를 달가워하지 않는 분들이 많이 계시다는 말을 들었습니다. 저는 그분들이 왜 그래야 하는 잘 모르겠습니다. 저는 여러분처럼 보통 사람입니다. 그런데 왜 제가 여러분들처럼 제 마음을 설명하면 안 되는 것입니까? 여러분 저는 이 지역의 불법침입자가 아닙니다. 저는 여러분처럼 켄터키에서 태어나 일리노이에서 자라고 열심히 일해서 제 앞길을 개척했습니다. 저는 켄터키 주민들을 잘 알고, 남부 일리노이 주민들도 잘 알고 있습니다. 미주리 주민들도 잘 안다고 생각합니다. 저도 여러분과 같은 사람이고 여러분들을 잘 압니다. 당연히 여러분도 저를 잘 아시겠지요. 저는 여러분께 해를 끼칠 사람이 아닙니다. 그런데 왜 저를 다치게 하려고 합니까? 어리석은 짓일랑 말고 우리 친구가 됩시다. 저는 세계에서 가장 평화적인 사람 중 하나이고, 어느 누구에게 해를 가하거나 어느 누구의 권리를 침해하고 싶은 생각은 추호도 없습니다. 제가 여러분께 바라는 단 한 가지는 제 말을 어떤 편견 없이 들어달라는 것입니다. 용감하고 의협심 강한 일리노이, 켄터키, 미주리 시민들은 그렇게 해주시리라는 것을 믿습니다. 친구처럼 허심탄회하게 의견을 나눠보십시다."

이렇게 말하는 그의 얼굴에는 선한 심성이 그대로 묻어나고 그의 목소리는 진실했다. 이 재기 넘치는 서두는 몰려오는 폭풍을 잠재우고 그의 적들을 잠잠하게 했다. 사실 많은 적들이 그의 친구가 되었다. 그들은 그의 연설에 환호했고, 나중에 링컨의 가장 열렬한 지지자가 되었다.

"재미있네. 하지만 나랑 무슨 상관이지? 나는 록펠러가 아니야. 나는 나를 죽이려고 안달하는 굶주린 파업 근로자 앞에서 연설할 일도 없을 거라고. 난 링컨이 아니야. 위스키를 마시며 증오심에 불타는 폭도들과 이야기 할 일도 없을 거라고."

맞는 말이지만 당신은 매일 의견이 다른 사람들을 상대로 말을 하면서 지내지 않는가? 집에서든 직장에서든 시장에서든 계속 사람들을 설득해야 하지 않는가? 당신의 방법을 개선시킬 여지는 있는가? 어떻게 시작할 것인가? 링컨처럼? 아니면 록펠러의 방법을 사용할 것인가? 그렇다면 당신은 비상한 능력의 소유자다. 대부분의 사람은 상대의 입장은 생각하지 않고, 의견의 합일점을 찾으려는 시도도 하지 않은 채 자신의 의견만을 주장한다.

나는 뜨거운 감자인 금주법에 대한 많은 연설을 들었다. 모든 연사들은 도자기 가게에 뛰어든 황소처럼 호전적으로 말문을 열었다. 그들은 단호하게 자신의 의견을 주장했다. 연사들은 자신들의 의견은 바꾸지 않고 의견이 다른 사람들이 자신들의 생각을 받아들일 것을 기대했다. 결과는? 어느 누구도 그들의 주장에 동의하지 않았다. 그들의 공격적인 태도에 연사와 의견을 달리하는 사람들은 그의 의견에 반론을 제기하며 연사를 경멸했다.

처음부터 청중들을 몰아붙이면 청중들은 뒤로 물러서며 거부한다.

나와 생각이 다른 사람들을 설득하는 것은 어렵다. 뉴욕시에서 열린 강연에서 오버스트리트 교수는 다음과 같이 이를 지적하고 있다.

"부정적인 반응은 가장 극복하기 어려운 과제이다. 사람이 '아니요' 라는 말을 하면 자존심 때문에라도 절대 의견을 굽히려 들지 않는다. 나중에 자신의 판단이 잘못되었다고 느낄 수 있지만 자존심 때문에 번복하기가 어렵다. 일단 말을 하고 나면 사람은 그 말을 계속 주장하는 경향이 있다. 그래서 사람이 처음부터 긍정적인 방향으로 이끄는 것이 중요하다. 노련한 연사는 처음부터 긍정적인 답변을 유도한다. 그렇게 해서 청중들의 심리상태를 긍정적인 방향으로 이끈다. 그것은 당구공의 움직임과 같다. 일단 공을 한 방향으로 친 후에 그 방향을 바꾸려면 힘이 필요하고 반대방향으로 보내려면 더 많은 힘이 필요하다.

심리적인 패턴은 아주 분명하다. 사람이 '아니요' 라고 말하면 말하는 것 이상으로 그의 온 몸이 부정적인 상태로 바뀌 게 된다. 전 신경 근육체계에 경계경보가 울리는 것이다. 반대로 사람이 '예' 라고 말하면 그의 몸은 열린 태도를 취한다. 그러므로 처음에 긍정의 반응을 이끌면 청중의 관심을 이끄는 것이 쉬워진다.

'예' 라는 대답을 이끄는 것은 아주 간단하지만 무시되어왔다. 처음부터 적대적인 태도를 보이면 자신이 중요한 사람처럼 보인다는 생각은 버려라. 급진주의자들이 보수적인 동료들과 만나면 그들을 화나게 만든다. 그렇게 해서 좋을 것이 뭐가 있는가? 그렇게 해서 무엇인가를 얻어내기를 바란다면 그 사람이 바보이다.

상대에게 '아니요' 라는 반응을 이끌어내고 나중에 그 반응을 긍정의 답변으로 돌리려면 엄청난 인내가 요구된다.

어떻게 긍정의 대답을 이끌어 낼 수 있을까? 아주 간단하다. 링컨은 후에 이렇게 고백했다. "내가 긍정의 답변을 이끄는 방법은 우선 공통 분모를 찾아내는 것이다." 링컨은 노예제도라는 아주 민감한 사안을 토론할 때에도 공통분모를 찾아냈다. 〈미러〉지는 링컨의 연설을 다음과 같이 평가했다. "처음 30분 동안 그의 적들은 그가 하는 모든 말에 동의했다. 그때부터 그는 그의 적들을 자신의 의견으로 조금씩 몰아갔고 마침내는 그들을 모두 자신의 의견에 동조하게 만들었다."

상원의원 롯지의 방법

세계대전 종전 직후 상원의원 롯지와 하버드 대학교 로웰 총장은 보스턴 청중 앞에서 국제연맹 문제에 대해 토론하기로 했다. 롯지 상원의원은 대다수 청중이 자신의 의견에 반감을 가지고 있다고 느꼈지만 그들을 설득해야 했다. 어떻게 했을까? 이 상원의원은 사람의 심리를 잘 꿰뚫고 있었기에 아주 세부적인 계획을 세웠다. 그의 의견에 동조하지 않는 사람들조차 연설 초반에 그에게 '아니요' 라는 대답을 할 수 없게 만들었다. '나의 동료 미국인들' 이라는 말로 애국심에 호소하는 것도 유념해서 살펴봐라. 어떻게 그가 쌍방의 합의점을 이끌어 내는 지 잘 살펴보아라.

그가 반대편을 어떻게 추켜세우는지, 그들이 방법론에서만 다를 뿐 대의는 같다는 사실을 어떻게 강조하는 지 잘 봐라. 그는 더 나아가 자신이 어떤 종류의 국제연맹을 지지한다는 말을 했다. 반대편과 그가 다른 점은 그가 좀더 이상적이고 효과적인 연맹을 만들어야 한다고 느끼는 점뿐이었다.

"존경하는 각하, 신사 숙녀 여러분, 나의 동포 미국 국민 여러분!

제가 이 자리에 설 수 있도록 해주신 로웰 총장님께 감사 말씀 드립니다. 그 분과 저는 오랜 지인이며 같은 공화당원입니다. 로웰 총장님은 우리나라 최고 대학의 총장이시고 저명한 정치학자 이십니다. 그분과 저는 지금 우리 앞에 있는 문제와 관련된 구체적인 방법에는 이견이 있을지 모르지만 세계 평화와 미국의 복지라는 대의 앞에서는 뜻을 같이 하고 있습니다.

허락하신다면 제 입장에 대해 한마디 하려고 합니다. 제 입장을 간단하게 말씀드리려고 했지만 제 의도를 곡해하려는 분들이 있는 듯 합니다. 제가 국제연맹에 반대하는 것처럼 알려져 있지만 저는 반대하지 않습니다. 저는 이런 국제연맹을 간절히 바랍니다. 저는 자유 국가들이 프랑스가 소위 협회라고 부르는 체제 속에서 세계의 평화를 보장하고 군축을 실현하기 위해 할 수 있는 모든 일을 할 수 있게 되기를 간절히 바랍니다."

아무리 연사와 다른 생각을 가지고 있었던 사람이라도 이런 시작에는 마음이 풀리지 않을까? 이런 말을 들으면 사람들이 연사가 공정한 마음을 가지고 있다고 생각하지 않을까? 롯지 상원의원이 국제연맹을 지지하는 사람들에게 처음부터 그들이 잘못된 생각을 가지고 있다고 주장했다면 결과는 어땠을까? 결과는 보나마나 실패로 끝났을 것이다. 제임스 하비 로빈슨 교수의 저서 〈마음의 형성〉에서 뽑은 다음의 글은 이런 공격이 얼마나 덧없는 것인지 심리학적인 이유를 들어가며 설명하고 있다.

"우리가 별다른 저항 없이 우리의 마음을 바꿀 때가 있다. 하지만 우리가 틀렸다는 말을 들으면 우리는 발끈하여 마음의 문을 닫아버린다. 우리가 어떤 믿음을 형성하는 것은 믿을 수 없이 엉성하지만 누군가가 믿음을 깨려하면 강하게 저항한다. 우리에게 소중한 것은 믿음 자체가 아니라 우리의 자존심인 것이다. 인간에게 가장 중요한 것은 자기 자신이다. 나의 저녁식사, 나의 개, 나의 집 또는 나의 믿음, 나의 조국, 나의 신 등 모든 것에 내가 연관되면 특별한 의미를 지니게 된다. 누가 내 시계가 틀렸다거나, 내 차가 형편없다거나 하는 비난 뿐 아니라 화성의 운하, '헤픽테투스'의 발음, 살리신의 의학적 가치 등 내가 가지고 있는 생각이 틀렸다는 지적에 대해서도 기분나빠한다. 인간은 자신이 사실이라고 믿고 있는 것을 계속 믿고 싶어 하고, 이런 신념에 누군가 의혹의 눈길을 던지면 반발심이 생겨 더 매달린다."

최고의 논쟁은 설명이다.

청중과 논쟁을 하면 청중이 더욱 적개심을 가져서 청중의 마음을 돌리는 일은 불가능하다는 것은 분명한 사실이 아닐까? "지금부터 이러이러한 사실을 증명하겠습니다." 라고 말하며 연설을 시작하는 것이 현명한 것일까? 청중들은 이런 태도를 도전으로 받아들이며 속으로 조용히 "어떻게 하나 두고 보자." 라고 말하지 않을까?

연사와 청중의 공통분모를 강조한 후에 모두가 해답을 듣고 싶어 하는 적절한 질문을 던지는 것이 훨씬 효과적이지 않을까? 그런 후에 그 해답을 찾는 과정에 청중을 참여시켜라. 청중들에게 연관된 사실을 명확하게 제시하여 연사의 결론이 자신들이 내린 결론이라고 생각하게 만드는 것이 현명하다. "최고의 논쟁은 설명하는 것처럼 보인다."

어떤 논쟁이든지 견해차가 아무리 크다고 하더라도 합치되는 점은 반드시 있다. 예를 들어 공산당 지도자가 미국 은행가 협회에서 연설한 다고 해도 공통분모를 찾아서 의견을 교환할 수 있을 것이다. 그것이 어떻게 가능한 지 다음을 살펴보자.

"빈곤은 언제나 사회의 큰 골칫거리였습니다. 미국인들은 언제 어디에서나 가난한 사람의 고통을 덜어주는 것이 자신들의 의무라고 생각해왔습니다. 미국은 관대한 나라입니다. 역사상 어떤 민족도 가난한 사람을 돕기 위해 그토록 아낌없이 재산을 내놓은 적이 없었습니다. 이제 우리의 관대함으로 산업화 시대의 우리를 돌아보고 동시에 가난을 막을 방법은 없는 지 함께 모색해봅시다."

누가 이 말에 반대하겠는가? 모든 것에는 다 때가 있다. 연설의 초반에는 강하게 밀어붙이는 것보다는 재치가 더욱 필요하다.

패트릭 헨리는 연설을 어떻게 시작했을까?

미국에서 학교를 다녔다면 패트릭 헨리가 1775년 버지니아 집회에서 한 유명한 연설을 잘 알고 있을 것이다. "내게 자유가 아니면 죽음을 달라." 하지만 이렇게 감동적이고 폭풍과도 같은 연설의 시작은 상대적으로 조용하고 재치에 넘치는 연설이었음을 아는 사람은 거의 없다. 미국의 식민지들은 영국과 관계를 끊고 전쟁에 나서야 하는가? 이 문제는 그 당시 큰 논쟁거리였다. 하지만 패트릭 헨리는 그에 반대하는 사람들의 애국심을 칭찬하는 말로 연설을 시작했다. 두 번째 단락에서 어떻게 그가 청중을 자신의 생각하는 방향으로 이끌고 어떻게 결론을 내는지 잘 살펴봐라.

"존경하는 의장님. 방금 이곳에서 연설을 마치신 분들의 애국심과 뛰어난 능력에 경의를 표하지만 사람이 제각각이듯이 같은 문제를 대할 때 시각도 아주 다양합니다. 그분들과 다른 의견을 가진 제가 제 생각을 자유롭게 표현한다고 해서 노여워 마시기 바랍니다. 우리 앞에 놓인 문제는 아주 중요합니다. 저는 이 문제를 자유이냐 속박이냐의 문제로 생각하고 있습니다. 그리고 토론의 자유도 이 문제와 더불어 아주 중요합니다. 토론을 통해 우리는 진리에 이르고 신과 우리 조국에 대해 지고 있는 책임을 완수 할 수 있습니다. 공격받을까 두려워 제 생각을 표현하지 않으면 이는 조국에 대한 반역이고 하나님께 죄를 짓는 일일 것입니다.

존경하는 의장님, 인간이 희망이라는 환상에 빠지는 것은 자연스러운 일입니다. 고통스러운 진실에 눈을 감고 사이렌의 노래에 취하고 싶은 것은 인간의 본성입니다. 이것이 자유를 위한 투쟁을 하고 있는 현명한 사람들이 할 일이겠습니까? 눈은 있지만 보지 못하고 귀가 있지만 듣지 못하는 사람들 사이에 우리가 있어야 합니까? 저는 어떤 고통이 따르더라도 사실을 알고 싶습니다."

셰익스피어가 쓴 최고의 연설
셰익스피어 쓴 최고의 연설중의 하나는 마크 안토니가 쥴리어스 시저의 시체 앞에서 한 추도사이다.

시저가 독재자가 되자 당연히 그의 정적들은 그를 파멸시키고 싶어

했다. 결국 그들 중 23명은 브루투스와 카시우스의 지휘 아래 힘을 합쳐 시저의 몸에 칼을 꽂았다. 마크 안토니는 시저의 국무장관이었다. 그는 잘 생겼고, 글도 잘 썼으며 연설도 잘했다. 시저가 안토니를 자신의 오른팔로 점찍은 것도 놀랄 일이 아니다. 시저가 사라진 지금 그의 정적들은 안토니를 어떻게 해야 할까? 그를 물러나게 할까? 아니면 죽여야 하나? 이미 피는 충분히 흘렸고, 명분도 섰으니 안토니를 그들의 편으로 끌어들여 그의 영향력과 언변을 이용해 자신들의 방패막이로 활용하는 게 어떨까? 그 편이 안전하고 논리적인 생각이어서 그들은 그 계획을 실행에 옮겼다. 그들은 그를 만났고 한때 천하를 지배했던 시저의 시체에 애도사를 허락했다.

안토니는 로마의 연단에 올랐다. 그의 앞에 살해당한 시저가 누워있었다. 폭도들은 안토니 주변에 모여들었다. 이들은 브루투스와 카시우스와 다른 암살자들에 우호적인 무리였다. 안토니의 목적은 대중들을 동요시켜 시저를 쓰러뜨린 자들을 죽이게 하는 것이었다. 그가 손을 들자 주변이 조용해졌고 그는 말을 시작했다. 그가 얼마나 지능적으로 브루투스 무리를 치켜세우며 말을 시작하는지 주목해라.

"브루투스는 훌륭한 사람입니다. 그의 동료들도 모두 훌륭한 분들입니다."

그가 논쟁을 하고 있지 않다는 것을 주목해라. 점차 안토니는 시저에 대한 몇 가지 사실들을 하나씩 제시한다. 시저가 포로들의 몸값으로 어떻게 국고를 채웠는지, 그가 어떻게 가난한 자들과 함께 울었는지, 그가 왕관을 거절하고 유언을 통해 자기 재산을 사회에 환원했는지 등 시저의 알려지지 않은 사실들을 말한다. 그는 사실을 열거하고 군중에게 질문을 던지며 군중들이 결론을 이끌어내게 만든다.

"저는 여러분들도 알고 있는 사실을 말할 뿐입니다."

그는 놀라운 말솜씨로 군중의 마음을 움직이고, 군중의 동정심에 호소하고 그들의 분노를 불러일으켰다. 안토니의 연설 전문을 소개한다. 모든 연설문을 다 찾아도 이보다 더 좋은 자료는 없을 것이다. 셰익스피어의 어휘는 어떤 다른 작가보다 더 방대하다. 그는 언어의 마술사다. 〈맥베스〉, 〈햄릿〉, 〈줄리어스 시저〉를 공부하는 사람은 부지불식간에 자신의 어휘력을 더욱 넓힐 수 있을 것이다.

> 안토니 : 친구들, 로마인들, 제 말을 들어주십시오.
>
> 저는 시저를 찬양하러 온 것이 아니라 묻어주러 왔습니다.
>
> 사람이 행한 악행은 그가 죽은 후에도 남지만
>
> 선한 행실은 시신과 함께 땅에 묻힙니다.
>
> 시저도 마찬가지입니다. 브루투스는 시저가 야망이 있었다고 말합니다.
>
> 그것이 사실이라면 큰 잘못이겠지요.
>
> 시저는 그 죗값을 치렀습니다.
>
> 저는 브루투스와 훌륭하신 그의 동료들의 허락을 빌어
>
> 시저의 장례식에 추도사를 하고자 나왔습니다.
>
> 그는 나의 친구였습니다.
>
> 하지만 브루투스는 그가 야심이 있었다고 합니다.
>
> 그리고 브루투스는 훌륭한 사람입니다.
>
> 시저는 많은 포로를 로마로 데려왔고
>
> 그들의 몸값으로 국고를 채웠습니다.

이것이 시저의 야심이었습니까?

불쌍한 자들이 울부짖을 때 시저도 함께 울었습니다.

야심은 좀더 냉정한 사람이 가져야 하는 것입니다.

하지만 브루투스는 그가 야심이 있었다고 말합니다.

브루투스는 훌륭한 분입니다.

루퍼컬 축제 때 모두 보셨을 것입니다.

제가 시저에게 세 번이나 왕관을 바치는 것을.

그리고 그가 세 번이나 거절했습니다. 이것이 야심입니까?

하지만 브루투스는 그가 야심이 있었다고 말합니다.

브루투스는 훌륭한 분입니다.

저는 브루투스의 말을 반박하려는 것이 아닙니다.

그저 제가 아는 것을 말하려고 이 자리에 섰습니다.

여러분 모두 한때 이유가 있어 그분을 사랑했습니다.

그를 애도하는데 주저할 이유가 뭐가 있습니까?

오 판단력이여, 그대는 잔인한 짐승들과 달아났구나.

인간은 이성을 잃었구나! 죄송합니다. 저를 이해해주십시오.

내 심장은 시저와 함께 관에 있습니다.

제가 평정을 찾을 때까지 좀 쉬어야 겠습니다.

시민 1 : 그의 말이 맞는 것 같아.

시민 2 : 사건을 잘 살펴보면, 시저가 억울하지.

시민 3 : 그렇지 않아요?

시저 대신에 더 악독한 것들이 그 자리를 차지할까 무섭네.

시민 4 : 저 사람 말 들었지? 시저는 왕관을 안 받으려했대.

야심이 없었다고.

시민 1 : 그게 사실이면, 누군가는 대가를 치르겠지.

시민 4 : 잠깐만, 안토니가 연설을 시작했어.

안토니 : 하지만 어제만 하더라도 시저의 말은 세상을 호령했습니다. 지금 시저는 저기 누워있습니다.

그리고 아무도 그에게 경의를 표하지 않습니다.

여러분, 내가 만약 여러분의 마음을 선동하여

반란이 일어난다면

브루투스와 카시우스를 욕되게 하는 것입니다.

여러분도 아시다시피 그 둘은 훌륭한 사람들입니다.

그분들을 곤란하게 하느니

차라리 죽은 시저와 저 자신과 여러분을

욕되게 하는 것이 낫습니다.

여기 시저의 인장이 찍힌 문서가 있습니다.

시저의 유서로 그의 옷장에 있더군요.

평민들만 유서를 듣게 합시다.

미안합니다. 제가 읽겠다는 뜻은 아닙니다.

제가 유서를 읽으면 평민들은 시저에게 가서 시저의 상처에 키스하고

그의 피에 그들의 손수건을 적시며

시저를 기억하기 위해 그의 머리카락 한 올만 달라고 애원할 것이고

죽을 때 유언장에 남겨 이 위대한 유산을

자손대대로 남기려 할 것입니다.

시민 4 : 유서의 내용을 듣고 싶습니다. 읽어주십시오.

시민들 : 유언을 읽어 주시오! 우리는 시저의 유언을 듣고 싶습니다.

안토니 ; 참으십시오. 유언장을 읽으면 안 됩니다.

시저가 여러분들을 얼마나 사랑했는지 모르는 편이 좋습니다.

여러분은 목석이 아니라 따뜻한 피가 흐르는 인간입니다.

인간이기에 시저의 유언을 들으면

가슴속이 불타오를 것입니다.

여러분이 그의 상속인임을 모르는 편이 낫습니다.

만약 그 사실을 알면 어떤 일이 벌어질지!

시민 4 : 읽으시오. 우리는 들어야겠소.

안토니 : 좀 참아주십시오. 잠깐만 기다려주시겠습니까?

여러분께 유언장 이야기를 한 제가 경솔했습니다.

저 훌륭한 분들께 누가 될까 두렵습니다.

시저를 칼로 찌른 분들께 말입니다. 저는 두렵습니다.

시민 4 : 저들은 살인자들이오.

시민들 : 유언장! 유언장!

시민 2 : 그들은 악당들, 살인자들이요. 유언장을 읽으시오!

안토니 : 기어코 유언장을 읽어야겠습니까?

　　　　그렇다면 시저 주변으로 모이십시오.

내가 내려가도 되겠습니까?

시민들 : 내려오시오.

시민 2 : 내려오시오.

시민 3 : 괜찮아요.

시민 4 : 원을 만들어요.

시민 1 : 관에서 물러나요. 시체에서 물러나요.

시민 2 : 안토니에게 자리를 만들어 줍시다!

안토니 : 밀지마시고 물러서세요.

시민들 : 물러서요. 공간을 만듭시다!

안토니 : 눈물 흘릴 준비를 하십시오.

여러분은 이 망토를 잘 알 것입니다.

저는 시체가 처음 그 망토를 걸쳤을 때가 기억이 납니다.

여름날 저녁 텐트 안에서였죠.

그날 그분은 너비족을 정벌했습니다.

이곳이 카시우스의 검이 뚫고 지나간 자리입니다.

카스카가 남긴 이 상처를 보십시오.

그분이 그토록 총애하던 브루투스가 남긴 자국입니다.

신이시여! 판단해주소서. 시저가 얼마나 그를 사랑했는지!

이것이야 말로 가장 잔인한 상처입니다.

시저는 그토록 아끼던 브루투스가 자신을 지르는 것을 보고

배은망덕에 가슴이 무너져버렸습니다.

망토로 얼굴을 가린 채

폼페이의 조상 밑에

붉은 피를 떨어뜨리며 위대한 시저는 쓰러졌습니다.

여러분! 우리 모두가 쓰러진 것입니다.

반역자들은 우리 위에 군림하고 있습니다.

이제 여러분도 우는 군요. 그것은 거룩한 눈물입니다.

시저의 옷에 난 상처를 보았을 뿐인데 이렇게 눈물을 흘리는군요.

여기 그 분이 계십니다. 반역자들에게 난자당한 모습으로.

시민 1 : 비참한 광경이구나!

시민 2 : 시저여!

시민 3 : 비통한 날이로다!

시민 4 : 배신자들, 악당 같으니!

시민 1 : 처참하도다

시민 2 : 우리가 복수해야 한다.

시민들 : 복수! 복수! 태워라! 불 질러! 반역자는 한 놈도 살려두지 말아라!

안토니 : 잠깐만요! 진정하십시오.

시민1 : 거기 조용히 하시오! 안토니의 말을 들읍시다.

시민 2 : 안토니의 말을 따릅시다. 우리는 그와 함께 죽겠소.

안토니 : 여러분, 내말에 흥분하여 이러시면 안 됩니다.

이런 짓을 한 분들은 훌륭하신 분들입니다.

내가 모르는 개인적인 원한이 있었을지 모르지요.

그들은 현명한 분들입니다.

이유가 있었겠지요.

저는 여러분의 마음을 빼앗기 위해 온 것이 아닙니다.

저는 브루투스 같은 연설가도 아닙니다.

여러분이 아시다시피 친구를 사랑하는 평범한 사람일 분입니다.

저들도 잘 알기에 제가 여러분께 연설하도록 허락해 준 것입니다.

저는 말재주도 없습니다.

그저 솔직하게 여러분께 말씀드릴 뿐입니다.

그저 불쌍한 시저의 상처를 여러분께 보여드릴 뿐입니다.

제가 브루투스이고 브루투스가 저라면

저는 여러분의 정신을 흔들어

로마 전체가 봉기하게 만들 것입니다.

시민들 : 우리가 반란을 일으킵시다.

시민 1 : 브루투스의 집을 불태웁시다.

시민 3 : 갑시다. 반역자들을 찾아냅시다.

안토니: 잠깐만 제 말을 들어보십시오.

시민들 : 조용! 안토니의 말을 들읍시다.

안토니 : 여러분, 이유도 없이 왜 이런 일들을 하려합니까?

왜 시저가 여러분의 사랑을 받아야 합니까?

여러분이 잘 모르니 제가 말씀드리지요.

제가 말씀드린 유언장에 대해서는 잊고 있군요.

시민들 : 유언장! 유서의 내용을 들읍시다.

안토니 : 여기 시저의 봉인이 찍힌 유언장이 있습니다.

시저는 모든 로마시민들에게 75 드라크마씩 유산을 남겼습니다.

시민 2 : 우리가 그의 복수를 합시다!

시민 3 : 오! 시저!

안토니 : 제 말을 끝까지 들으십시오.

시민들 : 조용!

안토니 : 게다가 시저는 여러분에게 그의 모든 농장과 티베르 강 안쪽에

있는 그의 정원과 과수원을 남겼습니다.

여러분과 여러분의 후손들에게 이것들을 남겼습니다.

자유롭게 거닐며 즐길 수 있는 공동의 휴식공간으로 말입니다.

시저는 이런 사람이었습니다! 언제 그런 사람을 또 만날 수 있겠

습니까?

시민 1 : 결코 없을 것이오. 결코! 자 갑시다!

시저의 시신을 거룩한 장소에서 화장하고

타다 남은 장작으로 반역자들의 집을 불태웁시다.

시신을 옮깁시다.

시민 2 : 가서 불을 가져오시오!

시민 3 : 의자를 부숴라

시민 4 : 창문이건 되는대로 다 뜯어내라.

(시민들 시신과 함께 퇴장)

안토니 : 이제 되었다. 재앙이여 이제 네 차례다.

어서 일어나 너의 길을 가라.

1. 공통분모를 찾아라. 처음부터 청중들이 당신의 말에 동의하게끔 만들어라.

2. 처음부터 사람들이 '아니요' 라는 말을 하지 않도록 주의해라. 사람이 일단 '아니요' 라는 말을 하면 자존심 때문에라도 그 말을 계속 고집하게 된다. 처음부터 긍정의 답을 얻어 낼수록 청중을 설득하기가 쉬워진다.

3. 증명하겠다는 말로 시작하지 마라. 그 말은 반발만 불러일으킨다. 청중은 "얼마나 잘하나 보자" 라는 식으로 반응할 것이다. 적절한 질문을 하고 청중들이 해답을 찾는 과정에 동참하게 해라. "최선의 논쟁은 설명하는 것처럼 보인다."

4. 셰익스피어가 쓴 가장 유명한 연설은 안토니의 추도사이다. 로마 시민들은 반역자들에게 우호적이었다. 그런데 어떻게 안토니가 교묘하게 그들을 분노하게 만드는지 살펴보아라. 그가 논쟁하지 않았다는 사실에 주목하라. 그는 사실을 제시하고 청중이 스스로 의견을 제시하게 만들었을 뿐이다.

11장

어떻게 마무리
지을 것인가?

당신이 연사로서 미숙함이나 노련함, 재능이 어느 부분에서 보이는지 알고 싶은가? 바로 시작과 끝 부분이다. 연극에는 이런 격언이 있다. "배우가 등장하고 퇴장하는 모습만으로도 배우의 수준을 알 수 있다."

시작과 끝! 이 둘은 능숙하기 처리하기 힘든 부분이다. 예를 들어 사교 모임에서 가장 힘든 부분이 우아하게 등장하고 우아하게 퇴장하는 것이 아닌가? 비즈니스 관련 면담에서 인상적인 첫 만남과 성공적인 마무리만큼 어려운 것이 있을까?

연설에서 마무리는 전략적으로 가장 중요한 부분이다. 마지막에 하는 말은 청중의 귀에 남아 연설이 끝나도 맴돈다. 하지만 초보자들은 마무리의 중요성을 잘 모른다.

초보자들이 가장 잘 저지르는 실수가 무엇인가? 몇 가지를 살펴보고 해결책을 찾아보자.

첫째, "이 문제에 대해 제가 할 말은 여기까지입니다. 여기서 마쳐야겠군요." 이것은 끝이 아니다. 이것은 실수다. 전형적인 아마추어임을 보여주고 있다. 할 말을 다했으면 즉시 말을 멈추고 앉아야지 할 말을 다 한 것 같다고 질질 끄는 것은 뭐 하러 하는가?

할 말을 다 했는데도 멈추지 않는 연사도 있다. 조시 빌링스는 황소를 잡을 때 뿔을 잡지 말고 꼬리를 잡으라고 했다. 연사는 황소에서 떨어지려고 해도 안전한 것으로 가지 못하고 계속 황소와 같은 자리를 맴돌고 있다.

이럴 때 해결책은 무엇일까? 끝도 계획해야 한다.

훌륭한 연사였던 웹스터, 브라이트, 글래드스톤 같은 사람들도 연설문을 작성하여 암기했다고 한다.

초보자가 이들의 방법을 따르면 후회할 일은 없을 것이다. 연설을 마무리 할 때 어떤 말을 해야 할지 정확히 알고 있어야 한다. 연설의 마무리는 여러 번 연습해야 한다.

즉흥 연설은 하는 도중에 내용이 변할 수도 있고 상황에 맞춰 분량을 축소하는 등 예상치 못한 경우가 일어나기 때문에 마무리 말을 명확하게 해놓는 것이 현명하다. 두세 개 정도 마련했다가 상황에 따라서 적절하게 사용하면 되겠다.

어떤 연사들은 도무지 언제 끝내야 할지를 모른다. 중언부언하다가 몇 차례 끝낼 듯 말 듯 하다가 끝을 낸다. 이런 사람들은 물론 더 많은 연습과 준비가 필요하다.

많은 초보자들이 갑자기 연설을 끝내버린다. 그들의 마무리에는 매끄러움이 부족하다. 그들의 말에는 끝이 없다. 갑자기 끝이 난다. 청중은 기분이 깔끔하지 않다. 이것은 마치 친구와 이야기를 하는데 인사도 없이 갑자기 나가는 것과 같은 기분일 것이다.

링컨도 첫 취임식 초고에서 이런 실수를 저질렀다. 증오와 불화가 가득한 시기였다. 링컨은 남부 시민들을 향한 연설을 이렇게 끝내려고 계획했다.

"불만으로 가득한 시민 여러분, 내전이라는 중요한 문제는 제 손이 아니라 여러분의 손에 달려있습니다. 정부는 여러분을 공격하지 않을 것입니다. 여러분이 공격하지 않으면 전쟁은 일어나지 않을 것입니다. 여러분은 정부를 파괴하겠다는 맹세를 하늘에 대고 하지 않았지만 저는 맹세컨대 정부를 보호하겠습니다. 여러분은 정부를 공격하는 것을 중지할 수 있지만 저는 정부를 지키는 일에서 물러설 수 없습니다. 평화냐 전쟁이냐는 제가 아닌 여러분에게 달려있습니다."

링컨은 이 연설문을 슈어드 장관에게 보여주었다. 장관은 즉시 끝부분이 너무 앞부분과 연계성이 없고 호전적이라는 지적을 했다. 슈워드가 직접 연설문을 손봐주었다. 사실 그는 두 개의 원고를 작성했는데 링컨이 둘 중의 하나를 골라 약간 수정해서 연설에 사용했다. 그 결과 그의 첫 취임 연설은 처음의 호전적인 분위기에서 벗어나 부드러움과 시적인 아름다움을 갖춘 연설이 되었다.

"이제 연설을 끝내려니 섭섭합니다. 우리는 적이 아니라 친구입니다. 우리는 적이 되어서는 안 됩니다. 열정이 식었을지 몰라도 우리의 애정의 끈은 끊어져서는 안 됩니다. 전쟁터와 영웅의 무덤에서부터 이 광활한 대지위에 모든 인간으로 이어진 줄에 천사의 손길이 와 닿을 것이며 그때 연방의 대합창이 울려 퍼질 것입니다."

초보자는 어떻게 잘 끝맺음을 할 수 있을까? 규칙으로?

아니다. 그것은 거의 직관적으로 이뤄져야 한다. 명연설가들의 방법을 잘 연구하면 어느 정도 요령을 배울 수 있을 것이다. 그 예로 영국 황태자가 토론토의 엠파이어 클럽에서 한 연설을 소개하고자 한다.

"여러분, 제가 너무 제 이야기만 한 것 같습니다. 하지만 제 신분과 그에 수반되는 책임에 대한 저의 생각을 여러분께 말씀드리고 싶었습니다. 여러분의 믿음을 저버리지 않도록 열심히 노력하겠습니다."

맹인이 이 말을 들어도 연설이 끝났구나 라고 생각할 것이다. 마무리가 아주 깔끔하다.

유명한 해리 에머슨 포스딕 박사는 6차 국제연맹 회의가 개막된 후 제네바 성당에서 연설했다. '칼로 흥한 자 칼로 망한다' 라는 내용이었다. 얼마나 아름답고 박력 있게 끝을 맺는지 살펴보라.

"우리는 예수 그리스도와 전쟁을 화해시킬 수 없습니다. 전쟁은 인류에 해를 끼치는 사회악입니다. 지극히 비기독교적이고, 방법과 결과가 예수님이 주장하는 것과는 정반대입니다. 교회가 우리 사회의 도덕적 문제를 우리의 문제로 보고 아버지 시대에 그랬던 것처럼 우상숭배를 배격하고, 호전적인 국가들의 손짓에 양심을 저버리는 것을 거부하고, 민족주의 위로 하나님의 왕국을 높이 세우고 평화를 외쳐야 할 때가 지금입니다.

오늘 이곳, 사랑 가득한 지붕 아래서 저는 미국인으로서 미국 정부를 대변하여 말할 수 없습니다. 하지만 미국인이자 기독교도로서 여러분이 성공하기를 기원합니다. 우리는 평화로운 세계라는 공통의 목적을 위해 노력하고 있습니다. 이보다 더 가치 있는 목표는 없습니다. 평화 이외의 다른 방법은 인류에게 재앙만을 가져다 줄 것입니다. '칼로 흥한 자는 칼로 망한다' 는 법칙에서 자유로운 인간이나 나라는 없습니다."

다음은 링컨의 두 번째 취임 연설 중의 일부이다.

"우리는 순진하게 전쟁의 고통이 빨리 사라지기를 기도합니다. 하지만 전쟁이 계속되는 것이 신의 뜻이라고 해도 여전히 하나님의 뜻은 정의로우며 옳습니다.

누구에게도 원한을 품지 말고, 모두에게 자비심으로 우리의 문제를 해결해 나갑시다. 나라의 상처를 꿰매고, 전쟁 미망인과 전쟁고아들을 돌봅시다. 영원한 평화를 이루기 위해 우리가 할 수 있는 모든 일을 합시다."

당신은 인간이 할 수 있는 가장 아름다운 연설을 읽었다. 내 의견에 동의하는가?

윌리엄 바튼은 〈링컨의 생애〉에서 이렇게 말한다. "게티즈버그의 연설도 훌륭하지만, 이 연설은 한 단계 위이다. 이는 링컨의 연설 중 최고이고 그의 지적인 능력과 영적인 힘을 보여준다."

칼 슐츠는 이렇게 썼다. "이것은 신성한 시와 같다. 어떤 미국 대통령도 미국 사람들에게 이런 말을 한 적이 없다. 마음 깊은 곳에서 우러나온 말을 하는 대통령이 없었다."

하지만 당신은 대통령이나 총리로서 모든 사람의 뇌리에 박힐 연설을 할 일은 없을 것이다. 당신이 당면한 문제는 기업인 모임에서 담화를 어떻게 잘 끝내는가 하는 정도일 것이다. 유용한 방법을 찾아보자.

핵심을 요약해라.

3분에서 5분 정도 되는 짧은 연설에서도 연사는 너무 많은 내용을 커버하려고 하여 청중들은 막판에 연사가 무슨 말을 했는지 헷갈리게 된다. 하지만 이 사실을 알고 있는 연사는 거의 없다. 그들은 자신이 하는 말은 잘 알고 있으니까 청중들도 그럴 거라고 짐작한다. 전혀 그렇지 않다. 연사는 오랫동안 자신의 연설에 대해 생각하지만 청중들은 그가 하는 말은 처음 들어본다. 이해되는 것도 있겠지만 대부분은 공중에서 사라져 버린다.

아일랜드의 어떤 정치인은 연설에 대해 이런 말을 했다고 한다. "첫째, 청중에게 곧 이야기를 시작할 것이라고 하고 이야기를 해라. 다음에는 당신이 이런 말들을 했다고 다시 한 번 각인시켜주어라."

"청중에게 다시 한 번 각인 시키는 것"은 아주 좋은 방법이다.

여기 좋은 예가 있다. 연사는 시카고 Y. M. C. A에서 빌의 대중 연설 수업을 듣는 학생이었다. 그는 시카고 철도회사 직원이었다.

"간단히 말해, 이 차단장치를 우리 집 뒤뜰에서 시험해 본 경험, 동부와 서부, 북부에서 사용해본 경험, 간단한 작동원리, 경제성 등을 고려해 볼 때 우리 남부 지점에서도 이 장치를 즉시 설치할 것을 건의하는 바입니다."

연설문 전체를 읽지 않아도 그가 어떤 내용의 연설을 했는지 알 수 있다. 이런 식의 요약이 효과적이지 않는가? 그렇다면 즉시 써먹어라.

행동을 촉구하라.

앞에 인용한 끝부분은 행동을 촉구하는 아주 훌륭한 예이다. 연사는 차단 장치가 남부 지점에 설치되기를 바랐다. 연사는 행동을 원했고 성공했다. 이것은 단순한 연습 연설이 아니라 철도회사 이사진 앞에서 한 연설이고 차단 장치를 설치하는 데 성공했다.

진정한 칭찬

"위대한 펜실베이니아 주는 새로운 시대의 도래를 앞당기는 데 앞장서야 합니다. 강철의 생산지이고 세계 최대 철도회사의 모태이자 미국에서 농업 생산량이 세 번째로 많은 펜실베니아는 미국의 중심도시입니다. 지금이 펜실베니아가 미국을 이끌 수 있는 가장 좋은 시점입니다."

찰스 슈웝은 이런 말로 뉴욕의 펜실베니아 소사이어티 연설을 끝냈다. 이것은 바람직한 마무리 방법이다. 하지만 더 효과적이기 위해서는 아첨이 아니라 진심이 담긴 칭찬이어야 한다. 이런 종류의 마무리는 청중을 감동시키지 못하면 가식으로 들려 어떤 누구도 귀 기울여 듣지 않을 것이다.

유머를 사용한 마무리

조지 코핸은 "작별인사를 할 때는 항상 웃겨라."라는 말을 했다. 그럴 능력이 되고 웃긴 소재가 있다면 좋은 방법이다. 하지만 어떻게 할 것인가? 각자가 자기만의 방식대로 하는 수밖에 없다.

로이드 조지가 감리교 신자들에게 존 웨슬리의 무덤과 관련한 엄숙한 주제로 이야기하며 청중을 웃게 하리라고는 아무도 상상하지 못했다.

"저는 여러분이 존 웨슬리의 무덤을 보수하기 시작했다는 말을 듣고 기뻤습니다. 그분은 지저분한 것을 싫어하시는 성품이셨습니다. '감리교 신자는 초라하게 보이면 안 된다.' 라는 말도 그분이 하신 것 같네요. 그분 덕분에 신도 여러분 중에 초라한 분이 없네요. (웃음) 그분이 지나갈 때 '하나님의 은총이 함께하시기를, 웨슬리 선생님.' 이라고 말하자. 그는 이렇게 대답했습니다. '아가씨, 아가씨의 얼굴과 치마가 좀더 깔끔하면 축복이 더 내릴 텐데.' 라고 말했습니다. (웃음) 그분의 무덤을 깔끔하게 유지시켜 주십시오. 그분이 지나가시다가 지저분한 것을 보시면 가슴 아파하실 것입니다. 그곳은 성스러운 장소입니다.(환호)"

시구 인용으로 마무리

마무리할 때 시구나, 유머를 사용하면 효과적이다. 연설을 마무리할 때 시 구절을 인용하면 당신의 품격이 훨씬 올라갈 것이다.

로터리 클럽 회원인 해리 로더 경은 에딘버러 집회에 참석한 미국 로터리 클럽 대표단 앞에서 연설을 다음과 같이 마무리했다.

"여러분이 집에 돌아가시면 몇 분은 제게 엽서를 보내주실 겁니다. 안 보내시면 제가 보내지요. 제가 보낸 엽서는 우표가 없을 테니 쉽게 알아보실 수 있을 것입니다. (웃음) 엽서에 다음과 같은 글이 적혀 있을 것입니다.

'계절은 왔다가 가네

모든 것은 시드는 법

그러나 아침 이슬처럼 생생하게 피어나는 것이 있으니

그것은 바로 당신을 향한 나의 사랑.'"

이 짧은 시는 해리 로더의 성격과 잘 맞았고, 연설의 의도와도 잘 맞았다. 그러나 근엄한 로터리클럽 회원이 근엄한 연설 끝에 이 시를 사용했다면 웃음거리가 될지 모른다. 대중연설을 가르치면 가르칠수록 모든 경우에 적용되는 일반적인 규칙을 찾기가 불가능하다는 것을 점점 더 깨닫게 된다. 사도 바울이 말했듯이 자신의 구원은 자신이 알아서 하는 수밖에 없다.

최근에 어떤 유명인사의 환송파티에 초대받아 간 적이 있었다. 연사들이 차례대로 일어나 떠나는 친구를 환송하고 성공을 기원했다. 단 한 명만이 시구절을 활용하여 인상적인 마무리를 보여주었다. 그 연사는 감정을 담아 친구를 바라보며 말했다.

"자 이제 안녕이네요. 행운을 빕니다.

나는 동양인들이 하듯 가슴에 손을 얹고

알라 신이 당신과 함께 하기를 빕니다.

당신이 어디로 오든, 어디로 가든

알라신의 아름다운 종려나무가 자라나기를

낮의 수고와 밤의 휴식을 통해

알라의 사랑이 당신과 함께 하기를

나는 동양인들이 하듯 가슴에 손을 얹고

알라 신이 당신과 함께 하기를 빕니다."

브루클린의 L. A. D. 모터스의 부사장 애버트 씨는 회사 직원들에게 충성과 협동이라는 주제로 연설했다. 그는 그의 연설을 키플링의 정글 북에서 따온 시구로 마무리했다.

"자 이것이 정글의 법칙이다.

법칙을 따르는 늑대는 번성할 것이고 이를 따르지 않는 늑대는 죽을 것이다.

나무줄기를 휘감는 덩굴처럼 이 법칙이 정글을 지배한다.

무리의 힘이 곧 늑대의 힘이고 늑대의 힘이 곧 무리의 힘이 된다."

도서관에 가서 사서에게 당신이 준비하는 연설의 주제에 대해 말해 주면 적당한 것을 뽑아 줄 지 모른다.

성서 인용의 힘

성경 구절을 인용할 수 있다면 당신은 운이 좋은 사람이다. 성서 인용은 큰 효과가 있다. 유명 재정 전문가 프랭크 밴더립은 미국에 대한 연합국의 채무에 대한 주제로 연설하면서 이 방법을 썼다.

"만약 우리가 이기심에서 꼭 받아내야 한다고 주장한다면 우리는 현금이 아니라 증오를 받을 것입니다. 우리가 관대하다면 우리는 청구금액을 다 받을 것이고, 우리가 그들에게 베푸는 선은 우리가 주는 어떤 것보다 더 우리에게 이득이 될 것입니다. '누구든지 자기 목숨을 구하려는 자는 목숨을 잃을 것이요. 나와 복음을 위해 목숨을 버리는 자는 목숨을 얻으리라.'"

클라이맥스

점층법은 많이 쓰는 마무리 기법이다. 모든 주제에 적합한 방법이 아니고, 적용하기도 어렵다. 하지만 잘 사용하면 아주 효과적이다. 이 방법은 문장이 점차 정점을 향해 가면서 강해진다.

링컨은 나이아가라 폭포에 대한 강연을 준비하면서 점층법을 사용했다. 각각의 비교가 어떻게 더 강해지는지, 콜럼버스, 예수, 모세, 아담 등의 시기와 비교하면서 어떻게 점층적 효과를 내는지 주목해보아라.

"그것은 아득한 과거를 떠올립니다. 콜럼버스가 처음 신대륙을 발견했을 때, 그리스도가 십자가에서 고통을 당했을 때, 모세가 이스라엘 사람들을 이끌고 홍해를 건넜을 때, 아담이 하나님의 손끝에서 처음 나왔을 때에도 지금처럼 나이아가라 폭포는 이곳에 있었습니다. 인류가 존재하기 이전부터 나이아가라 폭포는 존재했습니다. 오래전에 멸종한 매머드와 마스토돈도 나이아가라를 바라보았습니다. 그 오랜 세월 동안 나이아가라는 결코 멈추지 않고, 말라붙은 적도, 얼어붙은 적도, 잠을 잔적도, 휴식을 취한 적도 없었습니다."

웬델 필립스도 이와 같은 방법을 사용했다. 50년 전에 쓰인 이 연설은 문체가 화려하지만 아주 재미있다.

"저는 그를 나폴레옹이라고 부르겠습니다. 나폴레옹은 맹세를 깨고 피의 바다를 통해 제국을 세웠습니다. 그는 허황된 말을 한 적이 없었습니다. '보복하지 않는다.'는 그의 좌우명이었습니다. 그는 프랑스에서 자신의 아들에게 마지막으로 이런 말을 남겼습니다. '아들아, 너는 산토도밍고로 돌아갈 것이다. 프랑스가 아버지를 죽였다는 사실은 잊어라.' 저는 그를 크롬웰이라 부를 수 있겠지만 크롬웰은 일개 군인일 뿐이었고 그가 세운 나라는 그와 함께 무덤으로 들어갔습니다. 저는 그를 워싱턴이라 부를 수 있겠지만 그는 노예 소유주였습니다. 나폴레옹은 노예무역을 허용하느니 자신의 왕국을 위태롭게 하는 쪽을 택했습니다.

여러분은 제가 광신도라고 생각할지 모르지만 그것은 편견을 가지고 역사를 읽었기 때문입니다. 지금부터 50년 후 진실이 힘을 가지게 될 때, 역사의 여신은 포시온을 그리스인으로, 브루투스를 로마인으로, 햄든과 라파레트를 각기 영국과 프랑스를 대표하는 인물로, 워싱턴을 초기 문명을 찬란히 꽃피운 인물로, 존 브라운을 한낮의 성숙한 과일로 평가할 것이고 역사의 여신은 태양빛에 펜을 찍은 후 푸른 하늘에 이 위인들 위로 군인이자 정치인 순교자 뚜상 루베르띠르의 이름을 적을 것입니다."

연설은 간단하게 해라.

좋은 시작과 끝을 찾을 때까지 탐색을 계속해라.

빠르게 움직이는 시대 분위기에 맞춰 자신의 말을 짧게 자르지 못하는 연사는 환영받지 못할 것이다.

이 부분에서 타르수스의 사울 같은 성인도 실수를 저질렀다. 그는 청중 중에 유티쿠스라는 이름의 청년이 연설을 듣다가 졸아 창문에서 떨어져 목이 부러질 때까지 설교를 이어나갔다. 아마 그때도 설교를 계속했을 것이다. 예전에 브루클린의 유니버시티 클럽에서 연설을 한 의사가 기억이 난다. 이미 많은 연사들의 연설이 있은 후였고 시각은 벌써 2시였다. 그가 상식이 있는 사람이었으면 짧게 연설을 끝내고 사람들을 집에 보냈을 것이다. 하지만 그는 눈치 없이 생체해부에 반대하는 45분간의 연설을 했다. 연설이 중간도 가기 전에 사람들은 그가 유티쿠스처럼 창문에서 떨어져 어디라도 부러져서 연설이 끝났으면 하고 바랬다.

〈세터데이 이브닝 포스트〉지의 편집자 로리머는 잡지의 기사들이 인기의 정점에서 개재를 중단했다. 왜 중단했을까? 하필이면 왜 그때? 로리머는 이렇게 답한다. "인기의 정점을 지나면 곧 식상해지기 때문이죠."

연설에도 이와 같은 원리가 적용되어야 한다. 청중이 이야기를 더했으면 하는 그 시점에 멈춰라.

예수의 가장 위대한 연설 산상 수훈은 5분정도 된다. 링컨의 게티즈버그 연설은 달랑 10문장에 불과하다. 창세기의 창조부분은 조간신문에서 살인 사건 기사를 읽는 시간보다 짧다. 짧게 해라!

존슨 박사는 아프리카의 미개 부족에 관한 책을 썼다. 그는 49년 동안 마을에서 그들과 함께 살며 그 부족을 관찰했다. 부족 회의에서 연사가 말을 너무 길게 하면 청중들은 연설을 중단시킨다.

다른 부족은 연사가 한 발로 서 있을 수 있는 시간만큼만 연설을 하도록 허용한다. 들고 있는 발의 발가락이 땅에 닿는 순간 그는 말을 멈춰야 한다.

이들보다 더 교양 있는 보통의 백인 청중들도 아프리카 부족들만큼
이나 긴 연설은 싫어한다.

요약

1. 연설의 끝은 전략적으로 아주 중요하다. 마지막에 들은 말이 가장
   오래 기억에 남는다.
2. "이 문제에 대해 할 말은 대략 끝난 듯합니다. 이쯤에서 마무리
   지어야 겠습니다."라고 말하며 끝내지 마라. 할 말을 다했으면 주
   저 없이 끝내라.
3. 마무리 부분을 꼼꼼하게 계획해라. 마지막에 할 말은 정확하게 알
   고 있어야 한다.
4. 7가지 마무리 방법
   a. 간단하게 요약해라.
   b. 행동을 촉구해라.
   c. 청중에게 진심어린 찬사를 보내라.
   d. 웃게 해라.
   e. 시구를 인용해라.
   f. 성경구절을 이용해라.
   g. 점층법을 활용한다.
5. 청중이 끝냈으면 하기 전에 끝내라.

12장

의미를 명확하게
하려면

제 1차 세계대전 중에 유명한 영국의 주교가 롱 아일랜드의 업톤 캠프에서 병사들에게 연설했다. 그들은 전선으로 가는 길이었는데 자신들이 왜 그곳으로 차출되었는지 아는 사람은 거의 없었다. 그 주교는 "국제 친선", "세르비아의 권리" 운운하며 연설했다. 흑인병사들의 절반은 세르비아가 무엇인지 제대로 알지도 못했다. 무장을 한 헌병들이 지키고 있었기 때문에 주교의 말을 이해하지도 못하면서 병사들은 억지로 연설을 듣고 있어야 했다. 주교의 연설은 실패했다. 그는 청중을 몰랐고, 연설의 목적과 어떻게 하면 성공적으로 목적을 달성해야 하는지 몰랐다.

연설의 목적은 무엇인가? 연설의 목적은 다음과 같다.

1. 명확히 이해시킨다.

2. 감동을 준다.

3. 행동하게 만든다.

4. 즐거움을 준다.

구체적인 본보기들을 들어보자.

기계에 대해 관심이 많았던 링컨은 좌초된 배를 들어 올리는 장비를 개발하여 특허를 받았다. 그는 법률 사무소 근처의 철공소에서 일하며 그 장비의 모델을 만들었다. 그 장치는 쓸모는 없었지만 링컨은 열정적으로 작업했다. 친구들이 그 장비를 보러 왔을 때 그는 자랑스럽게 설명했다. 이때 그의 연설의 목적은 분명히 이해시키는 것이다.

게티즈버그에서 행한 불멸의 연설, 취임식 연설, 헨리 클레이를 위한 추도사의 목적은 감동을 주기 위함이다.

배심원들에게 말할 때는 유리한 판결을 얻기 위해 연설했고 정치 연설에서는 표를 얻으려 했다. 여기서 그의 연설의 목적은 행동을 이끌어내는 것이다.

그가 대통령에 당선되기 2년 전, 링컨은 발명에 대한 강연을 준비했다. 그 연설의 목적은 즐거움을 주기 위한 것이다. 하지만 성공하지 못했다. 대중 연설가로서의 그의 경력은 사실 실망스러운 수준이었다. 어떤 마을에서는 그의 말을 들으러 온 사람이 한명도 없었다.

하지만 다른 연설에서 그는 성공했다. 왜일까? 이 경우에 그는 연설의 목적을 정확하게 알았고, 목적 달성을 위해서 어떻게 해야 하는지 알고 있었다. 수많은 연사들이 이것을 몰라서 실패하는 경우가 많다.

예전에 미국의 한 국회의원이 야유 속에 연단을 쫓겨나는 것을 본 적이 있다. 그는 청중에게 미국이 어떻게 전쟁준비를 하고 있는 지 설명했다. 청중들은 설명을 원하지 않았다. 전시여서 예민해 있던 청중들은 즐거움을 원했다. 처음 얼마동안은 인내심을 가지고 들었지만 인내심은 곧 사라졌다. 누군가가 야유를 보내기 시작했다. 곧 천명의 사람들이 소리치고 휘파람을 불어댔다. 둔해서 상황 파악을 못했던 연사는 계속 연설을 이어갔다. 화가 난 청중들의 야유와 함성은 너무나 커서 바로 옆에 있는 사람도 연사의 말을 들을 수 없었다. 결국 그는 굴욕 속에 퇴장했다.

연설을 준비하기 전에 연설의 목적을 정해라. 기술적으로, 과학적으로 목적 달성을 위해 준비해라.

13장은 감동적이고 설득력 있게 연설하는 법을, 14장은 재미있게 연설하는 법, 15장은 과학적인 행동 촉구 방법에 대해 설명할 것이다.

비교를 활용해 이해를 도와라.

명확성을 과소평가하지 마라. 나는 최근에 어떤 아일랜드 시인의 시 낭독 회에 참석했다. 낭독회의 절반이 지나도 그가 하는 말을 이해하는 사람이 10퍼센트도 되지 않았다.

올리버 로지 경과 대중연설의 핵심요소에 대해 이야기를 했을 때, 그는 지식과 준비의 중요성을 강조하고 다음으로는 명확한 의사전달을 강조했다.

보불전쟁이 일어났을 때 폰 몰트케 장군은 장교들에게 이렇게 말했다.

"오해하기 쉬운 명령은 반드시 오해를 부른다는 것을 기억하시오."

나폴레옹도 이와 같은 위험을 알고 있었다. 그가 비서들에게 끊임없이 지적한 것도 "명확하게"였다.

제자들이 예수에게 왜 비유를 들어 설교하는 지 묻자 예수는 이렇게 답했다. "그들은 보아도 보지 못하고, 들어도 듣지 못하고 이해하지 못하기 때문이다."

청중에게 생소한 주제에 대해 이야기할 때 청중들이 이해할 수 있을까?

이해할 수 없을 것이다. 그렇다면 어떻게 해야 하는가? 예수는 사람들이 모르는 것을 설명할 때 사람들에게 친숙한 소개를 써서 비유하는 방법을 사용했다. 천국은 어떤 곳인가? 무지한 농부들이 어떻게 알겠는가? 그래서 예수는 농부들이 이미 알고 있는 친숙한 물건들을 예로 사용해 설명했다.

"천국은 가루 서 말 속에 넣어 부풀게 한 누룩과 같다."

"천국은 좋은 진주를 구하는 상인과 같으니……."

"천국은 바다에 던져놓은 그물과 같다."

명쾌하다. 농부들은 이해할 수 있었다. 청중들 속의 부인들은 매주 누룩을 사용했고, 어부들은 매일 바다에 그물을 드리웠으며, 상인들은 매일 진주를 거래했다.

다윗은 예수의 자비로움을 어떻게 설명했을까?

"여호와는 나의 목자시니, 내게 부족함이 없으리로다. 그는 나를 푸른 풀밭에 누이시며 나를 잔잔한 물가로 인도하시는 도다."

선교사들이 성경을 아프리카의 적도 근처에 사는 부족의 방언으로 번역하고 있었다. 그들은 '너희 죄가 진홍같이 붉을지라도 눈처럼 희어질 것이다"라는 구절에 이르렀다. 어떻게 번역할까? 문자 그대로? 말도 안 된다. 이 부족들에게는 눈이라는 단어도 없다. 그러나 그들은 야자수에 올라 점심식사용으로 열매를 땄다. 그래서 알고 있는 것에 비유하여 설명한다는 원칙에 따라 그 구절을 다음과 같이 바꿨다. "비록 너의 죄가 진홍같이 붉을지라도 야자열매의 속살처럼 하예질 것이다."

미주리 주 워렌스버그의 주립교육대학에서 어떤 강사가 알래스카에 대해 강연하는 것을 들은 적이 있다. 그는 아프리카 선교사와는 달리 청중이 알고 있는 사실과 연계하여 설명하지 못했다. 그는 청중들에게 알래스카의 총면적은 590,804제곱미터이고 인구는 64,356이라고 말했다.

보통사람에게 50만 제곱마일은 어떤 의미일까? 일반사람들은 제곱마일단위로 생각하는 데 익숙하지 않다. 구체적인 그림이 떠오르지 않는다. 50만 제곱마일이라고 하면 메인이나 텍사스 정도의 크기인지 감이 오지 않는다. 이렇게 설명했다면 더 쉽게 다가올 것이다. "알래스카와 주변 섬들의 해안선을 합친 길이는 버몬트, 뉴헴프셔, 메인, 매사추세츠, 로드 아일랜드, 코네티컷, 뉴욕, 뉴저지, 펜실베니아, 델라웨어, 메릴랜드, 웨스트버지니아, 노스캐롤라이나, 사우스캐롤라이나, 조지아, 플로리다, 미시시피와 테네시를 합한 것보다 넓습니다." 이렇게 설명하면 알래스카 지역의 크기가 대략 얼마 정도인지 추측할 수 있을 것이다.

그는 알래스카의 인구가 64,356명이라고 했는데, 이를 5분 아니 1

분 후에도 기억할 수 있는 사람은 10명 중에 한명도 안 된 것이다. 왜일까? "육만 사천 삼백 오십 육" 이라고 빨리 말하면 인상에 남지 않는다. 해변 모래에 쓴 글씨처럼 희미한 자국만을 남긴다. 다음에 오는 내용이 금세 지워버린다. 청중에 익숙한 어떤 것과 연계하여 설명하는 것이 더 낫지 않을까? 예를 들어 세인트 조셉은 청중들이 사는 미주리와 멀지 않았다. 많은 사람들이 세인트 조셉에 가봤기 때문에 알래스카의 인구가 세인트 조셉보다 만 명 적다고 설명하면 정확히 이해할 수 있었을 것이다. 추상적인 숫자를 나열하는 것보다 다음과 같이 "알래스카는 미주리보다 여덟 배 크지만 인구는 바로 이곳 웨렌스버그의 열세 배밖에 되지 않습니다."

다음의 설명 (a)와 (b) 중에 어떤 것이 이해하기 쉬운가?

(a) 지구에서 가장 가까운 별은 35조 마일 떨어져 있다.

(b) 기차가 1분에 1마일의 속도로 달릴 때 지구에서 가장 가까운 별까지 4,800만년이 걸린다. 그 별에서 노랫소리가 지구까지 도달하는데 380만년이 걸리고 지구에서 그 별까지 거미줄로 이으려면 500톤 정도의 거미줄이 필요하다.

(a) 세계에서 가장 큰 교회인 성 베드로 성당은 길이가 232야드에 너비가 364피트다.

(b) 성베드로 성당은 워싱턴의 국회의사당 두 개를 합쳐놓은 크기이다.

올리버 로지 경은 대중에게 원자의 크기와 성질을 설명할 때 이 방법을 사용한다. 그가 유럽 청중에게 물 한 방울에 들어있는 원자의 수가 지중해의 물방울 개수만큼 많다고 설명하는 것을 들은 적이 있다. 그의 청중 중에는 지브롤터 해협에서 수에즈 운하까지 항해해 본 사람들이 많았다. 청중들의 이해가 쉽도록 물 한 방울에는 지구상의 풀잎개수만큼 많은 원자가 있다고 설명했다.

리처드 하딩 데이비스는 뉴욕 청중들에게 소피아 사원이 5번가 극장의 관객석만하다고 설명했다.

여러분도 앞에서 설명한 방법을 사용해라. 거대한 피라미드를 설명할 경우 먼저 그것이 451피트라고 말하고, 청중들이 매일 보는 어떤 건물과 비교하여 그 높이를 부연설명해라. 액체를 설명할 때도 몇 천 갤런이니 몇 만 배럴이니 라고 설명하지 말고 우리가 있는 방의 몇 개를 채울 분량이라고 설명해라. 20피트라고 말하지 말고 이 천정의 반 정도 된다고 설명해라. 거리를 설명할 때도 마일이나 킬로미터의 개념을 말하지 말고 여기서 무슨 역까지 아니면 몇 번가까지 정도의 거리라고 설명하는 편이 훨씬 효과적일 것이다.

전문용어를 피해라.

당신이 변호사, 의사, 엔지니어 같은 전문직이라면 쉬운 용어를 써서 연설해야 한다.

전문직 연사들은 청중들이 자신들이 사용하는 용어를 잘 모른다는 사실을 의식하지 못한다. 그 결과는 어떻겠는가? 전문직 연사들은 자신만 알고 있는 용어로 주절댈 뿐이다. 관련지식이 없는 청중들은 하나도 이해할 수 없다.

이런 연사는 어떻게 해야 하는가? 인디애나 주 상원의원 베버리지의 충고를 잘 새겨들어라.

"청중 중에 가장 어리숙한 사람을 골라 그가 당신의 연설에 흥미를 가지게끔 하는 것이 좋은 연습이 될 수 있다. 사실을 명확하게 설명해야만 이 청중은 쉽게 이해할 수가 있을 것이다. 더 좋은 방법은 부모와 함께 온 어린 아이를 연설대상으로 삼는 것이다."

나는 이 강좌의 수강생이던 의사가 "횡경막 호흡은 장의 연동에 좋고 건강에 도움이 된다."라고 말하는 것을 들었다. 그가 그 부분을 그냥 넘어가려하기에 나는 그를 제지하고 청중 중에 방금한 말의 의미를 아는 사람 있으면 손을 들어보라고 요청했다. 아는 사람이 거의 없음에 놀란 의사는 다시 되돌아가 이런 식으로 상세하게 설명했다.

"횡경막은 가슴 아래 있는 얇은 근육으로 폐의 바닥과 복강의 천정부위에 있습니다. 가슴 호흡 중 활동을 하지 않을 때는 뒤집어놓은 세면기처럼 구부러진 활 모양입니다.

배로 호흡할 때 횡경막은 호흡할 때마다 아래로 내려가 거의 평평해지고 배근육이 벨트를 압박하게 됩니다. 이렇게 되면 복강 위쪽에 있는 위, 간, 췌장, 비장, 명치가 자극이 됩니다.

숨을 내쉴 때 위와 내장이 횡경막 쪽으로 밀려 올라가면서 자극을 받게 되지요. 이런 마사지는 배변 작용을 돕습니다.

병은 대부분 내장에서 시작됩니다. 위와 내장이 깊은 횡경막 호흡으로 자극받으면 소화불량, 변비 등의 질환이 해결될 것입니다."

명쾌한 연설을 위한 링컨의 비밀

링컨은 누구나 이해할 수 있게 설명하는 것을 좋아했다. 의회에 보
낸 첫 메시지에서 그는 사탕발림이란 용어를 사용했다. 인쇄업자인 링
컨의 친구가 그 표현이 일리노이의 대중연설에는 괜찮을지 몰라도 역
사에 남을 정부 문서로는 부적절하지 않냐고 하자 그는 이렇게 말했다.
"사람들이 사탕발림이란 뜻을 모르면 그 표현을 바꾸겠지만 그냥 쓰
겠네."

링컨은 녹스 대학 학장이던 걸리버 박사에게 자신이 어떻게 쉽게 표
현하는 것을 고집하게 되었는지 설명해 주었다.

"어렸을 때부터 누군가가 어려운 말을 하면 짜증이 났던 것 같아요. 다른
것에는 화가 나지 않았지만 이런 경우에는 항상 화가 났던 것 같아요. 어렸
을 때 아버지와 이웃들 간의 대화를 듣고 그 말뜻의 의미를 생각해내려 고
민했습니다. 궁금한 것이 생기면 해결할 때까지 잠이 오지가 않았어요. 이
해하고 나서도 그 말을 다른 친구들이 이해할 수 있도록 쉬운 말로 표현할
수 있을 때까지 만족하지 않았죠. 그 습관이 아직도 제게 남아 있습니다."

뉴 살렘 학교의 교장이던 멘토 그레이엄은 이렇게 회고했다. "링컨은
어떤 생각을 표현하는 방법이 세 가지가 있다면 가장 좋은 방법이 무엇
인지 몇 시간이고 고민했습니다."

사람들인 명확하게 설명하지 못하는 이유는 잘 이해하고 있지 못하

기 때문이다. 그들도 링컨이 그랬던 것처럼 모호함을 해결하려고 노력해야 한다.

시각에 호소해라.

4장에서 설명한 것처럼 눈에서 뇌로 연결되는 신경이 눈에서 귀로 연결되는 신경보다 더 많다. 인간은 귀로 듣는 것보다 눈으로 보는 것에 25배나 더 주의를 기울인다. 동양 속담에 이런 말이 있다. "백번 듣는 것보다 한번 보는 것이 낫다."

명확한 이해를 위해서는 머릿속으로 시각화해보는 과정이 필요하다. 내셔널 캐시 레지스터사의 사장인 존 패터슨도 이 방법을 사용했다. 그는 〈시스템 매거진〉에 직원과 영업사원들에게 말할 때 쓰는 방법을 개제했다.

"자신의 말을 이해시키고 관심을 끌기 위해 말에만 의지해서는 안 된다. 보완 자료가 필요하다. 그림으로 자신의 말을 강조하는 것이 더 좋다. 말보다는 도표가 더 설득력이 있고 도표보다 그림이 더 효과적이다. 이상적인 발표는 그림으로 제시하고 말로 그 그림을 설명하는 것이다. 나는 오래전부터 어떤 말보다도 그림이 효과적이라는 사실을 깨달았다.

약간 괴상한 그림이 아주 효과적이다. 나는 나만의 만화 또는 도표를 체계화했다. 달러 마크가 있는 원은 돈을 의미하고 달러가 많이 표시되어 있는 가방은 많은 돈을 의미한다. 둥근 얼굴을 이용한 그림도 효과적이다. 원을 그리고 눈, 코, 입, 귀를 나타내는 선을 그려 넣어라. 선을 비틀면 여러 표정을 만들 수 있다. 시대에 뒤떨어진 사람은 입 꼬리를 내리고 시대를 앞서

가는 사람은 입 꼬리를 올린다. 그림은 평범하지만 가장 효과적인 만화는 예쁘기만 한 것이 아니라 생각을 잘 표현하는 그림이다.

나란히 있는 큰 돈 가방과 작은 돈 가방은 각각 올바른 방법과 잘못된 방법을 나타낸다. 올바른 방법은 돈을 많이 벌게 해주지만 잘못된 방법은 돈을 잘 못 번다. 말을 하면서 그림을 그리면 사람들이 잡생각을 할 위험이 줄어든다. 사람들은 당신이 무엇을 하고 있나 주의 깊게 쳐다보게 된다. 재미있는 그림은 사람들을 기분 좋게 한다.

예전에 화가를 고용하여 가게를 돌아다니며 문제가 있는 부분을 조용히 스케치하게 했다. 그 스케치를 그림으로 그려 직원들에게 보여주고 무엇이 문제인지 보여주었다. 입체 환등기에 대한 이야기를 듣고 즉시 구입하여 스크린에 그림을 띄웠다. 물론 종이에 그린 그림보다 훨씬 효과적이었다. 지금 우리 회사에는 수많은 영화 필름과 6만개의 슬라이드를 관리하는 큰 부서가 있다."

물론 모든 경우에 그림이 적절하다는 것은 아니지만 그림들을 활용해봐라. 그림은 주의를 끌고 의미를 두배 더 명확하게 해준다.

동전을 이용해 설명한 록펠러

록펠러도 〈시스템 매거진〉의 칼럼을 통해 자신이 어떻게 시각에 호소해 콜로라도 철강회사의 재정 상태를 명확하게 설명했는지 말했다.

"콜로라도 철강회사 직원들은 록펠러 가문이 그동안 엄청난 이익을 챙겼다고 생각하고 있다. 나는 회사 사람들에게 정확한 상황을 설명해주었다.

지난 14년 동안 회사는 우리에게 일반주 배당금을 한 푼도 배당하지 않았다는 사실을 알렸다.

　한 모임에서 나는 구체적인 예를 들었다. 나는 탁자 위에 동전 몇 개를 놓았다. 먼저 직원 월급에 해당하는 부분을 없앴다. 그다음 중역 월급에 해당하는 동전을 없앴다. 그렇게 하고 나니 주주들을 위한 동전은 하나도 없었다. 나는 물었다. '여러분, 우리 모두가 이 회사의 동업자들인데 나머지 하나는 아무것도 없는 게 말이 됩니까?'

　설명 후에 직원 중 한 사람이 월급 인상에 대한 발언을 했다. 나는 그에게 물었다. '동업자 한 사람은 아무것도 못 받는데 당신이 더 많은 월급을 요구하는 게 정당한 일입니까? 그는 그것이 공정하지 않다는 것을 인정했다. 나는 더 이상의 임금 인상 요구를 듣지 못했다.'"

시각적인 호소는 분명하게 해라. 예를 들어 개라는 단어는 이 동물의 명확한 이미지가 떠오르게 한다. 코커 스파니엘, 스코치 테리어, 세인트 버나드 아니면 포케라니아 종일 수 있다. 내가 불독이라고 말하면 당신의 머릿속에 얼마나 명확한 이미지가 떠오르는가? 그냥 말이라고 하지 말고 검정색 셔트랜드 조랑말이라고 말하는 것이 더 생생하지 않은가? 그냥 닭보다 다리가 부러진 흰색 밴텀 수탉이라고 하면 이미지가 머릿속에 더 분명하게 그려지지 않겠는가?

핵심 내용은 다른 말로 반복 설명해라.
　나폴레옹은 반복은 수사학에서 가장 중요한 법칙이라고 주장했다. 그는 자신이 어떤 사실을 잘 알고 있다고 해서 다른 사람도 그러라는 법은 없다는 것을 알고 있었다. 새로운 생각을 이해하는 데는 시간이 걸리고 계속 집중해야만 이해할 수 있다는 사실을 알고 있었다. 즉 나폴레옹은 반복 설명해야 한다는 것을 알고 있었다. 이때 똑같은 말을 반복해서는 안 된다. 같은 말을 반복하면 사람들은 반발할 것이다. 하지만 새로운 언어로 반복설명하면 청중들은 그것을 반복이라고 생각하지 않을 것이다.

예를 들어 설명해보자. 브라이언 씨는 이렇게 말했다.

"자신도 이해하지 못하는 주제를 다른 사람에게 이해시킬 수 없습니다. 충분히 이해해야 다른 사람에게 더욱 명료하게 설명할 수 있습니다."

두 번째 문장은 첫 번째 문장을 되풀이 한 것이지만 듣는 사람은 그것을 눈치 채지 못한다. 단지 의미가 더욱 명확해졌다는 느낌을 받는다.

나는 강의를 진행할 때마다 이 법칙을 지키지 않아 의미가 분명하지 않고 인상적이지 않은 연설을 하는 사람들을 많이 목격했다. 초보자는 이 법칙을 무시하기가 쉽다.

일반적이고 구체적인 예를 들어라.

자신의 주장을 명확하게 표현하는 가장 확실하고 쉬운 방법 중의 하나는 일반적인 예와 구체적인 실례를 드는 것이다. 이 두 가지의 차이가 무엇인가? 하나는 일반적이고 다른 하나는 구체적이다.

"엄청나게 많은 수입을 올리는 전문직 종사자가 있다."라는 말을 예로 들어보자.

이 말은 분명한가? 아니다. 말하는 사람 자신도 청중의 마음에 어떤 이미지가 떠오르는 지 확신할 수 없다. 이 말을 들은 오자크 산간 마을의 의사는 5천 달러 수입을 올리는 소도시 의사를 생각할지 모른다. 성공한 광산 엔지니어는 일 년에 10만 달러를 버는 전문직 종사자를 생각할지 모른다. 이 진술은 너무 애매모호하다. 화자가 말하는 전문직이 어떤 것인지, 굉장히 많은 연봉이라 함은 어느 정도인지 세부적으로 명시해야 한다.

"변호사, 프로 권투선수, 작곡가, 소설가, 극작가, 화가, 배우, 가수들 중에는 미국 대통령보다 많은 돈을 버는 사람들이 있다."

이렇게 하면 더 명확해지지 않았는가? 일반적인 예를 제시했을 뿐 구체적인 예를 들지 않았다. 가수라고 말했지 로사 폴셀, 키르스텐 플라그스타트인지 릴리 폰스인지 구체적으로 들지 않았다.

그래서 이 발언은 아직도 모호하다. 우리는 구체적인 사례를 떠올릴 수 없다. 말하는 사람이 우리를 위해 해주어야 할 일 아닌가? 구체적인 예를 들면 다음 예문처럼 더 분명해지지 않을까?

"유명 변호사 사무엘 운터마이어와 맥스 스튜어같은 사람들은 일 년에 100만 달러의 수입을 번다. 잭 뎀시의 연간 소득은 50만 달러에 이르는 것으로 알려져 있다. 흑인 권투 선수인 조 루이스는 아직 20대인데 50만 달러 이상을 벌었다. 어빙 베를린의 음악은 그에게 매년 50만 달러를 가져다준다. 시드니 킹슬리는 희곡에 대한 인세로 일주일에 10만 달러를 벌었다. 웰스는 자서전에서 자신의 작품으로 300만 달러를 벌었다고 고백했다. 디에고 리베라는 그림으로 일 년에 50만 달러 이상을 번다. 캐서린 코넬은 출연료가 일주일에 5천 달러나 되는 영화 출연을 계속 거부했다. 로렌스 티베트와 그레이스 무어는 연 수입이 25만 달러라고 보도되었다."

자 이제 말하는 사람이 전하려는 말이 명확하게 와 닿지 않는가?

명확하고 구체적으로 말해라. 명확하게 말하면 확실한 이해를 도울 뿐 아니라 감동과 흥미를 줄 수 있다.

산양과 겨루려고 하지 마라.

윌리엄 제임스 교수는 교사에게 강연하면서 한 강의에서 한 가지만 강조하라고 했다. 그가 말한 강의는 한 시간짜리 수업이다. 그런데 최근에 3분짜리 연설에서 무려 11가지 사실을 강조하고 싶다며 연설을 시작하는 사람을 본 적이 있다. 한 가지 주제에 16.5초다! 지각이 있는 사람이라면 이토록 무모한 시도는 하지 않을 것이다. 내가 든 예는 좀 극단적인 것이지만 초보자는 이런 실수를 저지르기 쉽다. 관광객에게 하루 만에 파리를 보여주는 가이드 같다. 물론 그렇게 할 수는 있다. 하지만 이런 경우 재미도 없고 배우는 것도 없을 것이다. 많은 연설이 명확한 의미전달에 실패하는 이유는 연사들이 정해진 시간에 많은 내용을 말하는 것에 열중하기 때문이다. 연사는 한 가지 이야기를 하다가 갑자기 다른 이야기로 잽싸게 넘어간다.

연설은 시간관계상 짧아야 한다. 그러므로 상황에 맞게 연설을 조정해라. 노조에 대해 연설한다면 3분이나 6분 안에 노조가 왜 생겼고, 노조가 사용하는 방법이 무엇이고 노조의 업적과 문제점이 무엇이며 분쟁을 해결하는 방법을 설명하려고 애쓰지 마라. 그런 시도를 하면 청중들은 절대로 당신의 말을 이해하지 못할 것이다. 연설은 혼란스럽고 피상적이며 소제목만 나열하는 결과로 끝날 것이다.

노조의 한 가지 문제만 정해서 설명하는 것이 좋지 않을까? 이런 종류의 연설은 명확하고 알아듣기 쉽고 기억하기도 쉽다.

하지만 주제의 몇 가지 측면을 말해야 한다면 마지막에 간략하게 요약하는 것이 좋다.

요약

1. 명확한 의미전달은 아주 중요하지만 어렵다. 예수는 비유를 이용해야 한다고 주장했다. "저들은 보아도 보지 못하고 들어도 듣지 못하고 이해하지 못하기 때문이다."

2. 예수는 모르는 것을 잘 알려진 것에 비유해서 의미를 명확하게 했다. 그는 천국을 바다에 던져놓은 그물, 진주를 구하는 상인에 비유하여 너희도 그리하라고 했다. 알레스카의 크기를 정확히 설명하고 싶으면 제곱 평방미터 크기를 말하지 말고 그 지역이 몇 개의 주를 합친 정도의 크기이고, 인구는 연설하고 있는 지역의 인구와 비교해서 설명하면 이해가 쉽다.

3. 일반 청중을 대상으로 연설할 때 기술 용어 사용을 피해라. 어린

아이도 이해할 수 있을 정도의 쉬운 용어를 사용하여 생각을 표현한 링컨의 방법을 따라라.

4. 말하고 싶은 내용은 정오의 태양처럼 명확하게 머릿속에 담고 있어야 한다.

5. 시각에 호소해라. 그림, 삽화를 이용해라. 개라고 말하지 말고 오른쪽 눈 위에 점이 있는 검정색 폭스테리어라고 설명해라.

6. 똑같은 말을 반복하지 말고 다른 용어를 써서 생각을 강조해라. 문장을 바꾸되 청자가 눈치 채지 않도록 문장에 변화를 주어 되풀이해서 말해라.

7. 일반적인 예를 통해 추상적인 진술을 이해하기 쉽게 만들어라.

8. 너무 많은 내용을 말하려고 하지 마라.

9. 간략하게 요약하며 정리해라.

13장

인상적이고 설득력 있게
연설하려면

노스웨스턴대학교의 월터 딜 스콧 총장은 다음과 같이 중요한 심리학적인 내용을 말했다. "인간은 머릿속에 있는 모든 생각이 반대개념과 충돌하지 않으면 사실로 받아들이는 경향이 있다. 다른 사람에게 어떤 생각을 전달하고자 할 때 반대되는 생각을 안 들게 하면, 상대를 설득하려고 애쓰지 않아도 된다. 내가 '미국산 타이어는 좋은 타이어다.'라고 읽게 하고 반대되는 생각이 들지 않게 하면 당신은 미국산 타이어가 좋은 타이어라고 의심 없이 믿을 것이다."

스콧 박사는 암시에 대해 말하고 있다. 암시는 연사가 활용할 수 있는 가장 강력한 무기이다.

첫 크리스마스에 동방박사들이 베들레헴의 별을 따라가기 3세기 전 아리스토텔레스는 인간은 이성적 동물이라고 가르쳤다. 하지만 순수한 이성적인 행동은 아침식사 앞에서 낭만적인 생각을 하는 것만큼 힘들다. 인간 행동의 대부분은 암시의 결과다.

암시는 증거를 제시하지 않아도 어떤 생각을 받아들이게 한다. 내가 만약 "로열 베이킹파우더는 정말 순수하다."라고 말하고 그것을 중명하지 않으면 나는 암시를 사용하고 있는 것이다. 내가 제품을 분석하고, 유명 요리사들의 증언을 제시하면 나는 내 주장을 증명하려고 하는 것이다. 사람들의 마음을 움직이는 사람은 논쟁보다는 암시에 더 많이 의지한다. 대 광고는 암시에 기초하고 있다.

믿기는 쉽지만 의심하기는 어렵다. 우리가 어떤 것을 의심하고 질문을 제기하려면 경험과 지식과 생각이 필요하다. 아이에게 산타클로스가 굴뚝을 타고 온다거나, 미개인들에게 천둥은 신의 분노라고 말하면 그들이 이 주장에 이의를 제기할 정도의 지식이 쌓일 때까지 그들은 그 사실을 계속 믿을 것이다. 인도의 사람들은 갠지스 강물이 신성하다고 믿고, 뱀은 신이 변신한 모습이며 소를 죽이는 것은 사람을 죽이는 것만큼이나 나쁘다고 믿고 있다. 그들에게 쇠고기를 먹는 것은 식인 행위와도 같다. 그들이 이런 터무니없는 것을 믿는 것은 증명이 되었기 때문이 아니라 암시에 의해 뇌리 속에 깊이 박혔기 때문이다.

우리는 그들을 비웃지만 자세히 들여다보면 우리가 믿는 대부분의 생각들도 암시에 의한 것이 많다. 우리는 애로우 칼라, 로열 베이킹파우더, 하이츠 피클, 골드 메달 밀가루, 아이보리 비누를 그 제품에서는 우수한 상품으로 알고 있다. 왜? 이런 생각을 하는데 합당한 이유가 있는가? 경쟁사의 제품과 비교해본 적이 있는가? 우리는 어떤 증거도 제시되지 않은 것을 믿게 된 것이다. 논리가 아니라 편견이나 선입관에 물든 주장이 우리의 믿음을 형성한 것이다.

인간은 암시의 존재이다. 의심할 여지가 없다. 만약 우리가 요람에서 옮겨져 브라마푸트라 강둑에 사는 힌두 가족의 손에 자랐다면, 우리는 소가 신성한 동물이라는 가르침을 어려서부터 받았을 것이다. 우리

역시 길에서 소를 만나면 키스를 할 것이고, 쇠고기를 먹는 야만인들을 공포의 눈으로 볼 것이고, 원숭이 신, 코끼리 신, 나무와 돌의 신을 경배할 것이다. 우리의 믿음은 이성과 관계가 없다. 우리의 믿음은 전적으로 암시에 의한 것이다.

우리가 얼마나 암시의 영향을 받는지 예를 들어보자. 당신은 커피가 몸에 좋지 않다는 기사를 많이 읽었다. 커피를 그만마시기로 했다고 가정해보자. 당신은 자주 가는 식당에 저녁을 먹으러 간다. 종업원이 눈치 없이 "커피 드시겠어요?"라고 물으면 당신은 잠시 갈등한다. 당신의 자제력이 승리하여 커피대신 소화를 선택할 것이다. 하지만 그녀가 "커피 안 드실거죠?라고 부정적으로 물으면 "네, 안 마셔요"라고 답하기가 쉬울 것이다. 하지만 종업원이 "커피를 지금 드실 건가요 아니면 나중에 드실 건가요?"라고 물으면 어떻게 될까? 종업원은 당신이 커피를 먹을 거라는 것은 이미 정해놓았고 언제 먹고 싶은지에 당신의 관심이 집중되게 한다. 그래서 언제 커피를 마시느냐 외에 다른 생각이 나지 않게 만들어 커피를 주문하기 쉽게 한다. 그 결과는? 당신은 주문할 생각도 아니었는데 "지금 주세요."라고 말하게 된다. 이런 일과 비슷한 일이 하루에도 여러 번 일어난다. 백화점에서는 "이 물건 가져가실 건가요?"라고 묻도록 직원을 교육시킨다. "보내드릴까요?"라고 물으면 배달 비용이 들기 때문이다.

우리가 알파벳의 한 글자를 생각할 때마다 무의식적으로 발음할 때 사용하는 근육들을 아주 미세하게 움직이게 된다. 생각하는 모든 일을 행동으로 옮기지 않는 유일한 이유는 비용, 불합리함, 위험, 귀찮음 같은 반작용이 충동을 없애버리기 때문이다.

우리의 전략

사람들을 설득하려면 그들의 머릿속에 어떤 생각을 심은 후에 반대되는 생각이 떠오르지 못하게 막아야 한다. 이것을 잘하는 사람은 연설도 잘하고 사업에서도 성공을 거둘 것이다.

심리학의 도움

이와 관련하여 심리학이 도움이 될까? 그렇다. 당신의 목표가 인상적인 연설이라면, 사람들의 감정을 자극하는 것이 더 효과적이다. 감정은 차가운 이성보다 더 효과가 크다. 청중의 감정을 움직이려면 진정성이 느껴져야 한다. 아무리 많은 예를 제시하고, 목소리가 좋고 제스처가 우아해도 진심을 담아 말하지 않으면 이 모든 것은 허공으로 사라질 것이다. 청중을 감동시키고 싶으면 당신이 먼저 감동 받아야 한다. 청중에게 말하는 것은 당신의 눈을 통해 빛나고, 목소리를 통해 전해지고 태도를 통해 나타나는 영혼이다.

당신의 생각을 사람들이 이미 믿고 있는 것과 연결시켜라.

한 무신론자가 윌리엄 페일리에게 신은 없다고 선언하며 자신의 주장을 반증해보라고 했다. 페일리는 조용히 시계를 꺼내더니 시계의 내부장치를 보여주며 말했다. "내가 시계의 바퀴와 스프링들이 저절로 생겨나 조립되고 저절로 움직이기 시작했다고 한다면 당신은 나의 지능을 의심하지 않을까요? 하지만 하늘의 별을 보십시오. 수많은 별들이 궤도를 따라 움직이고 있습니다. 지구와 태양 주변의 행성들은 하루에 백만 마일 이상의 속도로 움직입니다. 서로 충돌도 없고, 혼란도 없습니다. 모든 것이 조용히 움직이고 있습니다. 이 모든 것이 그냥 일어난 것일까요 아니면 누군가가 그렇게 만들었다고 믿는 것이 쉬울까요?"

이 연사는 어떤 방법을 사용한 것일까? 그는 처음에 일반적인 사실을 이야기해서 상대로부터 긍정의 반응을 이끌어 내고 신에 대한 믿음은 시계 제조자의 존재를 믿는 것만큼이나 단순하고 필연적이라는 것을 설득시켰다.

그가 처음부터 무신론자의 의견에 반응했다고 치자. "신이 없다고? 바보 같은 소리 하지 마. 당신은 무슨 말을 하고 있는 지도 모른다고." 무슨 일이 일어났을까? 틀림없이 무익한 설전이 오갔을 것이다. 무신론자는 자신의 의견을 더욱 고수했을 것이다. 로빈슨 교수가 지적한 것처럼 자신의 의견은 곧 자신의 자존심이기 때문이다. 자신의 자존심이 망가지게 생겼는데 어찌 가만히 있을 수 있겠는가?

페일리가 한 것처럼 우리가 말하는 것이 상대가 이미 알고 있는 친숙한 것과 비슷하다는 것을 보여주면 된다. 이렇게 하면 우리의 제안을 받아들이기 쉽고 부정적인 생각이 떠오르지 않게 한다.

페일리는 인간의 심리를 꿰뚫어 본 것이다. 하지만 대부분의 사람은 이런 능력이 없다. 다른 사람의 신념의 성채를 얻으려면 정면공격밖에 없다고 생각한다. 그렇게 되면 도개교가 올려지고, 육중한 성문은 굳게 닫히고, 궁수들이 긴 화살을 뽑을 것이다. 이런 싸움은 무승부로 끝난다.

사도 바울의 현명함
내가 말하는 방법은 새로운 방법이 아니라 오래전에 사도 바울이 사용한 방법이다. 그는 마스 언덕에서 아테네인들에게 한 유명한 연설에서 이 방법을 이미 사용했다. 그는 교육을 받은 사람이었고 기독교로 개종 후에 훌륭한 웅변술로 기독교의 옹호자가 되었다. 어느 날 그는 아테네에 도착했다. 아테네는 페리클레스 시대를 지나 전성기가 지나고 쇠퇴기에 있었다. 성경은 이 시기의 아테네를 이렇게 설명하고 있다.

"모든 아테네인과 이방인들은 새로운 이야기를 하거나 듣는 일로 시간을 보냈다."

라디오도, 전보도, AP통신의 긴급뉴스도 없는 당시의 아테네 사람들은 새로운 소식을 듣기 힘들었을 것이다. 그러던 중 바울이 왔다. 그들은 바울 주변에 모여들었고, 호기심을 느끼며 즐거워했다. 그들은 그를 아레오파고스 언덕으로 데려가서 말했다.

"당신의 새로운 가르침에 대해 말해주겠소? 당신의 말은 새로운 것이라 무엇인지 알고 싶습니다."

즉, 그들은 연설을 요청했고, 바울은 이에 응했다. 돌 같은 받침대에 서서 약간 긴장하며 모든 훌륭한 연사들이 그러하듯 손바닥을 비비고 헛기침을 했을지 모른다.

하지만 바울은 아테네인들이 말한 "새로운 것"이라는 말이 좋지 않았다. 이 말은 독약과도 같았다. 그는 이 생각들을 없애버려야 했다. 그는 자신의 믿음을 새로운 것으로 제시하지 않고 사람들이 이미 알고 있는 것과 연결시키기를 원했다. 그렇게 하면 부정적인 생각을 막을 수 있기 때문이었다. 하지만 어떻게 했을까? 그는 잠시 생각한 후 불멸의 연설을 시작했다.

"아테네 시민 여러분, 제 생각에 여러분들은 미신에 빠져 있는 것처럼 보입니다."

어떤 번역본들은 "여러분들은 매우 종교적입니다."라고 표현한다. 하지만 미신이라는 단어를 쓰는 것이 더 정확하다고 생각한다. 그 당시 아테네인들은 여러 신을 숭배했고 그들은 이를 자랑스럽게 생각했다. 바울은 그들에 찬사를 보냈고 이에 그리스인들은 기뻐했다.

"지나가면서 '미지의 신에게'라는 글이 있는 제단을 보았습니다."

이는 아테네인들이 매우 종교적임을 보여준다. 그들은 많은 신들 중 누구에게 불경을 저지를지 몰라서 두려워했다. 그래서 알 수 없는 신을 위한 제단을 세운 것이다. 바울은 이 특정한 제단을 언급하면서 자신이 빈말을 하는 것이 아님을 보여준다.

"저는 여러분이 알지도 못하고 섬겨온 신을 여러분께 알려드리고자 합니다."

새로운 가르침은 전혀 없다. 바울은 그들이 알지도 못하고 섬겨온 신에 대한 몇 가지 이야기를 할 뿐이다. 바울은 구원과 부활의 가르침을 전했고, 그리스 시인의 시구를 인용했다. 연설시간은 2분도 안됐다. 조롱한 사람도 있었지만 그의 이야기를 더 들어보고 싶어 한 사람도 있었다.

2분 연설의 장점 중에 하나는 바울이 그랬던 것처럼 한 번 더 말해달라는 요청이 있을 수 있다. 필라델피아의 정치인은 연설할 때 중요한 것은 간단하게 끝내는 것이라고 말한 적이 있다.

바울이 사용한 방법은 오늘날 광고나 판매 상담에서 이용된다. 다음의 글은 최근에 내 책상에 배달된 한 구매 편지에서 발췌한 것이다.

"올드 햄프셔 본드의 종이는 가장 싼 종이와 0.5센트도 가격 차이가 안 납니다. 귀하가 고객이나 잠재 고객에게 1년에 10통의 편지를 써도 올드 햄프셔의 종이를 쓰면 교통비에도 미치지 않고, 이는 고객에게 5년에 한번 좋은 시가 한 대를 선물하는 비용보다도 저렴합니다."

1년에 한번 고객의 차비를 내주거나 10년에 두 번 고객에게 시가를 제공하는 것을 누가 싫어하겠는가? 올드 햄프셔 본드 종이를 사용하는 비용이 그 정도 밖에 안 되는데 누가 비싸다는 생각을 하겠는가?

숫자의 효율적 이용

상당히 큰 금액도 장기간에 걸쳐 분할하고 일상의 비용과 비교해서 작아보이게 할 수 있다. 예를 들어 어떤 생명보험사 사장은 영업사원들에게 다음과 같은 방식으로 보험비가 저렴하다는 것을 강조하고 있다.

"30세 미만의 남자는 매일 직접 구두를 닦아서 5센트의 돈을 절약하고 그렇게 절약한 돈으로 사망 시에 가족에게 천 달러의 돈을 남길 수 있습니다. 매일 25센트의 시가를 피우는 34세 남자는 그 돈을 보험에 투자해서 가족의 곁에 더 오래 함께 할 수 있고 더불어 가족에게 3천 달러나 남겨줄 수 있습니다."

반면 적은 금액은 한데 모아서 크게 보이게 할 수 있다. 전화회사의 임원은 자투리 시간을 합하는 방법으로 전화를 빨리 받지 않아서 낭비하는 시간이 얼마나 큰지 설명하고 있다.

"연결되는 전화 100건 중 7건은 수신자가 전화를 받기까지 1분이상이 걸립니다. 이런 식으로 매일 28만분이 낭비됩니다. 6개월 동안 뉴욕에서 이렇게 허비되는 시간을 합하면 콜럼버스가 아메리카를 발견한 날부터 지금까지의 날짜와 같습니다."

숫자를 인상적으로 보이게 하려면

단순한 숫자와 양은 그 자체로만 보면 인상적이지 않다. 숫자와 양은 실례와 함께 제시되어야 한다. 앨더맨 람베스는 런던 자치구 의회에서 근로 조건에 대해 연설할 때 이 방법을 썼다. 그는 연설도중에 갑자기 멈추더니 시계를 꺼내고 1분 20초 동안 아무 말도 하지 않고 청중을 응시했다. 청중은 불안하게 연사를 쳐다보았다. 앨더밴은 다시 연설을 시작하며 이렇게 말했다. "여러분이 방금 조바심을 내며 쳐다본 72초의 시간은 보통의 노동자가 벽돌 한 장 쌓는 데 걸리는 시간입니다."

이 방법이 효과적이었을까? 대단히 효과적이어서 전 세계로 보도되었다.

다음 두 개의 진술 중 어떤 것이 더 효과적일까?

1. 바티칸에는 방이 1만 5천개 있다.
2. 바티칸에는 방이 너무 많아서 40년간 매일 돌아가며 방을 써도 다 못 쓰는 방이 있다.

다음 중 어느 방법이 영국이 세계대전 중 지불한 돈을 인상적으로 표현하고 있는가?

1. 영국은 전쟁 중에 약 70억 파운드, 340억 달러의 돈을 썼다.

2. 4년 반 동안 영국이 전쟁에 쓴 돈이 청교도들이 플리머스 바위에 상륙한 이후 지금까지 일 분당 34달러를 쓴 돈과 같다면 놀라운가? 실제는 그보다 많다. 영국이 쓴 돈은 콜럼버스가 미국 대륙을 발견한 후 지금까지 1분에 34달러씩 쓴 돈과 같다. 놀라운가? 실제는 이보다 더 많다. 영국이 전쟁에 쓴 돈이 노르망디 공 윌리엄이 1066년 영국을 정복했을 때부터 1분당 34달러를 쓴 금액과 같다면 놀라운가? 사실 이보다 더 많다. 영국은 세계대전 동안 예수가 탄생했을 때부터 1분당 34달러를 쓴 비용과 같은 돈을 썼다.

재진술의 역할

바꿔 말하는 것은 우리의 주장에 도전하는 부정적인 생각들이 생길 때 이를 막기 위한 효과적인 방법이다. "정치적 진실은 한번 아니 두 번 심지어 열 번을 반복해도 대중들이 이를 사실로 받아들이지 않는다. 반복해서 말하면 사람들은 무의식중에 그것을 진리와 연관시킨다. 결국 반복해서 이야기한 사실은 머릿속에 박혀 종교적 믿음처럼 의심하지 않게 된다."라고 아일랜드의 유명한 연설가 다니엘 오 코넬이 말했다.

히램 존슨은 7개월 동안 캘리포니아를 오가며 다음과 같이 연설을 끝냈다.

"기억하십시오. 제가 다음 번 캘리포니아의 주지사가 될 것입니다. 제가 주지사가 되면 윌리엄 허린과 남태평양 철도를 몰아낼 것입니다."

존 웨슬리의 어머니도 오 코넬의 말을 알고 있었다. 남편이 그녀에게 자녀들에게 같은 말을 왜 20번씩 반복하느냐고 물었을 때 그녀는 다음과 같이 대답했다. "아이들은 내가 19번을 말할 때까지도 잘 모르니까요."

우드로 윌슨도 오 코넬의 진실을 알았기에 연설에서 이 방법을 사용했다.

"지난 몇 십 년 동안 대학생들은 제대로 교육받지 못했습니다. 우리가 가르쳐도 이를 제대로 받아들이지를 못합니다. 열심히 가르쳐도 배우는 사람이 없습니다."

재진술의 방법이 효과적이지만 초보자가 이를 잘 사용하지 못하면 위험한 도구가 될 수 있다. 표현력이 풍부하지 않으면 지루한 반복에 불과할 뿐이다. 이는 치명적이다. 청중이 당신의 어설픔을 알아채는 즉시 그들은 지겨워서 몸을 비꼬고 시계만 쳐다볼 것이다.

일반적인 예와 구체적인 사례

일반적인 예와 구체적인 예를 제시하면 사람들이 지루해 할 위험이 거의 없다. 연설의 목적인 감동을 주고 확신시키는 것이라면 예를 제시하면 청중들을 집중시키는데 효과적이다. 이런 예를 사용하면 청중들이 부정적인 생각을 하지 않게 된다.

뉴웰 드와이트 힐리스 박사는 한 강연에서 이렇게 말했다. "불복종은 종속이고 복종은 자유다." 그는 이런 말은 예를 들어 설명하지 않으면 이해가 힘들다고 생각해 계속해서 이렇게 덧붙였다. "불이나 물에 복종하지 않으면 죽습니다. 색깔에 복종하면 화가의 능력이 뛰어나게 됩니다. 웅변가가 수사학의 법칙에 따르면 더 큰 힘을 얻습니다. 철의 법칙에 순응하면 발명가는 좋은 도구를 만들 수 있습니다."

이런 예는 도움이 된다. 구체적인 예를 제시하면 청중에게 잘 전달된다. "색채에 순종하여 레오나르도 다빈치는 최후의 만찬을 그렸습니다. 헨리 워드 비처는 수사학의 법칙을 따라 길이 남을 리버풀 연설을 했습니다. 철의 법칙을 따른 맥코믹은 수확기를 만들었습니다."

훨씬 좋지 않은가? 사람들은 연사가 구체적인 이름과 날짜를 말하는 것을 좋아한다. 구체적으로 말하면 연사에게 신뢰감을 준다.

"많은 부자들은 매우 소박한 삶을 산다."라는 말을 한다면 청중에게 와 닿지 않을 것이다. 분명하지도 않고 재미있지도 않다. 신문에서 읽은 부자들의 삶과 반대되기에 이런 주장에 반기를 들고 싶어질 것이다.

청중을 믿게 하려면 구체적인 사례를 제시해야 한다. 내가 본 것을 청중에게 보여줄 수 있다면 청중도 같은 결론에 이를 것이다.

내가 제시하는 구체적인 사례와 증거는 진부한 결론보다 두 배, 세 배 아니 다섯 배는 더 효과적일 것이다.

존 록펠러는 브로드웨이 사무실의 가죽소파에서 매일 낮잠을 잤다.

오그덴 아모르는 9시에 자고 6시에 일어났다.

한때 누구보다 많은 기업을 경영했던 조지 베이커는 칵테일을 마셔 본 적이 없었고 죽기 몇 년 전에 담배를 시작했다.

내셔널 캐시 레지스터사의 사장 존 패터슨은 담배도 피지 않고 술도 마시지 않았다.

미국에서 가장 큰 은행장이었던 프랭크 반더립은 하루에 두 끼만 먹는다.

해리만은 점심에 우유와 생강 웨하스만 먹는다.

제이컵 쉬프는 점심으로 우유 한잔만 먹는다.

앤드류 카네기가 가장 좋아한 음식은 오트밀과 크림이었다.

〈새터데이 이브닝 포스트〉와 〈레이디스 홈 저널〉의 소유주 사이러스 포티스는 삶은 콩을 가장 좋아했다.

이 구체적인 예를 어떻게 생각하는가? 부자들이 소박하게 산다는 것을 효과적으로 보여주는가? 이런 사례를 보여줘도 부정적인 생각이 드는가?

축적의 원칙

한두 가지 예를 언급하는 것으로 원하는 효과를 얻으려는 생각은 하지 마라.

필립스 교수는 〈효과적인 말하기〉라는 책에서 이렇게 말하고 있다.

"처음에 받은 감동을 지속시킬 수 있어야 한다. 경험이 그 생각을 머릿속 깊숙이 밀어 넣을 때까지 계속 되어야 한다. 이 과정이 끝나면 시간이 지나도 잊어버리지 않는다. 이것을 가능하게 하는 것은 축적의 법칙이다."

이 축적의 법칙이 부자들이 소박한 삶을 산다는 것을 증명하기 위해 어떻게 이용되었는지 살펴봐라. 이 원칙이 필라델피아가 세계 제일의 일터라는 것을 증명하는 데 어떻게 쓰였는지 봐라. 서스톤 상원의원이

다음 글에서 이 원칙을 어떻게 사용하는 지 살펴봐라.

"자유를 위한 싸움에서 힘이 아닌 다른 방법으로 이겨본 적이 있었는가? 힘에 의하지 않고 부정과 압제의 바리케이드가 무너진 적이 있었는가?

힘은 왕이 마그나카르타에 서명하게 했고, 독립선언서와 노예해방령이 실행될 수 있게 만들었다. 맨손으로 바스티유의 철문을 부수고 수백 년 동안 지속돼 온 왕의 악행에 보복한 것도 힘이었다. 힘은 벙커 힐에 혁명의 깃발을 나부끼게 했고, 포지 계곡의 눈에 피 묻은 발자국을 남겼다. 힘은 실로의 무너진 전선을 지켰으며, 차타누가의 불길에 휩싸인 언덕을 오르게 했고, 룩아웃 하이츠의 구름을 뚫고 돌진하게 했다. 힘은 셔먼장군이 바다로 진군하게 했고, 셰리던이 셰넌도어 계곡으로 말을 달릴 수 있게 해주었으며, 애퍼매턱스에게 그랜트 장군에게 승리를 안겨주었다. 힘은 연방을 지켜주었고, 성조기의 별들을 지켜주고, 흑인 노예를 해방시켰다.

시각적인 비교

몇 년 전에 브루클린 Y. M. C. A에서 강좌를 듣던 학생이 작년에 불에 타서 무너진 집들의 수를 말했다. 그는 더 나아가 불타버린 집들을 한 줄로 늘어놓으면 뉴욕에서 시카고까지 이어질 것이고, 그때 죽은 사람들을 반마일 간격으로 세워놓으면 시카고에서 브루클린까지 이어질 것이라고 말했다.

그가 말한 숫자는 잊어버렸지만 10년이 지난 지금까지 맨해튼 섬에서 일리노이의 쿡 카운티까지 이어지는 불탄 집의 모습이 떠오른다.

왜일까? 귀로 듣는 정보는 기억이 어렵다. 하지만 눈으로 보는 인상은 어떨까? 몇 년 전에 다뉴브 강둑에서 대포알이 박힌 집을 본 적이 있다. 그 대포알은 나폴레옹의 포병대가 울름 전투에서 발사한 것이었다. 시각적인 인상은 대포알과 같다. 시각적인 인상은 뇌리에 쉽게 박힌다. 나폴레옹이 오스트리아군을 몰아낸 것같이 시각적인 인상은 반대되는 생각들을 몰아내버린다.

무신론자의 질문에 윌리엄 페일리 목사의 답변이 힘을 갖는 것도 시각적이기 때문이다. 버크는 영국의 과세를 비난하는 연설을 했을 때 이 방법을 사용했다. "우리는 양이 아니라 늑대의 털을 깎고 있습니다."

권위를 이용해라.

어렸을 때 나는 양들이 지나가는 문에 막대기를 가로로 걸쳐놓는 장난을 치곤했다. 처음 몇 마리의 양이 막대기를 뛰어 넘으면 나는 그 막대기를 치웠다. 막대기가 없는데도 다른 양들이 상상의 막대기를 뛰어 넘는 것이었다. 다른 양들이 막대기를 뛰어 넘는 것은 앞의 양들이 그랬기 때문이다. 양들만 이런 것이 아니다. 우리들도 다른 사람이 하는 것을 따라 하는 경향이 있다. 다른 사람이 믿는 것은 의심 없이 믿고, 유명인사의 말은 의심 없이 받아들인다.

미국 은행협회 뉴욕 지부에 한 수강생도 다음과 같은 유명인의 말을 인용하며 절약에 대한 연설을 시작했다.

"제임스 힐은 이렇게 말했습니다. 당신이 성공할지 알고 싶다면 방법은 쉽습니다. 저축할 수 있느냐? 아니면 당신은 성공할 수 없습니다. 당신의 실패는 당신이 살아있는 것만큼 확실합니다."

제임스 힐의 말을 인용하는 것은 그가 직접 오는 것만큼 효과적이다. 유명인의 영향력도 부정적인 생각을 하지 못하게 한다.

하지만 유명인의 말을 인용할 때 다음 네 가지를 명심해라.

1. 명확해라.

다음 진술 중 어떤 것이 더 인상적인가?

(a) 통계는 시애틀이 미국에서 가장 건강한 도시임을 보여준다.

(b) "연방정부의 공식 사망 통계에 따르면 지난 15년간 시애틀의 연간 사망률은 인구 천 명당 9.78명이었다. 시카고는 14.65명, 뉴욕은 15.83명, 뉴올리언스는 21.02명이었다."

"통계자료는……." 이라고 시작하는 것을 조심해라. 무슨 통계인가? 누가 왜 자료를 모았는가? "숫자는 거짓말을 하지 않지만, 거짓말쟁이들이 숫자를 만진다."

"다수의 권위자가 말한다." 라는 표현도 애매모호하다. 누가 권위자란 말인가? 이름을 직접 말해라. 연사인 당신이 그 사람들이 누구인지 모르는데 하물며 청중들은 어떻겠는가?

명확하게 말하면 신뢰를 얻는다. 루스벨트도 애매한 것은 용납할 수 없었다. 우드로 윌슨 정부시절 켄터키 주 루이빌에서 행한 연설에서 다음과 같이 말했다.

"윌슨은 선거전에도 연단에서 한 약속을 어겼기 때문에 친구들 사이에서도 조롱거리가 되었습니다. 윌슨의 지지자 중 한 사람은 윌슨의 선거전 공약과 남발된 공약의 진실에 대해 털어놓았습니다. 일관성이 없다는 비난에 대해 이렇게 말했습니다. '우리의 공약은 대선을 위해 만든 것이고 결국 우리는 이겼다.' 이 발언은 62대 국회 3차 회기의 의회기록 4618페이지에 있습니다."

2. 인기 있는 사람의 말을 인용해라.

우리의 호불호는 우리의 신념과 연관되어 있다. 나는 사무엘 운터마이어가 뉴욕의 카네기홀에서 사회주의 논쟁을 벌이는 동안 야유 받는 것을 보았다. 그의 말은 정중했지만 청중들의 대부분이 사회주의자였다. 그들은 그를 경멸했다. 그들은 그가 구구단을 인용해도 그 진실성을 의심했을 것이다.

반면에 앞에서 제임스 힐을 인용한 것은 미국은행협회 지부연설에는 적절했다. 철도 건설업자는 은행단체에서 좋아하는 인물이기 때문이다.

3. 지역 유명인사의 말을 인용해라.

당신이 디트로이트에서 연설을 한다면 디트로이트 사람의 말을 인용해라. 청중들은 그에 대해 더 찾아볼 수 있을 것이다. 청중들은 먼 곳에 알지도 못하는 사람보다 자신이 사는 지역의 사람에 더 깊은 인상을 받을 것이다.

4. 자격 있는 사람의 말을 인용해라.

다음과 같은 사항을 자문해봐라. 이 사람이 이 분야의 권위자인가? 왜 그런가? 그는 편견에 사로잡힌 사람은 아닌가? 사적인 욕심이 있는가?

어떤 수강생이 브루클린 상공회의소에서 연설을 시작할 때 앤드류 카네기의 말을 자주 인용했다. 왜 그럴까? 청중으로 참석한 기업인들은 철강왕에 대해 존경심을 가지고 있었다.

"나는 어떤 분야에서 성공하기 위한 확실한 길은 그 분야의 전문가가 되는 것이라고 생각합니다. 자신의 능력을 분산시키는 것은 좋은 방법이 아니라고 생각합니다. 경험상 여러 분야에 관심을 보이는 사람이 성공한 것은 거의 본 적이 없습니다. 한 분야를 정해서 고집스럽게 이어간 사람들만 성공합니다."

요약

"머릿속에 들어오는 생각은 반대되는 생각을 하지 않으면 진리로 받아들여진다." 말하는 목적이 사람들에게 감동을 주고 확신을 주는 것이라면 두 가지 방법을 쓸 수 있다. 첫째, 우리의 생각을 표현하고 둘째, 부정적인 생각이 들지 않도록 한다. 다음은 이를 위한 8가지 방법이다.

1. 남을 설득하기 전에 먼저 자신부터 설득해라. 열정적으로 이야기해라.

2. 내가 사람들에게 말하려는 것이 그들이 이미 믿고 있는 것과 얼마나 비슷한 지를 보여주어라. (예: 페일리와 무신론자, 아테네의 사도 바울, 올드 햄프셔 본드 종이)

3. 재진술해라. (예: 히램 존슨, "나는 차기 캘리포니아 주지사가 될 것입니다.")

4. 일반적인 예를 이용해라.

5. 구체적인 예를 제시해라.

6. 축적의 원칙을 사용해라.

7. 시각적인 비교를 사용해라. 귀로 그려지는 인상은 금세 잊혀지지만 시각적인 인상은 대포알처럼 각인된다.

8. 사심 없는 권위자의 말을 인용하라. 루스벨트처럼 인용할 때는 명확하게 해라. 인기 있는 사람의 말을 인용하고 그 지역인사의 말을 인용해라.

14장

청중의 관심을
어떻게 끌 것인가?

당신이 중국 어느 지역 부잣집에 저녁식사 초대를 받아 간다면, 식사 후에 어깨 너머로 닭 뼈와 올리브 씨앗을 던지는 것이 예의이다. 그렇게 하는 것이 집주인에게 식사를 잘했다는 의사를 표시하는 것이 된다. 그가 부자라서 식사 후에 어지럽혀도 치울 하인이 많다는 것을 인정해주고 있다는 것을 보여준다. 주인은 이를 보고 아주 좋아한다.

부잣집에서 남아도는 음식은 신경도 안 쓰겠지만 중국의 일부 지역의 가난한 사람들은 씻을 물도 아껴야 한다. 물을 데우는 비용이 많이 들기 때문에 사람들은 뜨거운 물을 가게에서 사야 한다. 목욕을 하고 나서 물을 가져다가 물을 구입했던 가게에 다시 되판다. 두 번째 고객이 물을 사용하고 난 후에도 그 물은 여전히 가격을 조금 낮춰서 팔린다고 한다.

이런 중국인의 삶이 재미있는가? 그렇다면 왜 그런가? 식사나 목욕 같은 일상적인 일의 새로운 면이 호기심을 자극한다.

다른 예를 들어보자. 당신이 읽고 있는 이 책의 종이는 아주 흔하게 볼 수 있는 것이다. 이런 종이를 많이 봤을 것이다. 하지만 내가 이 종이에 대해 특별한 사실을 말해주면 흥미로울 것이다. 이 종이는 고체처럼 보이지만 자세히 보면 거미줄에 가깝다. 물리학자는 종이가 원자로 구성되어 있다는 것을 안다. 원자는 얼마나 작은가? 우리는 12장에서 물 한 방울에는 지중해의 물방울보다 많은 원자가 있다는 사실을 배웠다. 이 종이의 원자는 무엇으로 구성되어 있는가? 원자보다 더 작은 전자와 양자로 구성되어 있다. 전자는 원자의 중앙에 있는 양자를 중심으로 회전하고 있다. 이 전자들은 1초에 대략 만 마일이라는 믿을 수 없는 속도로 움직인다.

2분전만하더라도 이 종이가 움직이지 않는 죽은 물체라고 생각했을 것이다. 하지만 실제로는 엄청난 힘을 지닌 에너지로 구성되어 있다.

이 종이에 흥미가 생겼다면 종이에 대해 새로운 사실을 알았기 때문이다. 완전히 생소한 것도 흥미가 없다. 완전히 친숙한 것도 매력이 없다. 사람들은 친숙한 것에 대한 새로운 사실을 좋아한다. 일리노이 농부가 부르주의 성당이나 모나리자에 흥미를 느끼겠는가? 이런 것들은 너무나 생소하고 농부의 관심사와는 거리가 멀다. 그렇다면 네덜란드의 농부들은 해수면보다 낮은 땅을 경작하고, 도랑을 파서 문으로 만든다는 이야기를 해주면 흥미를 느낄 것이다. 네덜란드의 농부들은 겨울 동안에 집안에 소를 들여놓고, 가끔 소들이 커튼 사이로 눈을 구경한다는 사실을 이야기해주면 놀라서 입을 쩍 벌리고 이야기를 들을 것이다. 일리노이의 농부에게 소와 울타리는 익숙한 소재이다. 그런데 그렇게 익숙한 것들이 새롭게 다가오는 것이다. "레이스 커튼! 소한테!" 그는 소리칠 것이다. 친구들에게 이 이야기를 전해줄 것이다.

다음은 뉴욕시에서 이 강좌에 참가했던 수강생의 연설이다. 읽으면서 관심이 생기는 지 봐라. 만약 그렇다면 왜 그런가?

황산의 영향

"액체를 재는 단위는 파인트, 쿼트, 갤런 또는 배럴이 있다. 우리는 보통 포도주 몇 쿼트, 우유 몇 갤런, 당밀 몇 배럴 하는 식으로 말한다. 새 유정이 발견되면 하루 생산량이 몇 배럴이라고 말한다. 대량으로 제조되고 소비되기 때문에 톤단위로 말하는 액체가 있는 데 바로 황산이다.

황산은 당신의 생활과 밀접한 연관이 있다. 황산이 등유와 가솔린을 정제하는 데 광범위하게 사용되기 때문에 황산이 없으면 자동차는 멈출 것이고 짐 싣는 말이나 마차를 타고 다녀야 할 것이다. 사무실을 밝히고, 저녁식탁을 밝히는 전기불도 황산이 없으면 사용할 수 없다.

아침에 일어나 씻기 위해 물을 틀 때 니켈로 도금된 수도꼭지를 튼다. 이것을 만드는 데도 황산이 필요하다. 에나멜을 입힌 욕조의 마무리에도 황산은 필요하다. 비누는 황산 처리된 기름으로 만들어졌을 것이다. 수건도 황산 처리를 한다. 빗의 솔에도 황산이 필요하고, 셀룰로이드 빗도 황산이 없으면 만들 수 없다. 면도칼도 가열 냉각하여 황산에 담가 만든다.

당신은 속옷을 입고 외투의 단추를 채운다. 표백업자, 염료 제조업자, 염색업자도 황산을 사용한다. 단추 제조업자도 단추를 완성하려면 황산을 사용한다. 피혁업자가 신발을 위한 가죽을 만들 때 황산을 사용하고 구두를 닦을 때도 황산을 사용한다.

당신은 이제 아침식사를 한다. 식탁의 컵과 접시도 완전히 흰색이 아니면 황산의 도움을 받아야 한다. 황산은 금박과 장식용 염료를 만드는 데도 쓰인다. 숟가락과, 나이프 포크 모두 황산처리를 해야 한다.

빵의 원료가 되는 밀이 자라려면 비료를 사용해야 하는데 이 비료도 황산이 필요하다. 메밀 팬케이크에 시럽을 넣는다면 시럽에도 황산이 필요하다.

황산은 당신이 어디를 가나 등장한다. 이토록 인간에게 필수적인 황산의 존재를 사람들이 잘 모른다는 것은 의외이지만 그것이 사실나다."

세상에서 가장 재미있는 것 세 가지

세상에서 가장 재미있는 것이 무엇일까? 섹스, 돈, 종교이다. 섹스를 통해 생명이 잉태되고, 돈이 있어야 생명이 유지되고, 종교로 후생에서도 생명을 이어가기를 바란다.

우리가 관심 있는 것은 섹스, 돈, 종교이다. 우리의 관심은 자아를 중심으로 움직인다.

우리는 페루 사람의 유언장 작성하는 법에는 관심이 없다. 하지만 우리의 유언장 작성에는 관심이 있을 것이다. 힌두교에 관심이 없지만 내세에서 우리에게 행복을 보장해 줄 종교에는 관심을 가질 것이다.

노스클리프 경이 사람들이 무엇에 관심을 갖느냐는 질문을 받았을 때 그는 한 단어로 대답했다. 바로 자기 자신이다. 영국에서 가장 부유한 신문사 사주이니 당연히 답을 알았을 것이다.

당신이 어떤 종류의 사람인지 알고 싶은가? 이것은 참 흥미로운 주제이다. 우리는 당신에 대해 말하고 있다. 진정한 자아를 거울에 비춰서 당신이 누구인지 알 수 있는 방법이 있다. 〈마음의 형성〉이라는 책에서 제임스 하비 로빈슨은 이렇게 답한다.

"우리는 깨어있는 시간 내내 생각하고 있는 것처럼 보인다. 그런데 잠을 자고 있을 때도 계속 생각을 한다. 어떤 문제에 의해 방해받지 않으면 우리는 소위 환상이라고 알려져 있는 것에 빠져있다. 환상은 자발적이고 우리가 좋아하는 생각이다. 환상은 우리의 희망, 두려움, 욕망, 성취, 좌절, 좋아하는 것, 싫어하는 것, 사랑, 증오, 분노에 의해 결정된다. 우리자신보다 더 흥미로운 것이 없다. 통제하지 않으면 모든 생각은 자연스럽게 자아로 향한다.
우리의 환상은 우리의 성격을 형성한다. 환상은 우리 성격을 반영한다. 환상은 자기 과시와 자기 정당화에 영향을 미친다."

사람은 대부분의 시간은 자신에 대해 생각하고 있다는 것을 기억해라. 보통 사람은 이탈리아가 미국에 진 빚보다는 떠난다고 하는 요리사를 더 걱정하고 있다는 것을 기억해라. 남아메리카의 혁명보다는 낡은 자신의 면도기를 더 생각하고 있다. 50만 명의 목숨을 앗아간 아시아의 지진보다는 자신을 괴롭히는 충치를 더 걱정한다. 역사상 유명한 열 사람의 이야기를 듣는 것보다는 자신에게 이익이 되는 이야기를 더 좋아할 것이다.

좋은 대화 상대가 되려면
많은 사람들이 좋은 대화상대가 되지 못하는 이유는 사람들이 자신이 관심 있는 것만 이야기하기 때문이다. 그런 이야기는 다른 사람에게 지루한 이야기일 것이다. 상대의 관심, 사업, 골프 스코어, 후계자에 대해 이야기하도록 이끌어라. 상대가 어머니라면 자녀에 대해 이야기하도록 이끌어라. 그렇게 하고 귀 기울여 이야기를 들어라. 결과적으로 당신은 말을 많이 하지 않고도 훌륭한 대화상대가 될 것이다.

필라델피아의 해롤드 드와이트는 인상적인 연설을 했다. 그는 테이블에 앉아 있는 사람들에 대해 이야기 했다. 그들이 연설한 주제를 언급하고 그들 중 몇 몇의 흉내를 내어 사람들을 웃게 했다. 이런 주제를 가지고 실패할래야 실패할 수 없었을 것이다. 이상적인 연설이었다. 드와이트는 인간의 본성을 어떻게 다루어야 하는 지 잘 알았다.

2백만 독자를 사로잡은 아이디어

몇 년 전 〈아메리칸 매거진〉은 놀라운 성장세를 보였다. 잡지 발행부수의 갑작스러운 증가는 출판계의 화제가 되었다. 비결은 무엇인가? 비결은 존 시달과 그의 생각에 있었다. 나는 그에게 몇 가지 기사를 써주었는데 어느 날 나에게 이런 이야기를 해주었다.

"사람들은 이기적입니다. 사람들은 자기 자신의 일에만 관심이 있지요. 사람들은 정부가 철도를 소유해야 하는지 관심이 없습니다. 하지만 어떻게 승진하고, 어떻게 연봉을 올리고, 어떻게 건강을 유지해야 하는지에 관심이 있습니다. 내가 이 잡지의 편집자라면 사람들에게 치아관리법, 목욕법, 더위 피하는 법, 취업하는 법, 직원 다루는 법, 집 사는 법, 기억법, 문법 실수 피하는 법 등을 알려줄 것입니다. 사람들은 항상 다른 사람 이야기에 관심이 많지요. 그래서 저는 부자에게 어떻게 부동산에서 백만 달러를 벌었는지 말해달라고 할 것입니다. 금융인이나 사업가들에게 어떻게 성공하게 되었는지 말해달라고 할 것입니다."

그 이후에 시달은 편집장이 되었다. 그 당시 그 잡지는 판매량이 적어 거의 실패에 가까웠다. 시달은 그가 말했던 대로 했다. 결과는? 결과는 아주 놀라웠다. 판매량이 20만, 30만, 40만, 50만으로 증가했다. 사람들이 원하는 것이 바로 이런 것이었다. 한 달 만에 100만부가 팔렸고 마침내 2백만 부가 팔렸다. 여기서 그치지 않고 잡지는 계속 잘 팔렸다. 사람의 이기적인 성향을 간파한 시달의 전략이 성공했다.

콘웰박사가 백만 청중을 사로잡은 비결

세계에서 가장 인기 있는 강연인 "다이아몬드의 땅"의 인기비결이 무엇이었을까?

그 강연은 결코 지루한 강의가 아니었다. 콘웰박사는 강연의 내용을 강연하는 곳에 맞춰 손질했다. 해당 지역과 관련된 내용은 강의를 새롭게 만들었고 강연을 듣는 사람들을 으쓱하게 만들었다.

"나는 강연하려는 장소에 될 수 있으면 일찍 도착해서 우체국장, 이발사, 호텔 관리인, 학교 교장선생님, 교회 목사를 만나본다. 그리고 공장, 가게에 들어가 사람들과 이야기한다. 그리고 이 모든 내용들을 강연에 접목시켜 강의에 지방색을 더한다. 다이아몬드의 땅의 기본 생각은 똑같다. 기본 생각은 모든 사람들은 자신이 처한 환경에서 자신의 능력과 에너지를 가지고 더 성장할 수 있는 가능성이 있다는 것이다."

항상 관심을 끄는 연설 자료

당신이 사물이나 생각에 대해 이야기하면 사람들은 지루해할 것이다. 하지만 당신이 사람들에 대해 이야기를 하면 청중의 관심을 끄는 데 거의 실패하지 않는다. 지금도 뒷마당의 담장 너머로, 찻잔을 사이에 두고, 저녁 식사 테이블에서 수많은 대화가 오갈 것인데 과연 어떤 내용일까? 사람이야기이다. 누가 이런 말을 했고, 누가 저렇게 했고, 나는 그 여자가 그렇게 하는 것을 봤고, 누구는 떼돈을 벌었다더라 하는 등등의 이야기 말이다.

나는 미국과 캐나다의 학생들 앞에서 많이 연설을 했다. 학생들의 관심을 끌기 위해서는 사람들에 대한 이야기를 해야 한다는 것을 알게 되었다. 내가 추상적인 개념을 이야기하자마자 학생들은 집중력을 잃고 의자에서 몸을 베베꼬고, 장난을 치기 바빴다.

아이들이니 당연하다. 하지만 전쟁 중에 군대에서 실시한 지능검사는 미국인의 49퍼센트가 13세의 정신 연령을 가지고 있다는 놀라운 사실을 보여주었다. 그러니 재미있는 사람 이야기를 많이 활용하면 거의 실패하지 않을 것이다. 수백만의 독자를 보유하고 있는 〈아메리칸〉, 〈코스모폴리탄〉, 〈새터데이 이브닝 포스트〉같은 잡지들은 사람 이야기로 가득 차 있다. 예전에 파리에 있는 미국 기업인들에게 성공하는 방법에 대한 강연을 부탁했다. 그들 중의 대부분이 뻔한 덕목을 강조하며 설교조나 강연조로 이야기해서 청중들을 지루하게 했다.

그래서 나는 수업을 멈추고 이런 말을 했다. "우리는 설교를 원하지 않습니다. 재미있지 않으면 사람들은 듣지 않는다는 것을 명심하십시오. 세상에서 제일 재미있는 것은 남 이야기라는 것도 잊지 마십시오. 당신이 알고 있는 두 사람의 이야기를 해주십시오. 어떻게 한 사람은 성공하고 다른 사람은 실패했는지 말해주십시오. 우리는 기쁘게 그 이야기를 듣겠습니다. 그리고 당신에게도 추상적인 연설보다는 훨씬 쉬울 것입니다."

　그 강좌 수강생 중에 청중의 흥미를 자극하는 것을 특히 어려워한 사람이 있었다. 그날 밤 사람 이야기를 하라는 내 제안을 받아들여 대학 동기 이야기를 했다. 그들 중에 한명은 상당히 보수적이어서 셔츠를 사서 어떤 것이 세탁이 잘 되고 오래 입을 수 있는지, 구입비용에 비해 쓸모 있는 옷은 무엇인지 도표를 만들 정도였다. 그는 항상 돈에 쩔쩔맸다. 공과대학을 졸업하고 다른 졸업생들이 하듯이 바닥에서부터 경력을 쌓으려고 하지 않았다. 세 번째 동창회를 할 때까지도 여전히 그는 셔츠 세탁 차트를 만들고 있었고, 대박이 일어나기만을 기다리고 있었지만 그런 일은 일어나지 않았다. 25년이 지난 지금 세상에 불만이 가득하고 여전히 하위직에 머물러 있다.

　그는 성공한 다른 친구의 사례도 언급했다. 그 친구는 사교성이 좋았다. 모두가 그를 좋아했다. 야심가였지만 처음은 제도공으로 시작했다. 하지만 그는 항상 기회를 엿보고 있었다. 그때 버펄로에서는 박람회가 열릴 예정이었다. 그는 그곳에 엔지니어 기술이 필요할 것이라는 것을 알았다. 그래서 그는 필라델피아의 직장을 그만두고 버펄로로 옮겼다. 친화력이 좋은 그는 버펄로에서 상당한 정치적 영향력이 있는 사람과 사귀게 되었다. 두 사람은 동업자가 되어 한 전화회사에서 큰 계약을 따냈다. 결국 이 친구는 거액의 연봉을 받고 전화회사에 스카우트되었다. 현재 그는 수백만 달러의 재산가이자 웨스턴 유니언의 대주주 중의 한 명이다.

　여기에는 연사가 한 말의 대략적인 줄거리만을 옮겼다. 그는 재미있는 인간사를 더해 자신의 연설을 재미있게 만들었다. 보통 3분 스피치도 힘들어했던 그 사람은 계속 이야기를 했다. 이야기를 끝낸 후에는 자신이 혼자 30분 동안이나 말하고 있었다는 사실에 놀라움을 금치 못했다. 연설이 너무 재미있어서 사람들도 그렇게 많은 시간이 흐른지 몰랐다.

보통의 내용도 사람들의 재미있는 이야기가 덧붙여지면 훨씬 호소력 있고 풍부한 이야기가 된다. 연사는 핵심을 이야기하고 거기에 구체적인 실례를 들어 설명해야 한다. 그렇게 하면 청중의 주의를 끄는 데 실패하지 않을 것이다.

가능하면 싸움에 관한 이야기가 좋다. 사람들은 싸움 이야기를 좋아한다. 속담 중에 세상은 사랑하는 사람들을 사랑한다는 말이 있는데 이는 사실이 아니다. 세상은 싸움을 좋아한다. 세상은 두 남자가 한 여자를 두고 싸우는 것을 좋아한다. 소설, 잡지, 영화를 봐라. 모든 장애물이 없어지고 남자 주인공이 여자 주인공을 품에 안을 때 관람객들은 모자와 외투를 집어 들기 시작한다. 그리고 5분 뒤에 청소하는 아줌마들이 빗자루 손잡이에 대해 수다를 떨기 시작한다.

모든 잡지와 소설은 이 공식에 기초하고 있다. 독자를 주인공으로 만들어라. 독자로 하여금 무엇인가를 갈망하게 만들어라. 주인공이 그것을 얻기 위해 싸우고 쟁취하는 것을 보여주어라.

사람이 사업이나 일에서 불리함과 싸워 이기는 것을 보는 것은 항상 감동적이다.

구체적으로 이야기해라.

예전에 철학박사와 젊은 시절에 영국 해군에서 청춘을 보낸 남자가 강의의 수강생인 적이 있었다. 그 세련된 학자는 대학 교수였고, 바다를 주름잡았던 수강생은 이삿짐센터 주인이었다. 이상하게도 그 이삿짐센터 주인의 연설이 철학교수의 연설보다 인기가 있었다. 왜일까? 대학교수는 수려한 영어로 교양 있게 말했지만 그의 말에는 핵심이 빠져있었다. 그의 말은 너무 애매하고 일반적이었다. 반면에 이삿짐센터 주인은 하려는 말로 곧바로 들어갔다. 그의 말은 확실했고 구체적이었다. 여기에 그의 특유의 활발함과 신선한 표현이 더해져 그의 말을 아주 재미있었다.

내가 이 사례를 든 것은 교육수준과는 상관없이 구체적이고 명확한 말은 사람들의 흥미를 끈다는 사실을 보여주기 위해서이다.

이 원칙은 아주 중요하기 때문에 몇 가지 예를 더 보여주어 당신의 머릿속에 각인 시키려 한다. 절대 이 원칙을 잊지 말고 무시하지 않기를 바란다.

"마틴 루터는 어렸을 때부터 고집이 셌다." 라는 표현이 더 흥미를 끄는가? 아니면 마틴 루터는 학창시절 선생님들에게 오전에만 회초리로 열다섯 대를 맞았다라고 하는 것이 더 흥미로운가?

고집 세다는 말은 사람들 주의를 끌기 어렵지만 회초리로 몇 대 맞았다는 말은 궁금해지지 않는가?

예전에 전기문은 일반적인 사항만을 다루었다. 요즘에는 구체적인 사실을 주로 다룬다. 예전 전기 작가는 '존 도는 가난하지만 정직한 부모에게서 태어났다.' 라고 말한다. 하지만 요즘 방법은 '존 도의 아버지는 덧신 살 형편도 못 되어 눈이 올 때는 신발을 굵은 마로 된 자루로 싸맸다. 가난했지만 절대 우유에 물을 타지 않았고 천식이 있는 말을 건강한 말이라고 속여 팔지도 않았다.' 이런 예들이 그의 부모가 가난하지만 정직하다는 것을 보여주지 않는가? 이렇게 예를 제시하는 것이 훨씬 흥미롭지 않은가?

현대 연사들도 이 방법을 사용하면 좋을 것이다.

예를 한 가지 더 들어보자. 당신이 나이아가라에서 낭비되는 에너지가 엄청나다고 말하고 이 동력에서 나오는 이익을 생필품 구입에 사용하자고 말하고 싶다면 이렇게 말하는 것이 어떤가? 다음의 글은 〈데일리 사이언스 뉴스 불레틴〉에 실린 에드윈 슬로손의 글이다.

"이 나라에서 수백만 명의 사람들이 빈곤에 허덕이고 있다. 하지만 여기 나이아가라에서는 시간당 25만개의 빵 덩어리가 버려지고 있다. 60만개의 신선한 달걀이 매 시간마다 절벽에서 떨어져 소용돌이를 내며 오믈렛을 만들고 있다. 베틀에서 만들어내는 천이 버려지고 있다. 그 물이 책이라면 이는 카네기 도서관을 한두 시간 안에 채워버릴 것이다. 아니면 커다란 백화점이 에릭호수에서 떠내려 와 160피트 바위위로 던져져 부서지는 모습을 상상할 수도 있다."

그림을 그리는 언어들

사람들의 관심을 끌지만 중요하게 생각되어지지 않는 방법이 있다. 보통의 연사들은 그것에 대해 모르고 있을 지도 모른다. 마음속에 그림을 그려내는 언어의 힘을 말하고 있는 것이다. 말을 쉽게 하는 사람은 청중들이 이미지를 쉽게 떠오르게 하는 사람이다. 모호하고 상투적인 말을 하는 연사는 청중들을 졸게 만든다.

청중들이 머릿속에 생생한 그림을 그릴 수 있도록 만들어라. 그렇게 하면 연설은 더욱더 재미있어 질 것이다.

앞에서 말한 나이아가라 관련 글을 보자. 얼마나 생생하게 표현하고 있는가. 모든 문장에서 단어들이 살아 움직이고 있다. "25만개의 빵 덩어리, 60만개의 달걀이 만들어내는 거대한 오믈렛, 베틀에서 쉴 새 없이 나오는 천, 쏟아지는 책들, 물위에 떠다니다 산산조각 나는 백화점."

스펜서는 문체에 대한 짧은 에세이에서 생생한 그림을 그려내는 언어의 우수성을 지적한 바 있다.

"한 나라의 관습과 풍습에 따라 형법의 잔인함이 정해진다.' 이런 문장 대신에 이렇게 써야한다. '사람들이 싸움, 투우와 검투사의 싸움을 즐기는 만큼 사람들은 교수형, 화형, 고문 같은 처벌을 받을 것이다."

성경과 셰익스피어의 작품은 생생한 표현으로 넘쳐난다. 예를 들어 불필요한 것을 표현할 때 평범한 작가가 "이미 완벽한 것을 개선하려 한다."라고 표현한다면 셰익스피어는 "정제된 금에 도금을 하고, 백합꽃에 색을 칠하고, 제비꽃에 향수를 뿌리는 것" 이라는 불후의 표현을 남겼다.

수세대를 거쳐 내려온 속담이 시각적이라는 사실을 생각해본 적이 있는가? "수중의 새 한 마리가 덤불의 새 두 마리보다 낫다." "비가 오면 억수같이 퍼붓는다." "말을 물가로 끌고 갈 수는 있지만 억지로 물을 마시게 할 수는 없다." 수세기 동안 사용해온 직유적인 표현도 시각적인 이미지를 담고 있다. "여우처럼 교활한" "박힌 못처럼 꼼짝 앉는" "팬케이크처럼 납작한" "돌처럼 단단한."

대조의 흥미유발 효과

맥컬리가 찰스 1세를 비난하는 글을 보자. 맥컬리는 그림 같은 표현을 쓰고 있을 뿐 아니라 균형 잡힌 문장을 구사하고 있다. 강렬한 대조는 언제나 사람들의 관심을 끈다.

"우리는 그가 대관식 맹세를 어겼다고 비난하는데 그는 자신이 결혼식 맹세를 지켰다고 말한다! 우리는 그가 무자비한 성직자들에 국민들을 내주었다고 비난하는데, 그는 자기의 어린 아들을 무릎에 앉히고 아들에게 입을 맞추었다고 항변한다! 우리는 그가 지키겠다고 약속한 권리 청원을 위반했다고 비난하는데, 그는 아침 6시에 기도를 하는 습관이 생겼다고 말을 한다. 바로 이런 것들이 그의 반다이크풍 옷과, 잘생긴 얼굴, 뾰족한 수염과 함께 사람들의 인기를 얻는 요소라고 생각한다."

관심은 전염된다.

지금까지 우리는 청중의 관심을 끄는 방법에 대해 이야기했다. 하지만 앞에 언급한 요소들을 따른다 해도 청중은 지겨워할 수 있다. 사람들의 관심을 끌고 이를 유지하는 것은 어려운 일이다. 증기기관을 작동하는 것과 달라서 어떤 규칙도 없다.

관심은 전염된다는 사실을 명심해라. 얼마 전에 볼티모어에서 연사가 청중들에게 지금처럼 체서피크 만에서 행해지는 볼락낚시가 계속

된다면 이 어종은 멸종할 것이라고 경고했다. 그는 진심으로 걱정하고 있었다. 연설을 듣기 전에는 그런 물고기가 있는지도 몰랐다. 하지만 연사가 말을 끝내기도 전에 청중들은 그처럼 걱정하게 되었다. 볼락 낚시를 불법으로 하자는 청원서를 돌렸다면 기꺼이 사인했을 것이다.

예전에 이탈리아 주재 미국대사였던 리처드 워시번 차일드에게 작가로서의 성공 비결을 물었다. 그는 이렇게 대답했다. "나는 삶에 대해 너무 흥미를 느끼기 때문에 가만히 있을 수가 없습니다. 사람들에게 말하지 않고는 참을 수가 없어요." 이런 작가나 연사가 하는 말에 흥미를 느끼지 않을 사람이 있겠는가?

요약

1. 우리는 일상적인 것들의 재미있는 사실에 흥미를 느낀다.
2. 우리의 주된 관심사는 우리 자신이다.
3. 자신의 말보다는 다른 사람의 말을 경청하는 사람이 좋은 대화 상대이다.
4. 다른 사람 이야기는 사람들의 관심을 끈다. 연사는 말하고자 하는 요점에 인간적인 이야기를 함께 해서 이야기하기만 하면 된다.
5. 구체적이면서 명확하게 말해라. "마틴 루터는 어렸을 때부터 고집이 셌다."라고 말하지 말고 마틴 루터는 학창시절 선생님들에게 오전에만 회초리로 열다섯 대를 맞았다라고 구체적으로 이야기해라. 그렇게 하면 일반적인 진술이 더 인상적이면서 재미있게

변한다.

6. 그림을 그릴 수 있는 생생한 표현, 이미지가 눈앞에 떠오르는 표현을 써라.

7. 균형 잡힌 문장과 대조되는 개념을 사용해라.

8. 관심은 전염된다. 단순히 기계적인 규칙을 고수하며 말을 하면 사람들이 관심을 갖지 않는다.

15장

행동을
이끌어 내는 법

원하기만 하면 당신의 재능을 키울 수 있다면 어떤 재능을 선택하겠는가? 남의 마음을 움직여 행동하게 하는 능력을 고르는 것은 어떤가?

우리의 성공에 필수적인 이 재능을 그저 운에 맡기고 넋 놓고 있을 것인가? 이런 재능을 얻을 수 있는 좋은 방법이 있을까?

물론 방법은 있다. 이 방법은 인간 본성에 근거하고 내 자신이 직접 사용해본 방법이기도 하고 수강생들을 교육시킬 때 성공적으로 사용되었던 방법이다.

첫 단계는 사람들의 주목을 받는 것이다. 사람들의 주목을 받지 않으면 사람들은 당신의 말에 귀 기울이지 않을 것이다.

두 번째 단계는 청중의 신뢰를 얻는 것이다. 청중의 신뢰를 얻지 못하면 청중은 당신의 말을 믿지 않을 것이다. 이 부분에서 많은 연사들이 실패한다.

신뢰를 얻기 위한 조건

신뢰를 얻는 최고의 방법은 자격을 갖추는 것이다. 피어폰트 모건은 신뢰를 얻는 가장 중요한 요소가 인격이라고 말했다. 아무리 똑똑하고 재치 있어도 진실한 연사만큼 설득력을 가질 수 없다.

내 수업에 뛰어난 외모를 가진 수강생이 있었는데, 그는 정말 유창하게 말을 잘 했다. 그가 말을 끝내면 사람들은 '똑똑한 친구군.' 하는 정도의 반응을 보였다. 그의 말은 사람들의 마음을 움직이지 못했다. 그와 같은 그룹에 체구가 작은 보험 세일즈맨이 있었다. 이 사람은 가끔 말도 더듬었고, 세련된 어구를 구사하지도 못했다. 하지만 그의 진실함은 그의 눈에서 빛나고 그의 목소리에 가득했다. 청중들은 그의 말에 귀 기울였고 이유를 모르지만 그에게 호감을 느꼈다.

칼라일은 〈영웅과 영웅숭배〉라는 책에서 이렇게 말했다.

"미라보, 나폴레옹, 번즈, 크롬웰 등 훌륭한 사람들은 자신의 일에 진지했다. 소위 성실한 사람이다. 영웅의 첫 번째 자질은 성실성이다. 성실한 척하는 것은 성실함이 아니다. 이는 천박한 허영이고 자만일 뿐이다. 위대한 사람의 성실함은 말로 표현할 수 없는 것이다."

몇 년 전에 우리 시대 가장 뛰어난 연사 중에 한 명이 세상을 떠났다. 젊은 시절 그는 큰 꿈이 있었고, 장래가 촉망되는 젊은이였다. 하지만 어떤 것도 이루지 못하고 죽고 말았다. 그는 순간적인 이익이나 돈을 위해 자신의 아까운 재능을 낭비했다. 결국 불성실하다는 오명을 썼다. 그의 경력에 큰 손상을 입었다.

웹스터가 말했듯이 성실한 척 해봤자 소용이 없다.

인디애나의 유명한 연설가 앨버트 베버리지는 이렇게 말했다.

"사람들에게 가장 큰 영향력을 미치는 것은 바로 종교이다. 그것은 자기 보존법칙만큼이나 본능적이고 본질적이다. 사람들을 감동시키고

자 하는 사람은 사람들 마음속의 종교적인 요소에 호소해야 한다."

링컨은 사람들과 교감하는 능력이 있었다. 누구도 그를 웅변가라 생각하지 않을 것이다. 더글러스 판사와의 논쟁에서도 그는 상대가 지닌 노련함과 우아함, 수려한 말솜씨를 가지고 있지 않았다. 사람들은 더글러스를 작은 거인이라고 불렀지만 링컨은 정직한 에이브라고 불렀다.

더글러스는 매력적인 인물이었고 생동감이 있었지만 원칙보다는 책략을 정의보다는 편의를 추구한 사람이었다. 결국 그것이 그의 파멸의 원인이었다.

하지만 링컨은 어땠는가? 링컨의 말에는 진솔함이 있었다. 그가 말을 할 때 사람들은 그의 정직함과 성실함을 느낄 수 있었다. 법률적 지식이 그를 능가하는 사람들은 많았지만 링컨처럼 배심원의 마음을 움직일 수 있는 사람은 많지 않았다. 그는 자신보다는 정의와 진리를 추구하는 데 더 많은 관심이 있었고 사람들이 그의 이런 마음을 느낄 수 있었다.

경험을 이야기해라.

청중의 신뢰를 얻을 수 있는 두 번째 방법은 자신의 경험을 이야기하는 것이다. 당신의 의견을 말하면 청중은 의문을 품을지 모른다. 책에서 읽었거나 어디에서 들은 말을 전하면 참신한 느낌이 없을 것이다. 하지만 사람들은 당신이 직접 경험한 진실된 이야기를 좋아한다.

제대로 소개받아라.

많은 연사들이 제대로 소개받지 않아서 청중의 관심을 받지 못한다.

소개라는 말은 intro(안으로)와 ducere(이끌다)라는 두 개의 라틴어로 만들어졌다. 즉 소개는 청중을 하고자 하는 연설의 핵심으로 이끌고 들어와 청중들이 이야기를 듣고 싶다는 생각이 들게 만들어야 한다. 소개할 때 연사와 관련된 사실들, 즉 연사가 이 주제를 이야기하기에 적합한 경력의 소유자라는 것을 부각시켜 청중이 이야기를 듣고 싶다는 생각이 들게 해야 한다. 소개할 때 청중의 주목을 받기 위해 소개는 가능하면 짧은 시간 안에 해야 한다.

하지만 현실은 그렇지 못하다. 대부분의 소개는 부실하고 부적절하다.

나는 아주 유명한 연사가 아일랜드의 시인 예이츠를 소개하는 것을 본 적이 있다. 예이츠는 자신의 시를 낭송하기로 되어 있었다. 그는 3년 전에 노벨문학상을 수상했는데, 이는 문학가에는 최고의 상이다. 내 생각에 청중들이 이 상의 의미도, 이 상의 중요성도 모르는 듯했다. 적어도 이 두 가지 사실을 말했어야 했다. 하지만 사회자는 이 사실의 중요성은 철저히 무시하고 신화와 그리스 시에 대해 주저리주저리 말할 뿐이었다.

이 사회자는 세계적인 연사로서 그 자신이 소개받은 경험은 많았지만 남을 소개하는 데는 완전히 문외한이었다. 그 정도의 관록이 있는 사람이 이 정도인데 보통의 사회자는 어떻겠는가?

겸손하게 사회자에게 가서 소개로 참고할 말을 해도 되겠느냐고 물어라. 그는 당신의 제안을 좋아할 것이다. 사회자가 말해주었으면 하는 것들, 당신이 이 주제에 대해 말할 자격이 있다는 것을 보여주는 사실들, 청중들이 알아야 할 사실 등을 말해주어라. 물론 한번만 듣고는 사회자는 당신의 말 중 절반은 잊어버릴 것이다. 그러니 그가 소개하기 전에 확실하게 알 수 있도록 한두 문장으로 간단히 정리한 메모를 전해주는 것이 좋을 것이다.

푸른 풀과 히코리 나무의 재

어느 가을에 나는 뉴욕 YMCA지부에서 대중 연설 강의를 하고 있었다. 스타 세일즈맨이 어느 날 저녁 자신이 씨앗이나 뿌리 없이 푸른 풀이 자라게 했다는 터무니없는 말을 했다. 그의 말에 따르면 그가 쟁기질한 땅위에 히코리 나무의 재를 뿌렸는데 거기서 놀랍게도 푸른 풀이 자랐다는 것이다.

나는 웃으며 그의 발견이 사실이라면 백만장자가 될 것이라고 말했다. 여태껏 어느 누구도 그런 기적을 일으킨 사람이 없었고, 어느 누구도 생명이 없는 것에서 생명을 만들어낸 적이 없었다고 말했다.

나는 그의 말이 너무 허황되었기 때문에 흥분하지 않고 침착하게 말했다. 모든 수강생들이 그의 말을 믿지 않았지만 그는 확신에 차 있었다. 그는 벌떡 일어나며 자신이 맞다고 주장했다. 그는 자신이 어떤 이론을 설명하는 것이 아니라 개인적 경험을 말하는 것이라고 항변했다. 그는 자신이 무슨 말을 하는 지 정확히 알고 있었고, 추가적인 정보와 증거를 제시했다.

나는 다시 그의 주장이 사실이 아니라고 주장했다. 그러자 그는 5달러 내기를 제안하며 미 농무성에 이 문제를 제기해보자고 말했다.

나는 곧 그가 수강생 몇 명을 자기편으로 끌어들였음을 알게 되었다. 나는 그들에게 왜 그의 주장을 믿게 되었는지 물었다. 그의 진지함이 그들이 그의 말을 믿게 된 유일한 이유였다.

진지함은 청중들에게 엄청난 영향을 미친다.

인간은 감정을 가지고 있고 연사의 감정에 영향을 받는다. 만약 연사가 어떤 것을 진지하게 믿어 이를 진지하게 말한다면 재에서 파란풀이 나왔다고 우겨도 자신의 말을 믿어주는 추종자가 생길 수 있다.

청중의 관심과 신뢰를 얻기만 하면 본격적인 작업이 시작된다. 다음 단계는 사실을 제시하고 여러분의 주장에 대해 사람들을 교육시키는 것이다.

주장의 장점을 부각시켜라.

당신은 대부분의 시간을 여기에 쏟아야 한다. 명확성에 대한 12장, 감동과 확신을 주는 방법인 13장을 여기에 써먹어야 한다.

전장에 비유하면 여기가 최전선이다. 포슈 사령관은 이렇게 말했다. "전장에서는 연구할 시간이 없다. 이미 알고 있는 것을 적용할 수 있을 뿐이다. 따라서 정확히 알고 빨리 활용하는 능력이 중요하다."

당신이 실제 활용하는 것보다 더 많이 알고 있어야 한다. 〈이상한 나라의 앨리스〉에 나오는 백기사는 여행을 떠나기 전 모든 일어날 수 있는 가능성에 대비했다. 그는 밤에 쥐들이 괴롭힐 것에 대비하여 쥐덫을 가져갔고, 벌떼를 만날 경우를 대비하여 벌통도 준비했다. 백기사가 연설도 그렇게 준비했다면, 그는 성공을 거두었을 것이다. 엄청난 양의 정보로 제기될 수 있는 모든 반대의견을 준비했을 것이다. 말할 내용을 철저하게 알고 있어 실패하지 않았을 것이다.

패터슨은 반대의견에 어떻게 대처했나?

당신이 기업인들에게 연설을 할 때 당신만 그들을 교육하는 것이 아니고 그들도 당신을 교육하게 해야 한다. 청중이 무슨 생각을 하는지 알고 있어야 한다. 그렇지 않으면 연설의 핵심이 빗나가게 된다. 청중이 자신의 의견을 자유롭게 표현할 수 있게 하고 반대의견에 답해라. 그렇게 하면 청중은 너그러운 마음을 갖게 되어 당신의 말을 경청할 것이다. 다음은 내셔널 캐시 레지스터 사의 초대 회장 존 패터슨이 이런 상황에 어떻게 대처했는지 보여준다. 〈시스템 매거진〉에 실린 그의 기사를 소개한다.

"금전 등록기의 가격을 올리게 되었다. 대리점과 영업담당자들은 이에 반대했다. 나는 그들 모두를 데이턴으로 불러 모임을 가졌다. 내 뒤에는 큰 종이와 기록할 사람을 두었다.

나는 사람들에게 가격인상에 반대하는 이유를 물었다. 마치 따발총처럼 반대의견이 쏟아졌다. 의견이 나오는 대로 큰 종이에 적도록 지시했다. 첫날은 반대의견을 모으는 데만 시간을 보냈다. 모임이 끝나고 보니 가격인상 반대의견이 백 개가 넘게 나왔다. 가격인상을 반대하는 모든 이유가 나왔고 청중들의 마음에는 가격인상이 있어서는 안 된다는 쪽으로 결론이 난 듯 보였다. 첫날 모임은 거기서 끝났다.

다음날 아침 나는 반대의견을 지적하며 왜 그들의 의견이 틀린지를 도표를 이용해가며 설명했다. 사람들은 모두 나의 말에 동의했다. 왜 그랬을까? 모든 반대의견이 제시되었고 토론은 그것에 집중되었다. 미결부분은 없었고 현장에서 모든 것이 해결되었다.

하지만 이런 경우에 그저 논쟁을 통해 문제를 해결할 수는 없을 것이라는 생각이 든다. 영업사원들의 회합은 새로운 에너지로 충만한 채 끝나는 게 가장 좋은데 토론을 하다보면 등록기 자체의 문제는 중요성이 간과될 수 있을 것 같았다. 우리는 드라마틱한 클라이맥스가 필요했다. 회의를 끝내기 전에 100명의 사람들이 한명씩 무대를 가로질러가게 했다. 모든 사람은 손에 등록기 부품이 하나씩 그려져서 마지막 사람이 무대를 가로지르면 모든 사람이 모여 완벽한 등록기의 모습을 이루며 끝나게 했다. 영업사원 모두들 환호하며 모임이 끝났다."

욕망과 욕망이 충돌하게 해라.

이 방법의 세 번째 단계는 사람들을 행동하게 하는 동기에 호소하는 것이다.

지금까지 일어났던 모든 일과 과거에 일어났던 일 또는 미래에 일어날 일은 서로 밀접하게 연관되어 일어났다. 이 원칙은 베디아 인들과 페르시아의 인들의 법칙처럼 변하지 않는다. 이런 법칙이 이해된다면 왜 미신이 터무니없이 어리석은지 알 수 있다. 불변의 자연의 법칙이 탁자에 둘러앉은 열세 명의 사람에 의해 아니면 누군가가 거울을 깨뜨린다고 멈추거나 변화되거나 하겠는가? 우리가 하는 모든 의식적이고 의도적인 행동의 원인은 무엇인가? 바로 욕망이 그 원인이다. 이 원칙이 적용되지 않는 유일한 사람은 정신병동에 갇힌 사람들뿐이다. 우리를 행동하게 하는 것은 많지 않다. 우리는 놀라운 정도의 작은 수의 욕망에 의해 지배된다.

누군가가 사람들을 움직이는 욕망을 알아서 이 욕망으로 사람들을 조종하는 방법을 안다면 그 힘은 엄청날 것이다. 현명한 연사는 그렇게 하려고 한다. 하지만 어리석은 연사는 목적 없이 길을 더듬어 갈 뿐이다.

예를 들어 어떤 아버지가 어린 아들이 몰래 담배를 피웠다는 사실을 알게 되었다. 아버지는 화가 나서 아들에게 당장 담배를 끊으라고 하면서 담배를 피우면 건강을 해칠 것이라고 경고한다.

하지만 아들은 건강에는 관심이 없고 그저 담배의 맛과 담배를 몰래 피우면서 느끼는 짜릿함을 더 좋아할 뿐이다. 어떻게 될까? 아버지의 호소는 아들의 귀에 들어올 리가 없다. 왜일까? 부모는 아들을 움직이게 하는 동기를 자극하지 않았기 때문이다. 부모는 아들을 반발하게만 할뿐이었다.

아들은 학교 육상부에 들어가서 100미터 달리기에 출전하고 싶어 한다. 아버지가 자신의 생각만 일방적으로 말하지 않고 아들이 담배를 계속 피우면 운동선수가 되고 싶은 꿈을 이룰 수 없을 거라고 차분하게 설명한다면 더 약한 욕망인 흡연과 더 강한 욕망인 육상선수를 충돌시키는 과정을 통해 현명하게 문제를 해결할 수 있을 것이다. 이와 똑같은 일이 세계에서 가장 큰 스포츠 이벤트인 옥스퍼드 캠브리지 보트 경주에서 일어났다. 경기에 출전하는 선수들은 경주기간 내내 금연한다. 경주에 이기는 것에 비하면 다른 욕구는 부차적일 뿐이다.

오늘날 인류가 직면한 가장 큰 문제 중 하나는 곤충과의 전쟁이다. 몇 년 전에 일본 정부의 주선으로 호수 주변에 벚꽃나무를 심었는데 이때 복숭아순나방도 같이 들어왔다. 이 나방은 급속도로 퍼져 동부 몇 개주의 과일 작황이 심각한 타격을 입었다. 살충제도 효과가 없어 정부는 일본에서 이 나방의 천적을 들여왔다.

사람들의 행동을 이끌어내는 데도 비슷한 방법이 쓰인다. 하나의 동기가 다른 동기와 대립하게 만다. 이 방법은 아주 간단하면서도 합리적이어서 일반적인 방법이라 생각하기 쉽지만 실상은 그렇지 않다.

구체적인 예를 들어보자. 나는 최근에 어떤 도시에서 만찬에 참석한 적이 있었다. 인근 도시의 골프장에서 골프경기를 열려고 했는데 참석자가 얼마 없었다. 그 골프 클럽의 회장의 체면이 말이 아니었다. 그래서 더 많은 사람들이 참여해주십사하고 호소해봤지만 소용이 없었다. 그 회장은 회원들이 참석해주기를 회장인 자신이 원하고 있다는 사실을 강조했다. 그 회장은 사람의 본성을 잘 모르고 있었던 것이다. 회장은 그저 자신의 감정만을 말하는데 급급할 뿐이었다. 사람들이 원하는 것이 무엇인지 전혀 생각하지 않았다.

그는 어떻게 했어야 했을까? 그는 자신의 생각을 다른 사람에게 말하기 전에 자신과 먼저 조용한 대화의 시간을 가지며 이렇게 자문했어야했다. "왜 많은 사람들이 골프 모임에 가려하지 않을까? 시간이 없는 사람도 있을 것이고, 기차요금이나 기타 비용 때문에 안 가려하는 사람도 있을 거야. 이런 문제를 어떻게 극복해야 할까? 골프가 시간 낭비가 아니고 피곤한 상태로 6일 일하는 것보다 맑은 정신으로 5일 일하는 것이 더 효율적이라는 것을 사람들에게 알려줘야겠다. 물론 이 사실은 모두가 다 알고 있겠지. 하지만 한 번 더 말해줘야지. 골프 모임에 참석하는 데 드는 조금의 돈보다 건강과 즐거움이 훨씬 가치가 있는 일이라는 것을 말해줘야지. 사람들의 상상력을 자극해서 사람들이 골프장을 걸으며 얼굴에 와 닿는 서풍, 발밑의 푸른 잔디를 느끼게 하고 돈 때문에 아등바등하는 도시의 사람들이 불쌍하게 여기도록 해야지."

그저 "여러분이 함께 해주셨으면 좋겠습니다." 라고 말하는 것보다 앞의 방법이 더 효과적이지 않을까?

우리의 행동을 결정짓는 욕망들

우리의 행동을 결정하고 우리를 인간답게 행동하게 만드는 기본적인 인간의 욕망은 무엇일까? 이 욕망들을 이해하고 이용하는 것이 우리 성공에 필수적이라면 이 욕망들을 찬찬히 살펴보고 분석해보자.

인간을 움직이게 하는 가장 강한 동기 중에 하나가 무엇이라고 생각하는가? 당신이 맞다. 그것은 바로 이익에 대한 욕망이다. 수백만 명의 사람들을 몇 시간 더 일찍 잠에서 깨우는 것이 바로 이 욕망 때문이다. 잘 알려진 이 욕구의 위력에 대해 말할 필요가 뭐 있겠는가?

돈에 대한 욕구보다 더 강한 것이 자기 보호 욕구이다. 어떤 도시가 그곳이 건강에 좋은 날씨라고 광고하고, 식품회사가 자사제품이 활력과 건강을 준다고 강조하고, 약장수가 자신의 약이 치유해줄 수많은 병을 열거하고, 낙농업자는 우유가 비타민이 풍부하고 생명유지에 꼭 필요한 식품이라 주장하고, 금연협회의 연사가 담배의 3%는 니코틴이고 니코틴 한 방울이면 개를 죽이고 니코틴 8방울이면 말도 죽는다고 말하는 것은 우리 안의 생명 유지 욕구에 호소하고 있는 것이다.

이런 호소를 더욱 강조하고 싶다면 이를 개인의 차원에서 설명해라. 암이 증가하고 있다는 통계를 절대로 인용하지 말고 당신의 말을 듣고 있는 사람들과 관련지어라. "지금 이 방에는 30명의 사람이 있습니다. 당신이 45세까지 산다고 가정할 경우 여러분 중 세 명은 암으로 죽을 것입니다. 그 세 명이 누가될지 궁금합니다.”

돈에 대한 욕망만큼이나 강한 것은 인정받고 싶은 욕구이다.

오랜 세월 중국의 수많은 소녀들은 고통 속에 비명을 지르면서도 전족이라는 관습을 따랐다. 이 소녀들이 발을 묶어 자라지 못하게 하는 전족은 순전히 자존심 때문이었다. 바로 이 순간에도 중앙아프리카 어떤 지역의 여성들은 입술에 나무 원반을 끼고 산다. 믿기 힘들겠지만 원반의 크기가 당신이 아침 식사를 담아먹었던 접시만하다. 이 부족의 소녀들은 8살이 되면 입술 바깥쪽을 찢고 그 안에 원반을 넣는다. 세월이 흐를수록 원반은 점점 큰 원반으로 교체된다. 마지막에 이 무시무시한 원반이 들어갈 자리를 만들기 위해 이빨까지 뽑는다. 이 성가신 물건은 발음하는 것도 방해해서 사람들이 그들의 말을 알아들을 수도 없다. 이 여성들이 이 고통을 참아내는 것은 아름답게 보이기 위함이고, 인정받고 자신의 자부심을 만족시키기 위해서이다.

우리는 그 정도까지는 아니더라도 자부심을 최고로 여긴다. 사람들의 자부심에 제대로 호소하면 그 위력은 TNT 폭약에 버금간다.

당신이 이 강좌를 듣는 이유를 생각해봐라. 남에게 더 잘 보이고 싶은가? 말을 잘하는 데서 오는 만족감을 느끼고 싶은가? 사람들 앞에 서는 연설가라는 자부심을 느끼고 싶어서인가?

한 통신판매 잡지의 편집자는 한 강연에서 사람들의 자부심과 이익에 대한 욕망에 호소하는 것만큼 효과적인 방법은 없다고 말했다.

링컨은 사람들의 자부심에 호소하는 영리한 방법으로 소송을 승리로 이끌었다. 재판은 1847년 테이즈웰 지방법원에서 있었다. 스노라는 이름의 두 형제가 케이스 씨에게서 멍에를 멘 두 쌍의 소와 쟁기를 구입했다. 그들이 미성년자였지만 케이스 씨는 200달러짜리 어음을 받았다. 어음만기일이 돌아오자 그에게 돌아온 것은 돈이 아니라 조롱이었다. 그래서 케이스 씨는 링컨을 고용하여 소송을 걸었다. 스노우 형제들은 자신들이 미성년자이고 케이스 씨가 자신들이 미성년자임을 알고도 그들의 어음을 받았다고 주장했다. 링컨은 모든 사실을 인정했다. "맞습니다. 신사숙녀 여러분, 저도 그 사실은 알고 있습니다." 상대의 주장을 인정하는 것으로 보아 링컨이 소송에 이길 뜻이 없는 것처럼 보였다. 하지만 자신의 변론 차례가 오자 그는 배심원에게 이렇게 말했다.

"배심원 여러분, 여러분은 이 소년들이 인격에 치명적인 손상을 입은 채 인생을 시작하게 하고 싶으십니까? 최고의 판사는 이런 글을 남겼습니다. '하나님, 인간의 선한 이름은 영혼의 보석입니다. 내 지갑을 훔치는 사람은 쓰레기를 훔친 것일 뿐 사실 아무것도 아닙니다. 하지만 나에게서 선한 이름을 훔치는 사람은 자신을 풍요롭게 하지 못하면서 나를 더욱 가난하게 만들 것입니다.'"

링컨은 현명하지 않은 변호사의 꼬임이 없었다면 이 소년들은 이런 악행을 저지르지 않았을 것이라 지적했다. 법을 다루는 고귀한 직업이 어떻게 악용될 수 있는지를 보여준 후 링컨은 상대측 변호사를 질책했다. "배심원 여러분, 이 소년들을 세상 앞에 올바로 세우는 것은 여러분 손에 달렸습니다." 그는 배심원의 자부심에 호소했고 배심원들은 그 자리에서 소년들이 빚을 갚아야 한다는 결정을 내렸다.

이 경우 링컨은 배심원의 정의에 대한 사랑에 호소했다. 이는 인간의 본성이다. 거리에서 더 큰 아이에게 괴롭힘 당하는 소년을 보면 우리는 그 소년을 도와준다.

인간은 감정의 동물이며 안락과 즐거움을 추구한다. 우리는 커피를 마시고 실크 양말을 신고 극장에 가고 침대에서 잔다. 논리적으로 생각해서가 아니라 그것이 편안하고 우리에게 기쁨을 주기 때문이다. 당신의 말대로 하면 사람들의 편안함과 기쁨이 증대될 것이라는 것을 보여주면 사람들의 행동을 쉽게 이끌어 낼 수 있을 것이다.

시애틀이 다른 도시보다 사망률이 낮고 시애틀 출생의 아이가 생존율이 가장 높다라고 광고하면 그 도시에 살고 싶지 않겠는가? 이는 애정이라는 가장 강한 동기에 호소하고 있다. 애국심도 애정에 호소하고 있는 것이다.

뉴욕의 유명한 부동산 경매인인 조셉 데이는 감정에 호소하여 일생일대의 가장 큰 계약을 성사시켰다.

"전문적인 지식이 판매의 전부는 아닙니다. 제 생애 최대의 계약을 성사시켰을 때 저는 전문적인 지식은 전혀 사용하지 않았습니다. 저는 브로드웨이 71번가에 있는 건물을 철강회사에 매각하는 문제를 게리 판사와 협의 중이었습니다. 계약이 성사되었다고 생각하며 판사를 찾아갔는데 그는 아주 차분하지만 단호하게 이렇게 말했습니다.

'데이씨, 그 건물 근처에 훨씬 현대적인 건물이 있는데 우리 목적에 그 건물이 더 부합하는 것 같습니다. 마무리 공사가 더 잘됐어요. 당신도 알다시피 이 건물은 너무 구식입니다. 동료 몇 사람도 다른 건물이 이 건물보다는 낫다는 결론을 내렸어요.'

5백만 달러 계약이 무산될 처지에 놓였습니다. 저는 잠시 대답하지 않았습니다. 게리 판사도 더 이상 말을 하지 않았습니다. 그는 이미 결정을 내린 듯 했습니다. 바닥에 핀이라도 떨어졌다면 폭탄이 떨어지는 소리처럼 들렸을 것입니다. 저는 대답 대신 이렇게 물었습니다.

'게리 판사님, 뉴욕에 오셨을 때 첫 사무실이 어디였습니까?'

'바로 여기였죠. 아니면 저 건너편이었을 겁니다.'

'철강회사가 처음 생긴 곳은 어디였습니까?'

'그야 여기 있는 사무실이죠.' 그는 잠시 생각에 잠겼습니다. '젊은 중역들은 이보다 좀더 세련된 사무실에서 일했었죠. 그분들은 이곳의 낡은 가구들이 맘에 들지 않았어요. 하지만 그 젊은 중역들은 이곳에 남아 있지 않습니다.'

거래는 성사되었습니다. 물론 저는 두 건물의 구조적인 장점을 비교했을 수도 있었을 것입니다. 하지만 저는 감정에 호소했습니다."

종교적인 동기

종교적인 동기도 강한 영향력을 가진다. 종교적이라 함은 특정 종교의 예배나 교의가 관련된 것이 아니라 예수가 가르쳤던 아름답고 영원한 진리를 말하는 것이다. 정의와 용서와 자비, 남을 섬기고 내 이웃을 내 몸과 같이 사랑하는 마음을 가리키는 것이다.

어떤 사람도 자신이 선하고 도량이 넓지 않다는 것을 인정하고 싶어하지 않는다. 그래서 이런 심리에 호소하면 우리는 쉽게 움직인다.

오랫동안 워드는 국제 YMCA위원회의 사무실장으로 일하며 기금 모집활동을 했다. YMCA에 기부한다고 해서 재산이 느는 것도 아니고 권력이 강해지는 것도 아니지만 사람들은 자신이 고상하고 정의롭고자 하는 욕망에서 기부를 한다.

북서부 지역의 한 도시에서 모금운동을 하면서 워드 씨는 교회나 사회사업과는 거리가 먼 사업가에게 접근했다. 이 사업가가 일주일동안 자신의 사업은 접고 기금모금에 참여할까? 말도 안 되는 생각이었다. 하지만 그는 모금 운동의 개회식에 참석하기로 했다. 워드 씨가 그의 고귀한 정신과 이타주의에 호소한 것이 마음을 움직여 그는 일주일 내내 기금모집 캠페인에 열정적으로 참가했다. 일주일이 지나기 전에 악명 높았던 그 사업가는 모금운동의 성공을 기원하기에 이르렀다.

제임스 힐을 찾아가 북서부 지역의 그의 철도노선을 따라 YMCA를 설립하자고 설득한 적이 있었다. 상당한 자금이 필요했다. 힐이 그저 약삭빠른 사업가라고만 생각해서 그들은 YMCA가 근로자들의 삶에 도움이 되고 힐의 재산 가치를 높이는 데도 도움이 될 것이라고 설득했다.

힐은 이렇게 대답했다. "여러분은 내가 YMCA를 설립하고 싶다는 생각이 들지 않게 하는군요."

국경지역의 영토 분쟁은 1900년에 아르헨티나와 칠레를 전쟁 직전까지 내몰았다. 군함이 건조되고 무기가 비축되었으며 세금이 증가하고 이 문제를 전쟁으로 해결하기 위한 준비가 진행되고 있었다. 1900년 부활절에 아르헨티나의 한 주교가 그리스도의 이름으로 간절하게 평화를 호소했다. 안데스 산맥을 넘어 칠레 주교가 이 메시지에 화답했다. 주교들은 온 나라를 돌며 평화를 호소했다. 처음에 이들을 따르는 것은 여성뿐이었지만 점차 온 나라를 움직였다. 국민들의 여론은 양국 정부가 군대를 감축하게 했다. 국경의 요새는 철거되고, 총기들은 녹여 거대한 청동 예수 상으로 만들었다. 오늘날 안데스 산맥 높이 십자가를 든 이 예수상은 국경을 지키고 서있다. 이 조각에는 이런 글귀가 새겨져 있다.

"이 산들이 무너져 먼지가 되어도 칠레와 아르헨티나 국민들은 그리스도의 발아래서 맺은 엄숙한 서약을 잊지 않겠다."

요약

1. 관심을 이끌어내라.
2. 신뢰를 얻어라. 이를 위해서 제대로 소개를 받고, 연사로서의 자격을 갖추고, 직접적인 체험을 통해 얻은 사실을 말해라.
3. 사실을 말하고, 제안의 장점에 대해 청중들에게 설명하고 이의제기에 답변하라.
4. 인간을 움직이는 동기인 이익을 위한 욕망, 자기보호욕구, 자부심, 기쁨, 감정, 애정, 종교적인 이상 같은 동기에 호소해라.

16장

말을 잘하려면

얼마 전 직업도 없고 저축도 없는 영국인이 일자리를 찾아 필라델피아의 거리를 헤매고 있었다. 그는 필라델피아의 유명한 사업가 폴 기번스의 사무실로 찾아가 면담을 요청했다. 그는 이 불청객을 못마땅하게 쳐다보았다. 그의 행색이 마음에 들지 않았다. 옷은 낡고 초라했고, 어려운 처지가 확연히 드러났다. 호기심 반 동정심 반으로 기번스는 면담을 허락했다. 처음에는 몇 분만 들으려고 했지만 몇 분이 한 시간이 되도록 대화가 이어졌다. 결국 기번스는 딜런 리드 앤드 컴패니사의 필라델피아 지사장인 롤랜드 테일러에게 전화를 걸어 점심식사를 주선하기에 이르렀다. 테일러는 점심식사 후 그에게 괜찮은 일자리를 마련해주었다. 어떻게 이 영국인이 이토록 짧은 시간에 일자리를 얻을 수 있었을까?

그 비결은 바로 그의 영어구사력이었다. 그 영국인은 사실 옥스퍼드 대학 출신으로 사업차 미국을 방문했다가 일이 잘못되어 무일푼으로 친구도 하나 없이 길거리를 헤매게 된 것이다. 하지만 그는 언어를 정확하고 아름답게 구사했기에 그의 이야기를 듣는 사람이 그의 초라한 행색을 잊고 이야기에 집중할 수 있었던 것이다.

이 사람의 사례는 흔하지 않지만 우리가 하는 말에 의해 평가된다는 사실을 잘 보여주고 있는 예이다. 우리의 말은 우리의 품격을 드러내고, 우리가 어울려온 사람들이 어떤 사람인지 알 수 있게 해주고, 우리의 교육수준과 교양의 척도가 된다.

우리는 네 가지 방식으로 세상과 대면한다. 우리는 직업, 외모, 무슨 말을 하고 어떻게 말하는지에 따라 평가받고 분류된다. 하지만 많은 사람들이 학교를 졸업한 후 정확하고 품위 있게 말하려는 의식적인 노력을 기울이지 않은 채 살아간다. 직장생활을 하며 습관적으로 사용하는 말들을 내뱉는다. 발음규칙을 어기고, 가끔 문법규칙조차 파괴하는 것도 놀라운 일이 아니다. 대학을 졸업한 사람들도 말을 잘 못하는데 경제사정으로 정규교육을 받지 못한 사람들은 어떻겠는가?

몇 년 전에 나는 로마의 콜로세움에 몽상에 잠긴 채 서 있었다. 영국령 국가에서 왔다고 말하며 낯선 사람이 내게 오더니 자기가 로마에서 경험한 일을 이야기하기 시작했다. 말을 시작한지 3분도 지나지 않아 그의 입에서는 문법체계를 무시하는 엉터리 말들이 튀어 나왔다. 그날 아침 잠자리에서 일어나 구두에 광을 내고 멋있어 보이려고 잘 다린 셔츠를 입었지만 자신의 언어에 광을 내고 멋진 문장을 말하려는 시도는 전혀 하지 않았다. 이야기할 때 여성에게 모자를 들어 올리지 않는 것에는 부끄러워했겠지만 자신이 문법에 어긋난 말을 하고 이상한 발음으로 말을 해서 상대의 기분을 나쁘게 하고 있다는 것은 의식하지도 못했다. 말이 그의 지위와 품격을 나타내고 있었다.

30년 동안 하버드대학의 총장으로 재직한 찰스 엘리엇 박사는 다음과 같이 말했다.

"인간교육의 필수요소는 모국어를 정확하고 품위 있게 구사할 수 있는 능력배양이다."

그렇다면 어떻게 단어와 친해지고 아름답고 정확한 언어를 구사할 수 있을까? 다행히 이를 위해 신비로운 비밀은 없다. 방법은 공공연한 비밀이다. 링컨은 이 방법을 성공적으로 사용했다. 어떤 미국인도 그처럼 아름다운 언어를 창조해내지 못했다. 일자무식의 아버지와 평범한 어머니의 아들인 링컨이 언어재능을 타고난 것일까? 그가 국회의원이 되었을 때 그는 공적 서류의 자신의 교육 란에 "하자 있음"이라고 썼다. 그의 전 생애에서 그가 학교교육을 받은 것은 12개월도 안 된다. 그러면 누가 그의 멘토였을까? 켄터키 숲에 살 때는 자카리아 버니와 칼렙 헤이즐이었고, 인디애나 주에서는 아젤 도시와 앤드류 크로포드였다. 이들은 모두 순회교사로 개척 마을을 다니며 햄과 옥수수 밀을 수업료로 학생들을 가르쳤다. 순회교사들에게 링컨은 거의 도움을 받지 못했다.

농부와 상인들, 일리노이의 법률사무소에서 일하는 변호사들에게서도 탁월한 언어재능은 없었다. 링컨은 자신의 시간을 이런 사람들과 어울리느라 낭비하지 않았다. 그는 당대의 뛰어난 지식인들, 가수, 시인들과 교류했다. 그는 번즈와 바이런, 브라우닝의 시를 암기했다. 그는 번즈에 대해 책도 썼다. 그는 바이런의 시집을 사무실과 집에 두고 자주 읽었다. 사무실에 두었던 시집은 너무 많이 봐서 너덜너덜해졌다. 남북전쟁의 중압감이 어깨를 누르고 있을 때도 자기 전에 후드의 시집을 읽었다. 한밤중에 잠에서 깨면 책을 펴고 특별히 감동을 주는 시구를 발견하면 잠옷을 입고 슬리퍼를 신은 채 비서에게 가서 시를 읽어주곤 했다. 백악관에 있을 때 셰익스피어의 시를 암기했고, 특정 배우가 그 시를 읽은 것을 비판하고 자신만의 해석을 붙이기도 했다. 그는 배우 해킷에게 이런 편지를 썼다. "나도 셰익스피어의 희곡은 많이 읽었습니다. 리어왕, 리처드 3세, 헨리 8세, 햄릿, 맥베스를 많이 읽었습니다. 그중에서 맥베스가 최고라고 생각합니다."

링컨은 시에 푹 빠져 지냈다. 시를 사적인 자리에서 뿐 아니라 공적인 자리에서도 암송할 뿐 아니라 직접 쓰기도 했다. 여동생의 결혼식에서 자작시를 읽기도 했다. 중년에는 자작시로 공책을 가득 채웠지만 너무 부끄러워 가장 친한 친구도 이 시를 못 읽게 했다.

로빈슨은 〈작가 링컨〉이라는 책에서 이렇게 썼다. "독학으로 공부한 링컨은 진정한 교양의 재료로 마음을 채웠다. 천재성이든 재능이든 그가 지성을 쌓아가는 과정은 에머튼 교수가 에라스무스의 교육에 대해 설명한 것과 같다. '그는 학교에 더 이상 다니지 않지만 쉬지 않고 끝없이 공부하고 연습하는 방법으로 스스로를 교육했다.'"

인디에나 피전 농장에서 일당 31센트에 옥수수를 까고 돼지를 도살하던 개척자는 게티즈버그에서 인간의 입에서 나올 수 있는 가장 아름다운 연설을 했다. 링컨이 죽은 뒤에 찰스 섬너는 전쟁은 끝났지만 링컨의 연설은 영원할 것이고, 이 전투가 미래에 기억된다면 이 연설 때문일 것이라는 말을 했다. 게티즈버그라는 말을 들으면 전투만큼이나 연설이 떠오르지 않는가?

에드워드 에버렛은 게티즈버그에서 두 시간 동안 연설했지만 그가 한말은 잊혀지고 링컨은 채 2분이 되지 않는 연설을 했다. 연설 도중

사진사가 사진을 찍으려 했지만 카메라가 설치되고 초점을 맞추기 전에 링컨은 연설을 끝내버렸다.

링컨의 연설은 가장 아름다운 영어로 쓰여진 연설로 지금은 옥스퍼드대학교 도서관에 있다. 대중연설을 공부하는 학생은 다음의 그의 연설을 암기해야 한다.

"지금으로부터 87년 전 우리의 선조들은 모든 인간은 평등하게 창조되었다는 명제 하에 이 대륙에 새로운 나라를 만들었습니다. 지금 우리는 거대한 내전의 소용돌이에 있고, 이 나라가 과연 오래 지속될 수 있을 것인지 시험받고 있습니다. 우리가 모인 이 자리는 그 전쟁이 벌어졌던 싸움터입니다. 우리는 이 나라를 위해 목숨을 바치신 분들이 이곳에서 편히 쉬실 수 있도록 여기 모였습니다. 더 큰 의미에서 우리는 이 땅을 신성하게 만들지 않았습니다. 이 땅에서 싸웠던, 살아있거나 전사한 용사들이 이곳을 신성한 곳으로 만들었습니다. 세상 사람들은 오늘 우리가 여기에서 한 말을 오래 기억하지 않겠지만 그 용사들이 이곳에서 한 일은 영원히 잊혀 지지 않을 것입니다. 살아있는 우리들은 우리를 위해 싸우신 분들의 미완의 임무를 완수하기 위해 더욱 노력해야 합니다. 우리들은 그분들이 지키려 한 자유를 더욱 지키고, 그 분들의 죽음이 헛되지 않도록 노력해야 합니다. 이 나라가 하나님의 가호 아래 자유의 탄생을 보게 하고, 국민의, 국민에 의한, 국민을 위한 정부가 이 지상에서 사라지지 않도록 노력할 것을 다짐합니다."

이 연설의 가장 유명한 구절인 마지막 문장은 링컨이 만들어 낸 것일까? 그의 동료 변호사 헌돈은 몇 년 전에 그에게 시어도어 파커의 연설집을 주었다. 링컨은 이 책에서 "민주주의는 국민에 대한, 국민에 의한, 국민을 위한 직접적인 자치제도"라는 표현을 읽고 밑줄 쳐 놓았다. 시어도어 파커는 그 말을 웹스터의 말에서 빌린 것인지 모른다. 웹스터는 그보다 4년 전에 "국민을 위해 만들어지고, 국민에 의해 만들어지며 국민에게 책임을 지는 정부"라는 말을 했다. 웹스터도 그 말을 제임스 먼로 대통령이 30년 전에 한 말에서 따온 것일지 모른다. 제임스 먼로가 태어나기 5백 년 전 위클리프는 성경 번역본 서문에서 "이 성경은 국민의, 국민에 의한, 국민을 위한 정부를 위한 것"이라는 말을 했다. 예수가 태어나기 4백 년 전에 클레온은 아테네 시민들에게 한 연설에서 국민의, 국민에 의한, 국민을 위한 통치자"에 대해 말했다.

위대한 연사들의 연설의 비결은 독서에 있다.

책이 비결이다. 어휘력을 늘리고 싶으면 책의 바다에 빠져라. 존 브라이트는 이렇게 말했다. "도서관에 올 때마다 인생이 너무 짧아서, 내 앞의 성찬을 전부 즐길 수 없을 것 같아서 슬프다." 브라이트는 15살에 학교를 그만두고 공장에서 일했다. 그 이후로 학교교육을 받을 수 없었다. 하지만 그는 당대 최고의 연설가 중 한 사람이 되었다. 그는 읽고 연구하고 옮겨 적었다. 바이런, 밀턴, 워즈워스, 휘티어, 셰익스피어와 셸리의 시를 암기했다. 찰스 제임스 폭스는 자신의 문체를 개발하기 위해 셰익스피어를 큰 소리로 읽었다. 글래드스톤은 서재를 평화의 신전이라 부르고, 그 안에 1만 5천권의 책을 보관했다. 그는 성 어거스틴, 버틀러 주교, 단테, 아리스토텔레스와 호머의 책에서 많은 도움을 받았다고 말했다. 그는 일리아드와 오디세이에 푹 빠졌고 호머의 시와 그 시대에 대한 책을 6권이나 썼다.

피트가 어렸을 때 그리스어와 라틴어 작품 한 두 페이지를 정독하고 영어로 번역하는 연습을 했다. 그는 이 번역훈련을 10년 동안 계속했고 즉석으로 생각을 표현하는데 어떤 누구도 따라올 수 없는 뛰어난 능력을 가지게 되었다.

데모스테네스는 유명한 역사가의 장엄하고 인상적인 화법을 배우기 위해 투키디데스의 역사서를 8번이나 필사했다. 결과는 어땠을까? 2천년 뒤, 우드로 윌슨은 자신의 문체를 개선하기 위해 데모스테네스의 작품을 연구했다. 아스퀴스는 버클리 주교의 작품을 읽는 것이 최고의 훈련이라는 것을 발견했다.

테니슨은 매일 성경을 공부했다. 톨스토이는 성경을 암기할 때까지 계속 읽었다. 러스킨의 어머니는 아들이 성경을 암기하게 하기 위해 매일 큰소리로 읽게 했다. 러스킨은 자신의 문체와 문학적 취향은 어렸을 적 이 훈련의 영향을 크게 받았다고 말했다.

로버트 루이스 스티븐슨은 작가 중의 작가였다. 그가 어떻게 그토록 매력적인 문체를 개발하게 되었을까? 다행이도 스티븐슨 자신이 그 비결을 알려주었다.

"책을 읽으면서 표현이 절묘하거나 개성적인 표현을 만날 때면 곧바로 앉아서 그 특징을 내 것으로 하려고 노력했다. 언제나 만족할 수가 없어서 계속 시도했다. 하지만 적어도 이런 헛된 시도를 통해서 리듬, 조화, 구성이라는 측면에서 많은 연습을 할 수 있었다.

나는 해즐릿, 램, 워즈워스, 토머스 브라운, 디포, 호손, 몽테뉴를 열심히 따라했다."

모방을 하면서 자신의 한계를 느끼지만 이것이 모방의 의미이다. 실패해도 계속 시도해라. 이것만이 성공으로 향하는 지름길이다.

이제 비밀을 다 나왔다. 링컨은 성공한 변호사가 되고 싶어 하는 청년에게 이렇게 편지 썼다. "책을 읽고 공부하는 것이 유일한 방법입니다. 공부가 최고의 방법입니다."

그럼 어떤 책으로 시작할까? 우선 아놀드 베넷의 〈시간 관리론〉으로 시작해라. 이 책은 찬물로 샤워를 하는 것처럼 정신이 바짝 들게 해줄 것이다. 이 책은 세상에서 가장 흥미로운 주제인 당신에 대해 많은 것을 말해줄 것이다. 이 책은 당신이 하루에 얼마나 많은 시간을 낭비하는지, 시간을 어떻게 활용해야 할지 알려줄 것이다.

"신문 대신에 타키투스와 투키디데스, 뉴턴과 유클리드를 읽었는데 훨씬 행복해졌다."라고 제퍼슨은 말했다. 한 달만이라도 영원한 가치를 지닌 좋은 책을 읽는데 시간을 투자해보는 건 어떤가? 엘리베이터, 전차, 식사, 약속상대를 기다리면서 책을 읽는 것은 어떨까?

〈시간 관리론〉을 다 읽었으면 같은 작가가 쓴 〈인간기계〉를 읽어라. 이 책은 사람을 좀더 현명하게 대하는 법을 알려줄 것이다. 이 책들은 내용도 좋고 구성방식과 어휘력 향상에 도움을 줄 것이다. 다음의 책들도 도움이 될 것이다. 프랭크 노리스의 〈문어〉와 〈함정〉은 최고의 미국 소설이다. 토머스 하디의 〈테스〉는 가장 아름다운 이야기 중 하나이다. 뉴웰 드와이트 힐리스의 〈사회에서의 인간의 가치〉와 앙드레 모로아의 〈아리엘〉, 〈셰리의 일생〉, 바이런의 〈차일드 헤럴드의 순례〉, 로버트 루이스 스티븐슨의 〈당나귀와의 여행〉 역시 좋은 작품들이다.

에머슨과 매일 친해져라. 그의 에세이 〈자기 신뢰〉를 매일 읽고 다음과 같은 주옥과 같은 문장에 귀 기울여라.

"마음속의 확신을 소리 내어 말하라. 그러면 그것이 보편적인 의미를 갖게 될 것이다. 가장 내적인 것이 외적인 것이 되고, 우리의 처음 생각이 마지막 심판의 나팔소리와 함께 우리에게 다시 되돌아온다. 모세와 플라톤과 밀턴의 가장 큰 장점은 이들이 책이나 전통에 기대지 않고, 다른 사람이 생각하는 것이 아닌 자신의 생각을 표현하였다는 것이다. 인간은 시인이나 현인이 노래한 하늘의 광채보다 마음속의 반짝이는 광채를 알아채는 방법을 배워야 한다. 하지만 인간은 자기의 생각이 자신의 것이라는 이유로 무시한다. 천재의 작품 속에서 우리는 우리의 생각을 발견하고, 우리가 거부했던 우리의 생각이 타인의 권위를 가지고 다시 돌아옴을 보게 된다. 위대한 예술작품이라고 해서 우리의 마음속의 생각보다 더 큰 교훈을 우리에게 주는 것은 아니다. 위대한 예술작품은 다른 작품이 반대편을 가리키고 있는 경우에도 우리의 자유의지를 따르라고 가르치고 있다. 내일 낯선 사람이 우리의 생각을 정확히 말할 것이며, 이때 우리는 우리의 생각을 부끄럽게 받아들이게 된다.

인간의 교육에서는 질투가 무지이고, 모방은 자살이며, 우주에 좋은 것이 가득해도 자신이 노력하지 않으면 옥수수 알 하나도 오지 않는다고 가르친다. 인간의 힘은 새로운 것으로, 자신 외에는 그 능력을 알 수 없고, 시도하기 전에는 그 능력을 알 수 없다."

아직도 최고의 작가들이 많이 남아있다. 그들이 누구일까? 헨리 어빙 경이 최고의 책 100권의 목록을 뽑아달라는 부탁을 받았을 때 이렇게 대답했다. "어떤 책보다 성경과 셰익스피어만큼 뛰어난 책이 없습니다." 이 위대한 영문학의 샘물을 오래 그리고 자주 마셔라. 신문을 치우고 이렇게 말해라. "셰익스피어여, 오늘밤 내게 와서 로미오와 줄리엣, 맥베스와 그의 야망에 대해 이야기 해주십시오." 이렇게 하면 어떤 좋은 점이 있을까? 점차 무의식적으로 당신의 언어는 아름다워지고 정교해질 것이다. 책 속 당신의 친구들의 영광과 아름다움, 위엄이 당신에게 영향을 미칠 것이다. 괴테는 이렇게 말했다. "당신이 읽고 있는 책을 내게 말해주면 당신이 어떤 사람인지 말해주겠다."

이 독서프로그램은 약간의 의지력과 시간 관리능력이 필요하다.

마크 트웨인의 비결

마크 트웨인은 어떻게 그렇게 말을 잘하게 되었을까? 젊어서 그는 미주리에서 네바다까지 정말 느리고 고통스러운 여행을 했다. 승객과 말을 위한 음식과 물도 날라야 했다. 필요 이상의 무게는 큰 사고로 이어질 수 있었고, 짐에는 온스 단위로 요금을 부과했지만 산길을 넘을 때나, 사막을 건널 때, 산적으로 득실대는 위험한 지대를 지날 때도 웹스터 사전을 항상 옆에 끼고 다녔다. 그는 언어의 달인이 되고 싶었고, 용기와 재치로 언어의 달인이 되기 위해 필요한 일을 했다.

피트와 채텀 경은 사전의 모든 페이지와 모든 단어를 두 번이나 공부했다. 브라우닝도 매일 사전을 들여다보며 즐거움을 느꼈다. 링컨은 해질 무렵 자리에 앉으면 어두워져서 글씨가 보이지 않을 때까지 사전을 읽었다고 한다. 이들이 특별한 경우가 아니라 모든 이름 있는 작가와 연사는 이런 과정을 거쳤다.

우드로우 윌슨은 뛰어난 영어를 구사했다. 그가 어떻게 이렇게 뛰어난 영어를 구사할 수 있었는지 직접 그의 이야기를 들어보자.

"나의 아버지는 식구들 중 어느 누구도 부정확한 표현을 쓰는 것을 허용하지 않으셨습니다. 자식들 중 누군가가 표현을 잘 못하면 즉시 고쳐주었습니다. 잘 모르는 단어는 곧바로 설명해주셨고, 대화중에 그 말을 자주 연습하게 해서 오래도록 기억에 남게 해 주셨습니다."

탄탄한 문장 구성력과 간결한 언어구사로 유명한 뉴욕의 한 연사가 자신의 비결을 말해주었다. 대화중이나 독서를 할 때 모르는 단어가 나오면 수첩에 적어두었다가 사전을 찾아보고 그 말을 완전히 자기 것으로 만들었다고 한다. 이런 식으로 자료를 모으지 못한 날은 퍼날드의 〈동의어, 반의어, 전치사〉 한 두 페이지를 공부했다. 하루에 새로운 단어 하나씩 공부하는 것이 그의 목표였다. 이것은 곧 일 년에 365개의 새로운 표현을 얻는다는 말이 된다. 이 새로운 어휘는 작은 수첩에 기록하여 시간 날 때마다 공부했다. 그는 한 단어를 세 번 사용하면 완전한 자기 것이 된다는 사실을 발견했다.

당신이 사용하는 단어 뒤에 숨은 낭만적인 이야기

사전을 사용할 때 단어의 뜻 뿐만 아니라 어원도 찾아라. 어휘의 역사, 기원은 정의 뒤에 괄호에 표시되어 있다. 당신이 매일 쓰는 단어들이 진부하다는 생각을 집어치워라. 자세히 살펴보면 단어들은 개성이 있고, 낭만이 있다. "식료품점에 전화 걸어 설탕을 주문해라." 라는 말은 지극히 단순한 말을 할 때도 우리는 많은 외국어를 사용한다. 전화하다(Telephone)는 멀리를 뜻하는 tele와 소리를 의미하는 phone의 두 그리스어에서 만들어졌다. 식료품점(grocer)은 고대 프랑스어 grossier에서 나왔고, 그 프랑스어는 라틴어 grossarius에서 나왔다. 설탕(sugar)이라는 말도 프랑스에서 온 것이고, 그 프랑스어는 스페인어에서, 그 스페인어는 아랍어에서, 그 아랍어는 페르시아어에서 유래했다. 페르시아 말 shaker는 사탕을 의미하는 산스크리트어 carkara에서 파생되어 나온 말이다.

당신은 어떤 회사에서 일하거나 회사를 소유하고 있을 것이다. 회사(company)는 고대 프랑스어 companion에서 유래했다. com은 함께라는 뜻이고 panis는 빵이라는 뜻이다. 즉 companian은 당신과 함께 빵을 나누는 사람이라는 뜻이고, company는 빵을 만들려고 하는 사람들의 모임이다. 당신의 월급(salary)은 문자 그대로 소금 살 돈을 의미한다. 로마의 군인들은 소금살 돈을 받았는데, 어떤 사람이 자신의 급여를 salarium이라는 속어로 불렀고 이것이 영어가 된 것이다. 책은 문자 그대로 beech wood(너도밤나무)에서 나온 말이다. 오래전에 사람들은 너도밤나무에 글씨를 썼다. dollar는 골짜기(valley)를 의미한다. 달러는 16세기에 성 요아킴계곡에서 처음 만들어졌다. Janitor(문지기)와 January(1월)는 모두 로마에 살았던 에투루리아인 대장장이의 이름에서 나온 말로 그는 자물쇠와 빗장을 주로 만들었다. 그가 죽은 후에 그는 신격화 되었고 두 개의 얼굴을 가져서 동시에 두 방향을 볼 수 있었고 문을 열고 닫는 것과 관련이 있었다. 한해의 끝과 새해의 시작에 있는 달은 January 또는 Janus(야누스)의 달로 불리게 되었다.

July(7월)는 줄리어스 시저(Julius Caesar)의 이름에서 나온 말로 아우구스투스(Augustus) 황제는 그에게 뒤처지지 않기 위해 7월 다음 달을 자신의 이름을 따서 August라고 불렀다. 하지만 그 당시 8월은 30일 밖에 없었다. 시저의 이름을 딴 7월보다 날수가 모자란 것이 싫어서 결국 2월에서 하루를 떼어서 8월에 붙였다.

큰 사전에서 다음의 낱말들의 어원을 찾아보아라. 어원을 알고 나면 훨씬 흥미 있게 그 단어들이 다가올 것이고 이 단어들을 사용할 때 즐거움도 커질 것이다. 찾아볼 단어는 다음과 같다. atlas, boycott, cereal, colossal, concord, curfew, education, finance, lunatic, panic, palace, pecuniary, sandwich, tantalize

한 문장을 104번이나 고쳐 쓰다.

생각하는 바를 명확하게 말하기 위해 노력해라. 전문 작가들에게도 자신의 생각을 제대로 표현하는 것이 항상 쉬운 일이 아니다. 파니 허스트는 문장을 50번에서 100번까지 고쳤을 때도 있었다고 내게 말했다. 그녀와 이야기를 나누기 몇 일전에도 한 문장을 104번이나 고쳐 썼다고 말했다. 그녀는 〈코즈모폴리턴〉 잡지에 원고료로 2000달러나 받는 우수한 작가이다. 마벨 허버트 우르너는 신문을 통해 개재되는 단편 소설에서 한두 문장을 빼는 데도 오후 내내 걸렸다고 고백했다.

거버너 모리스는 리처드 하딩 데이비스가 올바른 단어 선택을 위해 어떻게 끊임없이 노력했는지 말해주었다.

"그의 소설에 등장하는 모든 표현들은 그가 생각할 수 있는 수많은 표현들 중에서 끊임없는 생각을 통해 고르고 고른 후 추려낸 것이다. 단어와 단락 페이지 심지어 전체 이야기를 끊임없이 고치고 또 고쳤다. 자동차가 문에 들어오는 장면을 묘사할 때 그는 예리한 관찰자의 눈으로 이 장면을 자세하게 묘사했다. 그렇게 한 후에 자신이 쓴 글을 하나씩 하나씩 삭제하는 과정을 거쳤다. 삭제하다가 '그림이 남아 있나?' 하고 자문했다. 삭제과정에서 그림이 남아있지 않으면 다시 복원하여 다른 어떤 내용을 삭제하는 과정을 되풀이했다. 이런 과정을 되풀이하다보면 모든 면에서 완벽한 얼음처럼 투명하게 빛나는 그림이 남아있게 된다."

이 수업을 듣는 수강생들은 앞에 말한 전문 작가처럼 절실하게 적당한 단어를 찾을 시간도 없고 그럴 생각도 없을 것이다. 지금까지 말한 예들은 성공한 작가들이 적절한 어휘와 표현을 얼마나 중요하게 생각하는 지 보여주고, 수강생 여러분이 영어의 사용에 좀더 흥미를 가져주기를 바라는 마음에서 인용한 것이다. 물론 연사가 적절한 말을 연설 중에 찾느라 말을 더듬는 것은 바람직하지 않다. 연사는 일상생활에서도 정확한 표현을 찾는 연습을 꾸준히 해서 무의식적으로 올바른 표현을 말할 수 있어야 한다. 하지만 실상은 어떤가?

밀턴은 8천 단어, 셰익스피어는 1만 5천 단어를 사용했다고 한다. 표준 사전에 기록된 어휘의 수는 45만 개인데 보통 사람이 사용하는 단어는 2천개 정도라고 한다. 보통 사람들은 동사 몇 개와 연결사, 명사, 습관적으로 사용하는 형용사 몇 개만을 사용한다. 그는 너무 게으르고 생업에 너무 몰두해 있어 정확한 표현을 찾는 훈련을 할 수 없다. 결과는 어떨까? 나는 예전에 그랜드 캐년에서 잊을 수 없는 며칠을 보낸 적이 있었다. 어느 날 오후에 어떤 부인이 차우차우 강아지와, 관현악 곡, 어떤 사람의 성격과, 그랜드 캐년을 이야기하면서 모두 똑같은 beautiful(아름다운)이란 단 한 형용사를 쓰는 것을 본 적이 있다.

그녀가 어떤 다른 단어를 사용할 수 있을까? 로제의 〈동의어 사전〉에 나온 beautiful(아름다운)의 동의어가 수없이 많다.

나는 글을 쓸 때마다 로제의 〈동의어 사전〉을 옆에 두고 어떤 때는 일반사전보다 10배는 많이 찾아볼 때도 있다.

이 사전을 만들기 위해 로제는 오랫동안 고생했지만 당신은 값싼 넥타이 한 개 값이면 책상 위에 두고 평생 사용할 수 있다. 이 책은 책꽂이 위에서 잠만 자고 있을 책이 아니라 계속 사용해야 할 도구이다. 글을 쓰거나 연설을 수정할 때, 편지를 구술할 때 이 책을 활용해라. 이 책을 매일 사용하면 당신의 어휘력은 증가할 것이다.

틀에 박힌 표현은 피해라.

정확하게 표현하는 것 외에도 신선하고 독창적인 표현을 사용하도록 노력해라. 본 그대로 말할 수 있는 용기를 가져야 한다. 예를 들어 홍수가 끝나고 얼마 지나지 않아 어떤 독창적인 사람이 다음의 비유를 사용했다. "오이처럼 냉정하다" 당시에 이 표현은 아주 참신했다. 냉정함을 표현하는 직유 표현은 다음과 같다. 이 표현들이 이제는 식상한 오이 비유만큼 효과적이면서 더 신선하게 느껴지지 않는가?

개구리처럼 차가운

새벽의 열탕 주머니처럼 차가운

탄약 꽂을 대처럼 차가운

무덤처럼 차가운

그린랜드의 얼음산처럼 차가운

진흙처럼 차가운

거북이처럼 차가운

흩날리는 눈발처럼 차가운

소금처럼 차가운

지렁이처럼 차가운

새벽처럼 차가운

가을비처럼 차가운

당신만의 직유를 만들어봐라.

-처럼 차가운

-처럼 차가운

-처럼 차가운

-처럼 차가운

-처럼 차가운

나는 미국에서 가장 많은 고료를 받는 것으로 유명한 캐슬린 노리스에게 문체를 어떻게 하면 개선할 수 있는지 물었다. 그녀는 이렇게 대답했다. "고전작품을 읽고, 자신의 글에서 진부한 표현을 냉정하게 잘라내는 연습이 필요합니다."

잡지 편집자는 진부한 표현이 두세 개 정도 발견되면 생각도 별로 독창적이지 못하다는 생각에 그 원고를 작가에게 반송시킨다.

요약

1. 사람들은 네 가지 기준으로 우리들을 평가한다. 우리의 행동, 우리의 외양, 우리가 하는 말, 그 말을 하는 방식. 전직 하버드 총장 찰스 엘리엇은 이렇게 말했다. "인간교육의 필수요소는 모국어를 정확하게 세련되게 말할 수 있는 능력이다."

2. 당신의 언어는 당신이 함께 지내는 사람들의 영향을 크게 받는다. 링컨처럼 문학의 대가들과 친해져라. 링컨처럼 저녁시간을 셰익스피어와 위대한 시인들 작가들과 함께 보내라. 이렇게 하면 무의식 중에 당신의 마음은 풍요로워지고 당신의 말에는 당신 친구들의 품격이 배어나올 것이다.

3. 토머스 제퍼슨은 이렇게 썼다. "나는 신문 대신에 타키투스와 투키디데스, 뉴턴과 유클리드를 선택했고 이로 인해 행복해졌다." 신문을 읽지 말라는 말은 아니다. 그저 예전의 절반 시간 정도만 신문 읽는데 쓰고 나머지 시간에 고전을 읽어라.

4. 옆에 사전을 두고 읽어라. 모르는 단어가 나오면 찾아보아라.

5. 평소에 사용하는 단어의 어원을 공부해라. 어원은 지겹지 않다. 어떤 때는 낭만적이기까지 하다.

6. 진부하고 상투적인 말을 사용하지 마라. 로제의 동의어 사전을 책

상에 두고 자주 들여다보아라.

7. '오이처럼 냉정한' 이라는 진부한 단어는 사용하지 마라. 참신한
   당신만의 고유한 직유표현을 만들어라.

데일카네기 성공대화론

초판 발행 2014년 04월 15일
초판 2쇄 발행 2016년 12월 12일
개정판 발행 2020년 03월 03일
개정판 10쇄 발행 2023년 01월 13일
2차 개정판 발행 2023년 10월 10일
2쇄 발행 2024년 11월 21일

지은이 데일 카네기
펴낸이 진수진
펴낸곳 책에 반하다

주소 경기도 고양시 일산서구 대산로 53
출판등록 2013년 5월 30일 제2013-000078호
전화 031-911-3416
팩스 031-911-3417